JIYU TUOPAN GONGYONG XITONG DE
KONGPAN DIAODU YOUHUA YANJIU

基于托盘共用系统的空盘调度优化研究

任建伟 陈春花 著

西南交通大学出版社
·成都·

图书在版编目（CIP）数据

基于托盘共用系统的空盘调度优化研究 / 任建伟，陈春花著. —成都：西南交通大学出版社，2018.12
ISBN 978-7-5643-6624-7

Ⅰ. ①基… Ⅱ. ①任… ②陈… Ⅲ. ①托盘运输–运输调度–优化模型–研究 Ⅳ. ①U169.72

中国版本图书馆 CIP 数据核字（2018）第 279679 号

基于托盘共用系统的空盘调度优化研究

任建伟　陈春花　著

责 任 编 辑	周　杨
封 面 设 计	何东琳设计工作室
出 版 发 行	西南交通大学出版社 （四川省成都市二环路北一段 111 号 西南交通大学创新大厦 21 楼）
发行部电话	028-87600564　028-87600533
邮 政 编 码	610031
网　　　址	http://www.xnjdcbs.com
印　　　刷	四川煤田地质制图印刷厂
成 品 尺 寸	170 mm × 230 mm
印　　　张	13
字　　　数	238 千
版　　　次	2018 年 12 月第 1 版
印　　　次	2018 年 12 月第 1 次
书　　　号	ISBN 978-7-5643-6624-7
定　　　价	49.80 元

图书如有印装质量问题　本社负责退换
版权所有　盗版必究　举报电话：028-87600562

前　言

　　托盘又名栈板（Pallet），是最常用的物流装备，在运输、仓储、装卸等各环节中被广泛使用。托盘和集装箱被共称为20世纪物流业的两大创新。托盘让世界动起来。要想充分发挥托盘的作用，除提高托盘的使用率以外还必须对托盘进行有效的管理。目前托盘的管理方法主要有所有权转移，托盘交换和托盘共用3种，其中托盘共用是目前最受业界青睐的托盘管理方法。托盘共用系统建设也是我国《物流业调整和振兴规划》和《物流业发展中长期规划（2014—2020年）》中确定的重点工程。本书在对托盘共用系统进行分析的基础上，重点对"如何更有效地调度托盘（在恰当的时间，恰当的地点，以恰当数量的托盘满足恰当客户的需求）？"这一困扰着诸如CHEP、iGPS、PLUS等全世界最大的托盘共用系统的管理者的重要问题进行了深入研究。

　　第一章介绍了研究背景、国内外研究现状，以及本书研究的主要内容、目标和方法。

　　第二章定义了托盘共用系统的内涵，建立了托盘共用系统的概念模型；将第三方所有托盘共用系统、第三方管理托盘共用系统、联盟式托盘共用系统、私有托盘共用系统等4类现有的托盘共用系统归类为"专业托盘共用系统"，并根据我国国情提出了一类非专业托盘共用系统——松散式托盘共用系统；凝练了各种托盘共用系统的业务流程，为后续研究托盘共用系统调度优化奠定了基础。

　　第三章建立了确定条件下专业托盘共用系统调度优化模型，将托盘再分派和托盘回收作为两个不同的调度过程进行了区分，考虑了专业托盘共用系统调度的全过程（购买（租借）、分派、再分派、回收），纳入了托盘毁坏率、整车运输等现有调度文献尚未研究的因素。通过算例验证了模型的有效性，并通过数值分析证明了托盘毁坏率、装卸能力、运输能力、库存能力、作业时间和整车运输等因素对决策的重要影响和托盘型号之间的关系。

第四章建立了随机条件下专业托盘共用系统调度优化模型，考虑了库存能力随机、装卸能力随机等现有调度文献尚未研究的因素。通过算例验证了模型的有效性，并通过数值分析证明了置信水平和单位惩罚成本对决策的重要影响和托盘型号之间的关系。

第五章建立了极端不确定条件下专业托盘共用系统调度优化模型，考虑了运输能力极端不确定、装卸能力极端不确定、库存能力极端不确定、待回收托盘量极端不确定、待回收托盘的毁坏率极端不确定等现有调度文献尚未研究的极端不确定因素。通过算例验证了模型的有效性，并通过数值分析证明了分配给各个情景的权重对决策的重要影响和托盘型号之间的关系。

第六章研究了既有确定因素、又有一般不确定因素、还有极端不确定因素的复杂情况下的托盘共用系统调度优化方法，采用随机相关机会规划和情景分析相结合的技术，构建了考虑混合型号托盘的托盘共用系统随机多情景调度优化模型。模型引入了可持续发展因子和客户优先级因子，以调度总成本最小为目标。通过数值求解和数值分析验证了模型的有效性，并证明了可持续发展因子和客户优先级因子对决策的重要影响。研究结果表明：（1）某类托盘可持续发展因子越大，说明其可持续发展成本越高，托盘共用系统管理者越应避免使用该种型号的托盘；（2）客户优先级因子越高，托盘共用系统管理者越应满足客户的需求。

第七章构建了一个同时考虑RFID和非RFID托盘的托盘共用调度优化

模型，模型以成本最小化为目标，考虑了丢失率和毁坏率不确定，基于 VB 开发了 PSO 算法求解模型。在此基础上，提供了评估实施 RFID 系统经济性的方法，并提出了相关建议。

第八章研究了一个多托盘服务站、多周期、多托盘型号的城市共同配送中的托盘共用调度问题。首先构建了托盘共用系统管理者可以获得充足信息的条件下的最优化调度模型，通过算例证明了该模型能帮助决策者制定出科学的决策。利用 Matlab 软件，通过数值分析研究了运输能力对决策的影响，并提出决策者可以采取科学预测和租赁/出租策略相结合的方法来使运输能力得到充分利用，从而降低运作成本。然后基于情景分析的方法，对托盘共用系统管理者在决策时尚有一些不确定因素不能通过历史数据进行预测时的最优化调度模型进行了研究，并证明了在存在不确定因素时，多情景规划模型比确定性模型更加有效。

第九章建立了非专业托盘共用系统调度优化模型，考虑了客户选择、回收时间约束这两个专业托盘共用系统调度无须考虑的因素。通过算例验证了模型的有效性，并通过数值分析证明了单位时间租赁价格和需求者租赁时间对决策的重要影响和托盘型号之间的关系。

本书的研究成果对我国目前蓬勃发展的托盘共用系统的运营具有非常重要的意义。

感谢内蒙古大学陈国庆教授、西南交通大学的张锦教授和章雪岩教授、台湾海洋大学游明敏教授、中包精力托盘共用系统（北京）有限公司余渡元总经理、美国宾夕法尼亚州立大学（The Pennsylvania State University）的 Judd Michael 教授和 Charles Ray 教授、意大利卡利亚里大学（University of Cagliari）的 Massimo Di Francesco 教授等学者在本书写作过程中给予的指导。

感谢东方驿站、中包精力、集托网等公司协助本研究。

本书得到以下基金的支持：国家自然科学基金（71502087）、中国博士后基金面上项目（2017M611204），中国物流学会（2016CSLKT3-015，2018CSLKT3-026）。

全书由任建伟（内蒙古大学）和陈春花（江西财经大学、中国农业银行内蒙古分行）共同完成。由于笔者专业视野和学术水平有限，书中难免存在错漏和不足之处，敬请读者批评指正，特此致谢。

作　者
2018 年 5 月

目 录

第1章 绪 论 ··· 1
  1.1 选题背景 ·· 1
  1.2 国内外研究现状 ··· 8
  1.3 研究目标与方法 ··· 17

第2章 托盘共用系统分析 ·· 19
  2.1 托盘共用系统的内涵及概念模型 ·· 19
  2.2 托盘共用系统分类 ·· 23
  2.3 托盘共用系统的业务流程 ··· 28
  2.4 本章小结 ··· 32

第3章 确定条件下专业托盘共用系统调度优化模型 ································· 33
  3.1 考虑单一型号托盘的专业托盘共用系统调度整数规划模型 ············ 33
  3.2 考虑混合型号托盘的专业托盘共用系统调度整数规划模型 ············ 47
  3.3 本章小结 ··· 60

第4章 随机条件下专业托盘共用系统调度优化模型 ································· 62
  4.1 考虑单一型号托盘的专业托盘共用系统调度随机机会约束
       规划模型 ·· 62
  4.2 考虑混合型号托盘的专业托盘共用系统调度随机机会约束
       规划模型 ·· 81
  4.3 本章小结 ··· 95

第5章 极端不确定条件下专业托盘共用系统调度优化模型 ························ 97
  5.1 考虑单一型号托盘的专业托盘共用系统调度多情景规划模型 ········· 97
  5.2 考虑混合型号托盘的专业托盘共用系统调度多情景规划模型 ········ 110
  5.3 本章小结 ·· 124

第6章 考虑可持续发展因子和客户优先级因子的专业托盘共用系统调度优化模型 ········ 126
6.1 问题描述 ········ 126
6.2 模型构建 ········ 127
6.3 算　例 ········ 132
6.4 本章小结 ········ 137

第7章 考虑 RFID 和非 RFID 托盘的专业托盘共用系统调度优化模型 ······ 138
7.1 问题描述 ········ 138
7.2 模型的构建 ········ 140
7.3 数值实验及分析 ········ 144
7.4 评估实施 RFID 系统的经济性 ········ 146
7.5 本章小结 ········ 149

第8章 城市共同配送系统中的专业托盘共用系统调度优化模型 ············ 150
8.1 城市共同配送系统中的托盘共用调度确定规划模型 ············ 150
8.2 城市共同配送系统中的托盘共用调度多情景规划模型 ············ 156
8.3 本章小结 ········ 159

第9章 非专业托盘共用系统调度优化模型 ········ 160
9.1 考虑单一型号托盘的非专业托盘共用系统调度混合整数规划模型 ······ 160
9.2 考虑混合型号托盘的非专业托盘共用系统调度混合整数规划模型 ······ 175
9.3 本章小结 ········ 185

结　论 ········ 187

参考文献 ········ 188

第 1 章 绪 论

1.1 选题背景

1.1.1 问题的提出

托盘让世界动起来（Pallets move the world），它是物流运作的基本单元，是物流作业中广泛应用的承载装置，是衔接运输、仓储、包装、装卸等物流各相关环节的关键要素。托盘与叉车配套使用，为物流效率化、低成本化开辟了广阔的前景，是企业降低物流成本、提高物流运作效率的重要工具[1,2,3]。

然而目前我国仅有约 2.2 亿左右的托盘（不包括一次性托盘和非正规托盘。2010 年我国全部托盘约为 7 亿~8 亿[4]，但因仅有 2010 年数据而没有历史数据做支撑以供分析，因此后文均以 2.2 亿作为分析的依据。），与美国 40 亿[5]的托盘拥有量相比差距甚大①。托盘拥有量是衡量一个国家物流现代化水平的标志[6]，我国不发达的托盘应用水平直接导致了我国物流成本居高不下②，2010 年我国物流成本占 GDP 的比重为 17.8%[7]，而美国仅为 8.3%[8]。要提高我国的物流现代化水平，就必须扩大托盘在物流业中的应用。

事实上，自从 2003 年以来，我国托盘拥有量的年均增长速度在 18%以上，而且笔者认为在接下来的十年内，我国托盘拥有量将以更快的速度增长。这是因为：（1）我国自主品牌的托盘共用系统和外资托盘共用系统越

---

① 据统计，美国 2017 年托盘拥有量已达到了 46 亿只以上。数据来源：https://slideplayer.com/slide/6299327/.
② 据统计，2017 年我国社会物流总费用占 GDP 的比重已降至 14.6%。数据来源：http://www.mot.gov.cn/guowuyuanxinxi/201802/t20180207_2988344.html.

来越多，会促使托盘使用效率的提高和使用成本的降低，因此越来越多的企业会使用托盘；（2）在接下来的十年中，我国经济将会持续飞速发展（根据渣打银行的预测，在 2020 年我国将会超越美国成为全世界第一大经济体[9]，美国 2010 年的 GDP 为 14.7 万亿美元，而我国仅有 5.98 万亿美元），经济的繁荣必然导致贸易的增长，企业就必须用更多的托盘来运输物资。

2004—2010 年，美国托盘拥有量从 20 亿增长到了 40 亿，年均增长速度为 16.7%（根据 Freedonia Group 的预测，美国对托盘的需求量将以每年 6.1%的速度增长，到 2015 年，美国对托盘的需求量将达到 13 亿[10]。）①，而我国目前仅有 2.2 亿托盘，因此有理由相信在我国托盘拥有量达到 40 亿以前，我国托盘拥有量的增长速度将高于 16.7%。实际上在过去十年内，我国的托盘拥有量年均增长速度已经在 18%以上，正如前面分析，在接下来的十年中，我国托盘拥有量的年均增长速度将更快，因此本书以 20%的年均增长率保守预测中国的托盘拥有量。如图 1-1 所示，在 2015 年我国托盘拥有量将达到 5.5 亿②，而到 2020 年我国托盘拥有量将达到 14 亿。显然我国托盘行业的发展速度已经超越了当时的预测，2017 年我国托盘保有量已达到 12.3 亿只左右③。

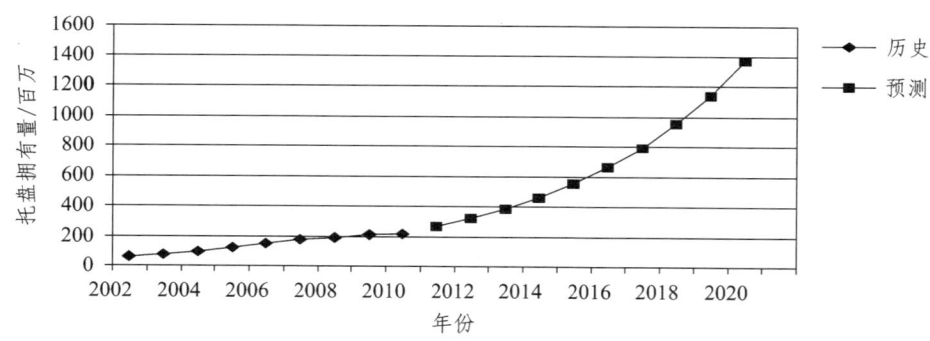

图 1-1 我国托盘拥有量预测

历史数据来源：中国物流与采购联合会、物流技术与应用编辑部[2,11]。

---

① 据统计，2015 年美国对托盘的需求量已达到 18 亿。数据来源：http://www.rosepallet.com/fun-facts/。
② 据统计，2015 年我国托盘保有量已达到 10.2 亿片。数据来源：靳伟. 托盘行业：市场需求稳定，上升态势依然[J]. 物流技术与应用, 2016, 21(03): 49-51.
③ 数据来源：物流技术与应用编辑部. 进入稳步高速增长新阶段——2017 年中国物流装备市场回顾与 2018 年展望(下)[J]. 物流技术与应用, 2018, 23(05):72.

当然，要想充分发挥托盘的作用，除提高托盘的使用率以外还必须对托盘进行有效的管理。实际上，国外很多企业都把托盘当作企业的重要资产来进行高效的管理，以最大化发挥托盘的作用，获取最大化的利益。目前托盘的管理方法主要有所有权转移（transfer of ownership）、托盘交换（pallet exchange）和托盘共用（pallet pooling）三种。所有权转移是指供应链下游企业接收上游企业的货物时必须同时向上游企业买入运输这些货物的托盘。这种方式增加了下游企业的经济负担。托盘交换是指供应链下游企业接收上游企业的货物时也必须接受运输这些货物的托盘，并交付同等数量的托盘给上游企业，以实现托盘的交换，这种方式会导致交易双方均不愿意提供高质量的托盘，会降低物流效率，并最终导致合作关系的瓦解。托盘共用是指企业之间通过租赁、联盟等多种方式实现对托盘的有效利用，是目前最受业界青睐的托盘管理方法[12]。

第二次世界大战期间，美军在澳大利亚建立了其军事后期基地，在该基地美军大量使用托盘运输军用物资，提高了物流效率。1945年战争结束后，美军将该基地的包括托盘在内的物流设备赠送给了澳大利亚政府，随后澳大利亚政府构建了 Allied Materials Handling Standing Committee（AMHSC）出租美军遗留的这些托盘和物流设备。1949年，澳大利亚新政府决定将该业务私有化，组建了 Commonwealth Handling Equipment Pool，简称为 CHEP（集保）。此后托盘共用系统便在世界上迅猛发展起来，目前已经在澳洲、北美、欧洲、日本、韩国等发达国家和地区获得了巨大的成功。至今，全世界已经有超过26个第三方所有托盘共用系统、5个联盟式托盘共用系统以及众多的第三方管理托盘共用系统和私有托盘共用系统。

我国托盘共用系统的运作最早可以追溯到1965年，当时北京广安门车站和上海东站之间试图采用对口交流的方法实现托盘的共用，但由于种种原因这个项目并未成功，而我国托盘共用系统的发展也就此几乎以停止的状态持续了将近40年。由于落后的托盘共用技术，我国的托盘大多仅限于工厂内部使用，不能实现一贯化运输。图 1-2 即为一种典型的落后的托盘利用方式。当物品从工厂运到下游供应链时，工人们将仓库内放在托盘上的货品一件件搬到卡车上，然后当货品到达目的地时，工人们再把卡车上的货物一件件卸下来，装到托盘上运回仓库。这种低效的托盘利用方式严重制约着我国物流水平的提高。

图 1-2 一种落后的托盘利用方式

为了改善这种落后的物流作业方式，以吴清一为代表的一批专家从 2003 年就开始呼吁我国应尽快建立托盘共用系统，而众多的实业界人士也发出了"托盘共用系统建设刻不容缓""振兴物流业期待托盘共用系统"的呼声。经过社会各界 6 年的努力，2009 年 2 月 25 日，温家宝总理主持召开国务院常务会议，通过了《物流业调整和振兴规划》，该规划中明确指出"支持专业化企业在全国建设托盘共用系统，开展托盘的租赁回收业务，实现托盘标准化、社会化运作。"[13]。在此规划的影响下，2010 年年初，我国第一家民族品牌的"托盘共用系统"公司"中包精力托盘共用系统（北京）有限公司"正式成立，而其他第三方所有托盘共用系统（如山东力保、无锡美捷等）也如雨后春笋般涌现。而且更为国人骄傲的是，2010 年招商集团收购了全球最大的第三方所有托盘共用系统之一 LOSCAM。现今我国已经有超过 5 个第三方所有托盘共用系统，并已有至少 5 个国际性第三方所有托盘共用系统在我国运营。尽管目前我国还没有自己的联盟式托盘共用系统，但 EPAL、APP 这两个联盟式托盘共用系统已在我国开展业务。

尽管托盘共用系统在全世界范围内获得了良好的发展，但是目前却有一个问题困扰着全世界最大的几个托盘共用系统管理者，那就是：如何更有效地调度托盘（托盘共用系统管理者如何根据历史、实时和预测信息，合理地安排托盘的调度方案，以最低的调度成本，实现在恰当的时间、恰当的地点以恰当数量的托盘满足恰当客户的需求）。如（1）全世界最大的第三方所有托盘共用系统 CHEP 的副总裁 Bill Wade 指出，由于需求的季节波动性影响等原因，如何有效地调度托盘以满足顾客的需求已经令 CHEP 焦头烂额；（2）美国第二大第三方所有托盘共用系统（全世界第一个供应全塑料托盘的托盘共用系统）iGPS 的总裁 Marton 目前在的一份公司内部备忘录中写道："由于需求季节波动提前到来、顾客需求突然增长以及顾客未按时返还托盘等原因，在最近 3~6 周内托盘的有效供应遇到了严重的问题"；（3）美国第三大托盘共用系统 PECO 的 CEO David Lee 认为减少空盘运输、控制托盘再分派成本是托盘共用系统生存的关键；（4）美国第一个联盟式托盘共用系统 Pallet Logistics & Unit Load Solutions（简称 PLUS，该系统原名 Pallet Industry Management System（PIMS），为求统一，本书随后将相关文献中出现的"PIMS"均写作 PLUS）的管理者 Steve Mazza 指出他们也面临着如何更有效地调度托盘的问题[14]。这一问题也同样困扰着我国山东力保和无锡美捷等托盘共用系统的管理者。

因此本书将在对托盘共用系统进行详细分析的基础上，重点对托盘共用系统调度优化进行研究，以求为解决目前困扰托盘共用系统管理者的这一问题贡献力量，为托盘共用系统尤其是我国托盘共用系统的运营管理提供理论指导。

1.1.2 研究意义

自 H.I.Ansoff（1965）[15]提出协同管理的概念以来，供应链协同一直是学术界研究的热点问题。托盘在生产和物流中广泛应用，是整合供应链、提高物流效率，实现物流协同的重要工具[16,17]。

托盘共用系统的发展能有效地促进托盘的高效利用，提高企业的物流效率，促进供应链企业间的协同运作。吴清一（2003）[6]认为建立托盘共用系统可节约三分之一左右的托盘。CHEP 中国区域大客户经理 Frank Tonna 认为，按照我国传统的物流作业流程，商品从供应链上游的生产企业到供应链末端的销售门店大约要经历 16 个步骤，途中不断重复着耗时、耗力、耗财的人工装卸作业，效率极其低下。而如果上下游企业都使用 CHEP 提供的服务实现托盘共用，就可以大幅度减少这种不必要的重复劳动，能为企业降低平均 21%的成本。此外，根据世界银行的理论：一国物流水平的提高将促进对外贸易的增长，吸引外国投资，加速经济的发展[18]。由此可见，托盘共用系统的发展有着十分重要的现实经济价值和社会价值。

此外，木托盘一直占据着托盘市场的巨大份额（如图 1-3 和图 1-4 所示，我国木托盘的比例约为 86%[11]，美国木托盘的比例约为 84%[19]），而一棵成材大树只能制造约 6 个标准托盘，我国森林资源短缺（我国有 13 亿人口，却仅有 2.07 亿公顷森林，而美国仅有 3.07 亿人口，却有 3.04 亿公顷森林[20]，即我国人均占有森林面积相当于美国人均占有森林面积的 15%），过多地使用木托盘将加重我国对进口锯材的依赖（据 IWMG 组织预测，我国在 2020 年将进口 2 000 万立方米的锯材[21]），因此发展托盘共用系统能节约托盘，保护森林资源，减少对进口锯材的依赖，有利于我国经济的稳定、可持续发展。同时大部分木托盘在出口时都必须进行热处理或者熏蒸[22]，而无论热处理还是熏蒸都需要损耗能源，因此发展托盘共用系统最大化托盘的利用率，对发展绿色经济也很有意义。

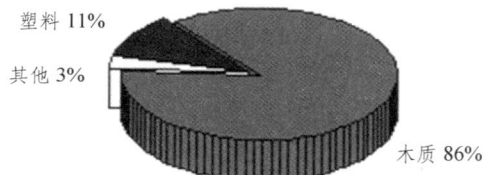

图 1-3　我国各种材质托盘所占市场份额

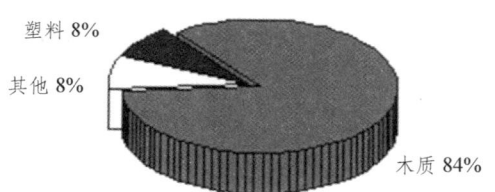

图 1-4　美国各种材质托盘所占市场份额

然而国内外关于托盘共用系统的理论研究还非常少。目前虽然有 Murray（1969）[23]、Anon（1969）[24]以及吴清一（2003，2004）[6, 25]等国内外专家对托盘共用系统进行了初步探讨，但现有文献大多是对托盘共用系统的重要意义、组织架构、业务模式等进行的定性讨论，没有对托盘共用系统的演变机理、流程优化、调度优化等问题进行深入研究。理论研究的不足严重制约着托盘共用系统的发展，而对托盘共用系统调度优化研究的缺失更是直接导致了托盘共用系统的运营成本居高不下。美国 PALNET 托盘公司的 CEO Michael Smith 指出托盘运输成本是托盘共用系统运营中最主要的成本，一次再分派的运输成本从 1 美元到 4.5 美元不等[14]；而 Mosqueda 也指出，一个发行费（issue fee）仅为 5 美元的托盘，其最终的成本将为 7~10 美元[26]。托盘共用系统调度方案的优良直接决定着运输成本高低，好的调度方案不仅能降低运输成本，更能提高托盘的利用效率，解决目前各大托盘共用系统面临的"托盘可用性（pallet availability）"问题。

事实上调度问题一直以来都是学术界研究的重点问题，已有的丰富研究成果对托盘共用系统调度有重要的指导作用，尤其是关于集装箱空箱调度问题的研究成果，对托盘共用系统调度有很大的借鉴作用。但集装箱空箱调度与托盘共用系统调度有很大不同，主要体现在：

（1）大部分托盘都是木质托盘，较易损坏，因此托盘服务供给者再分派托盘时必须考虑托盘的毁坏率。事实上这一问题正是目前困扰托盘共用系统管理者的一个重要问题，如加拿大最大的托盘共用系统 CPC 的主席 Belinda Junkin 就把托盘毁坏率列为困扰 CPC 运营管理的第一大难题[27]；而美国 PECO 公司也把托盘毁坏率列为其重点关注的因素之一[14]。因此在构建托盘共用系统调度模型时必须考虑"毁坏率（damage rates）"这一因素。

（2）由于未考虑集装箱会毁坏这一因素，因此现有关于集装箱空箱调度模型的研究中均假设所有客户用后的集装箱都可以再分派到任何一个需求者（集装箱的所有者如果需要托盘，则将其视为需求者），而未考虑已经毁坏的集装箱并不能用于再分派，而必须返回集装箱的所有者，将"再分派"和"回收"这两个过程混在了一起，没有区别对待，不能满足专业托盘共用系统实际运营的需要。本研究将对专业托盘共用系统调度的购买（租借）（buying, leasing, or borrowing）、分派（distribution）、再分派（reposition）、回收（recovery）这四个环节进行完整细致的研究。

（3）集装箱空箱调度的运作模式仅与专业托盘共用系统的运作模式有一定相似，与非专业托盘共用系统调度的运作模式有很大不同。

（4）托盘的价值普遍较低，因此为降低经营成本，目前 CHEP、PECO、LOSCAM、山东力保等公司均只整车发送或回收托盘，因此在构建托盘共用系统调度模型时必须考虑"整车运输（in truckload quantities）"这一因素。

由此可见，托盘共用系统调度有其自身特点，其运作模式本质上就与集装箱空箱调度的运作模式不同，而且现有调度优化研究尚有很多不足之处（详见 1.2.2），不能满足托盘共用系统管理者的需求。因此不能简单地将现有的研究成果套用到这一问题上来，需根据托盘共用系统调度的特征进行针对性研究。

综上所述，本书内容属应用基础研究，是从国家重大需求提炼的科学问题。本书结合托盘共用系统的特点对托盘共用系统调度优化进行研究，研究成果不仅能解决托盘共用系统调度问题，促进我国托盘共用系统的发展，具有重大的应用价值，而且能进一步完善现有调度问题的研究，具有重要的学术价值。

1.2 国内外研究现状

1.2.1 托盘共用系统研究现状

国外对托盘共用系统的理论研究最早可以追溯到20世纪60年代，研究的主要国家是瑞典、英国、美国等发达国家，研究的主要内容是本国托盘共用系统的运营现状和托盘共用系统的效益分析。

一些专家介绍了本国托盘共用系统的研究和运作情况。瑞典是最早实行国家托盘联营的国家，Murry（1969）[23]对瑞典托盘共用系统进行了介绍，利用该系统能够在每一个瑞典火车站对发往英国的集装箱统一完成公文和发票等手续，提高了货物的处理效率。Anon（1969）[24]对英国货物运输协会向运输部提出的建立托盘共用系统的方案进行了介绍，该方案建议兼收租赁和及时交换方式的优点，建立租赁及交换双重方式的托盘共用系统，对提高物流运作效率有着显著的作用。Jouglard 和 Spink（2004）[28]指出生产系统中的托盘共用消除了不必要的装卸环节，提高了生产作业效率，并指出建设托盘共用系统需要预先进行科学的规划和细致的筹备。

还有一些专家对托盘共用系统的经济效益和社会效益等进行了研究。（1）大部分学者认为托盘共用系统的建立能够节约成本，提高物流作业效率：Auguston 和 Karen（1991）[29]指出由于美国未充分发挥托盘共用系统的作用，每年浪费约20亿美元。Don McKerrow（1996）[30]认为节约成本是托盘再利用产生的最直接的效应，但是其他效应更为重要，如提高仓储、运输的作业效率等。Witt（1999）[31]以 CHEP 公司为例对托盘租赁的经济效益进行了分析，认为托盘租赁能节约物流成本，提高物流效率。Raballand 和 Carroll（2007）[32]认为托盘标准化能显著降低物流成本，并强调了托盘共用系统中托盘标准化的重要作用。（2）但也有一些学者则提出了相反意见：Ray、Michael 和 Scholnick（2006）[33]通过对 13 家大型零售公司的调查确定了托盘费用项目，并通过仿真模型仿真发现，托盘租赁的费用比购买托盘的费用平均高 1 美元。（3）而 Lacefield（2004）[34]则分析了托盘租赁和自有托盘的优劣势，认为企业应成立一个跨部门的组织，对自身情况进行详细评估后再决定采用租赁托盘还是自有托盘政策；Mosqueda（2009）[26]也在对租赁托盘和自有托盘的费用进行详细分析的基础上，提出企业应根据自身情况决定采用租赁托盘还是自有托盘政策。

关于托盘共用系统的调度问题，目前仅有 Brindley（2011）[14]对托盘共用系统调度的重要性进行了分析，并通过 CHEP、iGPS、PECO、PLUS 等多个托盘共用系统的案例分析说明这一问题已经成为困扰整个托盘共用行业的亟待解决的重要问题。

此外，Harris 和 Worrell（2008）[12]将托盘管理的模式分成了所有权转移（transfer of ownership）、托盘交换（pallet exchange）和托盘共用（pallet pooling）三种，并认为托盘共用系统是目前最受欢迎的模式。Mosqueda（2009）[35]对托盘租赁公司的成本结构进行了分析，为托盘使用者与托盘租赁公司进行价格谈判提供了指导。Brindley（2010）[36]通过对 CHEP 中国区总裁 John Wan 的访问，介绍了中国目前托盘共用发展的现状，充分肯定了中国良好的经济、政治环境对托盘共用发展的积极影响，并特别对 CHEP 在中国发展的现状和未来规划进行了详细介绍。Brindley（2010）[37]介绍了宾州州立大学对一个新的托盘共用系统 PLUS 进行的可行性研究，该研究证明了 PLUS 将给美国的托盘业带来巨大效益。LeBlanc（2010）[27]对加拿大 CPC 托盘共用系统的 Container Tracking System（CTSweb）进行了介绍，该系统能够实现对托盘的跟踪和管理，加快托盘的流通速度。Brindley（2011）[38]分析了 Costco 公司要求其客户首选 GPS、PECO 以及 CHEP 等托盘租赁公司作为托盘服务商对美国托盘共用系统发展的积极影响。Brindley（2011）[39]分析了近 20 年来托盘行业发展的情况，尤其是 CHEP、PLUS、iGPS、PECO 等托盘共用系统的发展状况。Brindley（2011）[40]分析了美国人口增长、全球化托盘化时代到来、顾客需求猛增等因素为托盘市场带来的机遇和挑战。Brindley（2011）[41]和 McBee（2011）[42]分析了 CHEP 兼并 IFCO 对整个美国托盘共用行业产生的影响。Baker（2011）[43]对托盘共用系统面临的托盘丢失问题进行了详细的分析，并指出亚利桑那州通过的 HB 2168 法规可能对该问题的解决有积极的意义。Brindley（2011）[44]对 EUR 托盘 50 年来对托盘市场的影响做了深入分析，认为 EUR 托盘是供应链改革最伟大的成就之一。

目前我国仅有中国物流与采购联合会的吴清一、李太平以及孟国强等几位专家就托盘共用系统进行了研究，研究内容包括了我国托盘共用系统的重要意义、业务模式、组织架构、信息平台等。

吴清一、李太平、孟国强等学者充分肯定了我国发展托盘共用系统的重要意义。吴清一（2003，2004）[6, 25]指出我国必须尽快建立中国托盘共用系统，并对建立托盘共用系统的有关问题进行了讨论，认为托盘共用系统是一项具有重大社会价值和长期稳定经济效益的项目，为了更快提高我国物流水平，必须重视这一事业的发展。这两篇论文的发表标志着我国托盘共用系统的研究正式拉开序幕。孟国强和孙珂（2004）[45]认为托盘的社会化应用必须以托盘标准化为基础，应加快建立我国的托盘共用系统。李太平（2006）[46]认为我国应尽快开展立项研究，通过一系列措施促进托盘共用系统的顺利建立与健康发展。

李太平、葛海青和喻乐等学者对我国托盘管理的业务模式作了初步探讨。李太平（2008）[47]在分析对比发达国家物流托盘主要流通模式的基础上，结合我国托盘市场的发展现状，提出我国托盘联营公司应采取租赁交换模式来引导托盘在企业间合理流通，促进我国物流服务业的健康发展。葛海青（2008）[48]提出中国托盘流通适合采用租换并用模式。喻乐（2008）[49]提出我国铁路托盘租赁业务比较适合采用以租赁为主的交换、租赁共用模式，既可以保证采用铁路运输的大客户托盘日常满足率、简化大客户办理托盘运输的手续，又便于结合现有的运营网点和调度系统实施托盘掌管、维修、运用。

金寿松和葛海青研究了我国托盘共用系统的组织架构。金寿松（2008）[50]、葛海青（2008）[48]基于对银行运作分析以及对货币存贷和托盘租赁的比较提出了托行概念，并参照银行经营模式和建设经验，建议以托行作为中国托盘联营公司模式。

金寿松、葛海青、陈晓贞等学者对我国托盘共用系统信息平台进行了定性描述，金寿松（2008）[50]提出了一个简单的托行管理系统概念，该系统基于 RFID 技术，包括硬件和软件两部分，其中硬件部分包括持标托盘、RFID 阅读器、互联网局域网、计算机及附件等，而软件功能主要包括出租回收、调拨仓储、制作维修、系统维护等。葛海青（2008）[48]针对托行运作管理的特点设计了托行管理信息系统框架，其硬件主要由阅读器、RFID 标签、网络服务器和计算机、系统管理软件等组成，软件包括收货、入库、拣货、配装、盘点、出库、叉车定位/调度等多个功能。陈晓贞等人（2009）[51]基于 RFID 技术，采用 B/S 架构设计了包括表示层和业务逻辑层两层架构的托盘租赁共用信息系统。

由以上分析可知，目前关于托盘共用系统的研究主要是对托盘共用系统重要意义、业务模式、组织架构、信息平台等的定性研究。托盘共用系统的演变机理、流程优化、托盘共用系统调度等问题尚未有人研究。

1.2.2 调度理论研究现状

1. 调度模型和算法的研究现状

托盘共用系统调度优化属于调度问题。调度理论最早源于 1954 年 Johnson 对流水车间两台机床作业排序问题的研究[52]，而人们普遍把 Conway、Maxwell 和 Miller（1967）[53]三人有关调度的研究工作作为调度理论研究的正式开始，他们三人也被誉为调度理论的奠基人。半个多世纪以来，调度理论的研究受到应用数学、运筹学、工业工程和计算机科学等领域科学家的高度重视，科学家们利用运筹学、人工智能等方法和技术，研究并解决了一系列有代表意义的调度优化问题。基于运筹学的方法往往是对具体问题建立合适的带有约束条件的数学优化模型，并对模型寻求有效的求解策略。基于人工智能技术的调度方法是模仿人类解决调度问题的方法，从认知学角度出发，寻找有效的求解策略[54]。

现有调度模型主要为线性规划模型、整数规划模型、混合整数规划模型、动态规划模型、非线性规划模型、仿真模型等，如 Schuster 和 Allen

（1998）[55]建立了一个线性规划模型来分配食品加工厂里的稀有资源；孙在冠、苏东卫等人（2009）[56]针对市场需求等不确定因素的影响，建立了炼厂生产与库存非线性规划优化模型；沈吟东、倪郁东（2005）[57]阐述了一个世界著名的成功的公共交通驾驶员调度系统——TRACS I 的整数规划模型；Repoussis 等人（2007）[58]研究了有时间窗的开放式车辆路径问题，建立了该问题的混合整数规划模型；马志鹏、陈守伦（2007）[59]在普通动态规划的基础上融合了灰色系统的思想和方法，提出了水库调度灰色动态规划模型；舒海生、李庆芬等人（2005）[60]运用面向对象技术和高级 Petri 网，建立了一个含故障处理的柔性制造系统动态调度仿真模型。

现有调度算法主要分为精确算法和近似算法。精确算法以分枝定界法为主，而近似算法包括遗传算法、神经网络算法、蚁群算法、粒子群算法、模拟退火算法、免疫算法、禁忌搜索算法、多智能体算法等。如路辉、李昕（2008）[61]提出一种基于分枝定界法的串行测试任务调度算法，利用该算法可以得到测试时间最短的串行任务序列；Santos 等人（1999）[62]用遗传算法求解流程企业能量和生产的调度优化问题；Foo 和 Takefuji（1988）[63]使用 Hopfield 人工神经网络解决 Job-shop 调度问题；张长胜、孙吉贵（2009）[64]针对最小完工时间的流水车间作业调度问题，提出了一种自适应混合粒子群进化算法；Sridhar 等人（1993）[65]使用模拟退火算法进行单元制造系统的调度；Zuo（2009）[66]针对加工时间不确定调度问题，利用工作流仿真模型集合为其建模，采用基于克隆选择的免疫算法来优化并获得鲁棒调度解；张超勇、高亮等人（2009）[67]将遗传算法"适者生存"进化准则融入禁忌搜索算法，提出一种进化禁忌混合算法求解 Job-Shop 调度问题；Kouiss（1997）[68]等根据车间的物理布局来确定 Multi-agent 系统的结构，为每一个加工中心配备了一个 Agent 用于解决相应加工中心内部的调度。

目前调度理论已在生产调度、电力调度、运输调度、水资源调度、计算机操作系统运行、网络通信调度、人员调度等领域得到广泛应用。

托盘调度与集装箱空箱调度具有相似性，由于托盘调度的文献几乎没有，因此本书将重点对集装箱空箱调度进行综述。读者亦可以参阅 Crainic（2000）[69]、Powell（2003）[70]和 Cimino（2010）[71]的三篇对集装箱空箱调度进行综述的文献。

2. 集装箱空箱调度的研究现状

目前，集装箱空箱调度已被广泛研究，并取得了较为丰厚的研究成果。最主要的研究方法是数学优化方法，其中又主要包括确定条件下的优化、随机条件下的优化和极端不确定条件下的优化。

（1）确定条件下集装箱空箱调度优化模型。最早是由 Ermol 等人（1976）[72]提出的，该模型的目标函数为空箱调度总成本最小，包括运输成本、空箱短缺成本等。Florez（1986）[73]在此基础上提出了目标函数为利润最大化的空箱调度模型。Crainic 等人（1993）[74]提出的模型，不仅考虑了空箱租赁、出租，而且还考虑了多种箱型的替换对调度的影响。Shen 和 Khoong（1995）[75]突破了单周期调度的局限构建了多周期港口间空箱调度网络优化模型。Holmberg、Joborn 和 Lundgren（1998）[76]构建了一个以成本最小为目标的调度模型，模型主要考虑了能力约束和时间约束。Abrache 和 Crainic（1999）[77]提出了空箱调度确定性动态规划模型。Chong、Cole 和 Kutanoglu（2002）[78]对规划周期长短对空箱调度产生的影响进行了分析，他们认为较长的规划周期有利于最优运输方式的选择。Erera 和 Morales(2005)[79]研究了同时考虑空箱和重箱分派的空箱调度优化模型。Olivo 等人（2005）[80]研究了考虑多种箱型的空箱调度动态规划模型。Jula、Chassiakos 和 Ioannou P.（2006）[81]对洛杉矶和长岛之间的空箱分派问题进行了研究，构建了一个非线性动态规划模型。Shintani、Imai 和 Nishimura 等人（2007）[82]以利润最大化为目标构建了考虑空箱调度的集装箱调度模型。Chang 等人（2008）[83]重点考虑了不同箱型的替代对空箱调度的影响。Feng 和 Chang（2008）[84]将库存控制和空箱分派策略结合起来，构建了两阶段空箱调度模型。闫海峰和董守清（2009）[85]以混合箱流的输送时间、距离和费用三者的综合最优为目标，构建了空箱调配和重箱车流径路选择综合优化模型。Imai、Shintani 和 Papadimitriou（2009）[86]以总成本最小为目标函数，构建了考虑空箱分派的集装箱调度模型。Lu（2010）[87]考虑了季节需求波动性对空箱调度产生的影响，并构建了相应的数学模型；Moon、Ngoc 和 Hur（2010）[88]重点考虑了集装箱租赁和购买对决策的影响。Wong、Lau 和 Mak（2010）[89]构建了一个成本最小化和顾客未满足率最小化的双目标混合整数规划模型，由于该文主要是介绍用于求解模型的免疫算法，所以模型简单，仅考虑了运输能力和供给能力约束。Løfstedt、Pisinger 和 Spoorendonk（2010）[90]构建了一个以利润最大化为目标的考虑空箱调度的集装箱调度模型。

由于在现实运作中存在着需求随机、供给随机等诸多随机因素，确定性模型很难取得良好的效果，于是学者们开始研究随机条件下集装箱空箱调度优化模型。

（2）随机条件下集装箱空箱调度优化模型。该模型最早是由 Beaujon 和 Turnquist（1991）[91]提出的，考虑了需求和运输时间随机。Crainic 等人（1993）[74]构建了考虑供给和需求随机的动态随机空箱调度模型。Cheung 和 Chen（1998）[92]提出了一个空箱调度的动态两阶段随机规划模型，第一阶段假定供给、需求、运输能力均确定，而第二阶段假定供给、需求、运输能力均随机。刘大镕等人（2000）[93]将需求分为确定需求和随机需求两部分构建了集装箱空箱调度模型。Li、Liu 等人（2004）[94]从库存管理的角度对空箱分派问题进行了研究，考虑了集装箱流入和流出不确定，但该模型仅考虑了单一港口。Lam（2007）[95]以总成本最小为目标，构建了一个考虑需求随机的空箱调度动态随机规划模型。朱德辉、何世伟（2008）构建了考虑需求和运输时间随机的重箱和空箱调配的综合优化模型，并构造了一种嵌入模拟退火操作的遗传算法对之进行求解。Li、Liu 等人（2009）对其 2004 年的模型进行了扩展，考虑了多港口空箱分派的问题。Dong 和 Song（2009）[96]研究了需求随机情况下的多港口、多航线的空箱调度问题。Bean 和 Joubert（2010）[97]构建了考虑需求和供给随机情况下的空箱分派模型。Song 等人（2011）[98]创新性地在仅规定空箱的流向而不固定目的地的情况下，建立了考虑需求随机的空箱调度模型，并通过仿真验证了在箱流不平衡和船队规模可在合理范围内变动的情况下，该模型比普通模型更有效。Yun、Lee 和 Choi（2011）[99]从库存管理的角度构建了一个以总成本最小为目标，考虑需求和供给随机的集装箱分派仿真模型，并通过算例验证了模型的有效性。

随机规划模型仅能解决有充足历史数据用于估计不确定参数情况下的调度问题，但很多情况下管理者根本无法获得历史数据或者没有充足的历史数据估计不确定参数，因此学者们开始研究极端不确定条件下集装箱空箱调度优化模型。

（3）极端不确定条件下集装箱空箱调度优化模型。该模型是由 Francesco

等人（2009）[100]最先提出的，目前也仅有 Francesco 所在的课题组做了这方面的研究，他们构建了考虑需求和供给极端不确定的多情景规划模型，并证明多情景策略能更好地满足客户需求。

表 1-1 对集装箱空箱调度重点文献研究所考虑的因素进行了总结。

表 1-1 集装箱空箱调度重点文献

	需求	供给	库存能力	运输能力	装卸能力	整车运输	毁坏率
Ermol, etc（1976）	确定	确定		确定			
Crainic, etc（1993）	随机	随机		确定			
Shen, etc（1995）	确定	确定		确定			
Holmberg, etc（1998）	确定	确定		确定			
Cheung, etc（1998）	随机	随机		随机			
Abrache, etc（1999）	确定	确定					
Chong, etc（2002）	确定	确定	确定	确定			
Li, etc（2004）	随机	随机					
Olivo, etc（2005）	确定	确定	确定	确定			
Erera, etc（2005）	确定	确定					
Jula, etc（2006）	确定	确定					
Shintani, etc（2007）	确定	确定		确定			
Lam（2007）	随机	确定		确定			
Chang, etc（2008）	确定	确定					
Li, etc（2009）	随机	随机					
Imai, etc（2009）	确定	确定	确定	确定			
Francesco, etc（2009）	极端不确定	极端不确定	确定	确定	确定		
Dong, etc（2009）	随机	确定	确定	确定			
Lu（2010）	确定	确定		确定			
Moon, etc（2010）	确定	确定	确定	确定			
Wong, etc（2010）	确定	确定		确定			
Bean, Joubert（2010）	随机	随机	确定	确定			
Løfstedt, etc（2010）	确定	确定		确定			
Song, etc（2011）	随机	确定		确定			
Yun, etc（2011）	随机	随机					

由以上分析可知：

（1）整车运输尚未被研究；

（2）毁坏率（尽管 Crainic，etc（1993）[74]等学者考虑了毁坏率，但仅把其视为影响需求的不确定因素，即归类为不确定需求，而本书不仅考虑其引起的不确定需求，而且将其视为影响富盘需求者托盘是用于再分派还是回收的重要决定因素。）尚未被研究；

（3）主要研究的是确定和随机条件下的调度，对极端不确定条件下的调度研究较少，运输能力极端不确定、装卸能力极端不确定、库存能力极端不确定等极端不确定因素尚未被研究，库存能力随机和装卸能力随机也未被研究。

综观现有关于集装箱空箱调度模型的研究文献，可发现现有关于集装箱空箱调度模型的研究中均假设所有客户用后的集装箱都可以再分派到任何一个需求者（集装箱的所有者如果需要托盘，则将其视为需求者），而未考虑已经毁坏的集装箱并不能用于再分派，而必须返回集装箱的所有者，将"再分派"和"回收"这两个过程混在了一起。

1.2.3　本章小结

通过以上文献综述可知，托盘共用系统的理论研究还很少，主要是对托盘共用系统的重要意义、业务模式、组织架构、信息平台等的定性研究。托盘共用系统的演变机理、流程优化、托盘共用系统调度等问题尚未有人研究。

关于托盘共用系统调度问题的研究才刚刚开始，可借鉴的研究成果还没有。与之类似的集装箱空箱调度的研究成果较多，对托盘共用系统调度问题的研究有借鉴作用，但托盘共用系统调度有其自身特点，其运作模式本质上就与集装箱空箱调度的运作模式不同，而且现有调度优化研究尚有很多不足之处，不能满足托盘共用系统管理者的需求。因此不能简单地将现有的研究成果套用到这一问题上来，需针对托盘共用系统调度的特征进行针对性研究。

1.3 研究目标与方法

1.3.1 研究目标

本书在分析托盘共用系统内涵、概念模型、分类、业务流程,辨识各种类型托盘共用系统调度的特点和影响因素的基础上,对专业托盘共用系统在确定条件、随机条件、极端不确定条件、考虑可持续发展因子和客户优先级因子、考虑非 RFID 和 RFID 托盘等情况下的调度优化以及城市共同配送系统中的托盘共用调度优化和非专业托盘共用系统的调度优化进行研究,旨在为解决目前困扰全世界托盘共用系统管理者的托盘调度问题贡献力量,为推动我国托盘共用系统发展提供理论指导。

1.3.2 研究方法

本书将利用经典管理决策理论和方法、协同学理论、企业流程再造理论(BRP)、整数规划理论、0-1 规划理论、随机规划理论、机会约束规划理论、情景规划理论、粒子群算法等作为主要的理论方法,采用群体座谈与深度访谈的定性分析方法,应用 LINGO、MATLAB、VB 等数学软件,由浅入深地对托盘共用系统分析、专业托盘共用系统调度优化模型、非专业托盘共用系统调度优化模型等进行研究。

1.3.3 特色和创新

本书是第一部对托盘共用系统调度优化进行研究的专著,其创新之处主要表现在以下两方面:

(1)首次对专业托盘共用系统调度优化进行了研究,构建的所有调度优化模型均将托盘再分派和托盘回收作为两个不同的调度过程进行了区分,考虑了调度的全过程(购买(租借)、分派、再分派、回收),引入了托盘毁坏率、整车运输这两个尚未被研究的因素。此外,在专业托盘共用系统调度随机机会约束规划模型中还引入了库存能力随机、装卸能力随机等现有调度文献尚未研究的因素；在专业托盘共用系统调度多情景规划模型中还引入了待回收托盘毁坏率极端不确定、待回收托盘量极端不确定、运输能力极端不确定、装卸能力极端不确定、库存能力极端不确定等现有调度文献尚未研究的因素；在考虑可持续发展因子和客户优先级因子的托盘共用调度优化模型中研究了可持续发展因子和客户优先级因子对决策的重要影响；在考虑 RFID 和非 RFID 托盘的托盘共用优化调度模型中，研究了实施 RFID 系统对调度决策的影响；此外还研究了一个多托盘服务站、多周期、多托盘型号的城市共同配送中的托盘共用调度问题（第 3~8 章）。

（2）在现有的第三方所有托盘共用系统、联盟式托盘共用系统、第三方管理托盘共用系统和私有托盘共用系统等专业托盘共用系统之外，根据我国国情，提出了一种非专业托盘共用系统-松散式托盘共用系统（2.2、2.3）。首次对非专业托盘共用系统调度优化进行了研究，构建的调度优化模型中引入了客户选择、回收时间约束这两个专业托盘共用系统调度模型无须考虑的因素（第 9 章）。

第 2 章　托盘共用系统分析

2.1　托盘共用系统的内涵及概念模型

2.1.1　托盘共用系统的内涵

托盘共用系统一般由一个或多个托盘服务供给者及一个或多个托盘服务需求者组成，他们之间通过租赁、联盟等形式的合作实现最大化托盘利用效率。他们合作的方式一般为：托盘服务供给者（国家机构、行业联盟、公司、个人）向托盘服务需求者提供托盘的分派、回收、检测、维修等服务获得收益；托盘服务需求者请求托盘服务供给者提供所需数量的托盘，收到托盘后使用托盘运输货物到最终收货地点，卸载货物后将托盘返还托盘服务供给者，并支付一定数额的使用费。

2.1.2　托盘共用系统的概念模型

托盘共用系统是一个复杂的巨系统，本书认为对托盘共用系统的研究至少应包括以下几个部分，如图 2-1 所示。

1. 运营平台

（1）投资模式。

一个典型的托盘共用系统（主要是指第三方所有托盘共用系统和联盟式托盘共用系统）通常需要依靠规模产生效益。根据国外经验，要投资数

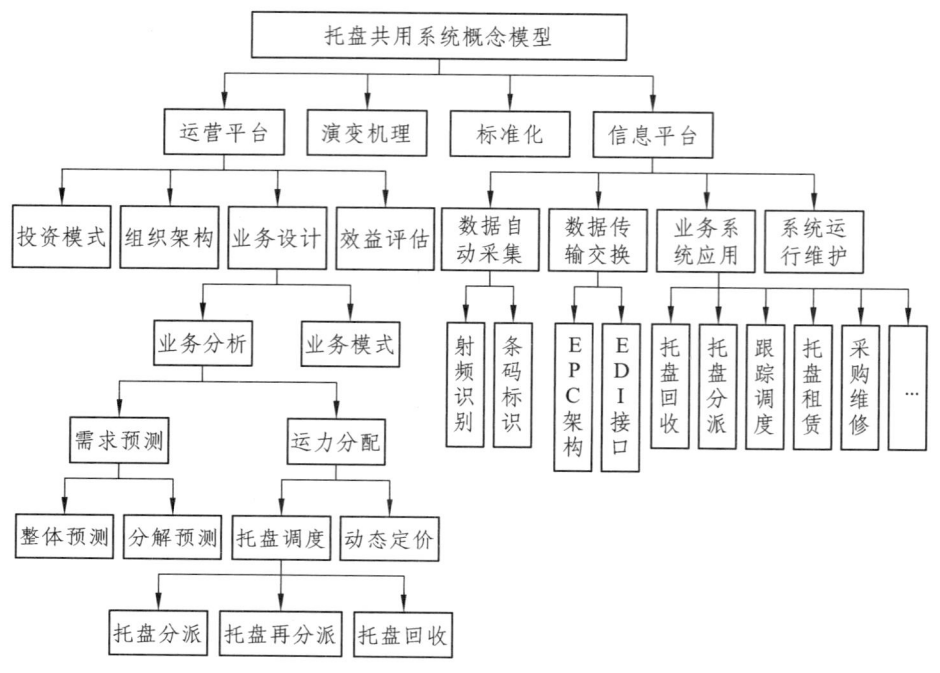

图 2-1 托盘共用系统概念模型

亿、耗时数年、建成网络系统并拥有大量托盘时才能获得效益。而一旦开始获得回报，将有稳定和良好的利益。也就是说，这是一个投资大、短期无回报，但是却具有重大社会价值和长期稳定经济效益的项目[6, 25]。因此大部分专家[6, 25, 45, 46]认为我国托盘共用系统的建设应以政府投资为主，其他投资形式辅之。但从现实来看，目前我国在建的托盘共用系统都是非常小型的，以民间投资为主。

（2）组织架构。

我国幅员辽阔、地区经济发展不平衡、行政区域较多，如何合理地配置各种托盘共用系统、设计其组织结构、布局其服务中心都是值得深入研究的问题。文献[50]针对第三方所有托盘共用系统参照银行经营模式和建设经验，设计了一种名为"托行"的托盘共用系统组织架构模式，对于第三方所有托盘共用系统的组织架构设计有一定的参考意义。

（3）业务设计。

业务设计主要包括业务模式和业务分析两块。

业务模式是指托盘共用系统业务开展的模式，国外托盘共用系统的业务模式主要有第三方所有托盘共用系统、联盟式托盘共用系统、第三方管理托盘共用系统、私有托盘共用系统等几种，如何合理地设计适合我国国情的托盘共用系统业务模式是一个值得研究的问题。

业务分析包括需求预测和运力分配两个问题。

需求预测是托盘共用系统管理的一个重要问题，需求预测又分为整体预测和各级别的分解预测。预测的研究方法包括统计方法和随机过程方法两种。统计方法是指对市场需求分布建立模型，通过对客户需求分布的研究来建立客户预订、取消、缺席等行为的统计模型。大量实验表明正态分布能较好地拟合市场总需求的分布。随机过程方法是对到达过程建模，在分析单个需求到达过程的基础上建立随机到达过程模型，拟合总需求分布。大量实验表明混合泊松过程得出的累积分布能较好地拟合现实需求情况[101, 102, 103]。

运力分配包括了托盘调度和动态定价两个问题。其中，典型的托盘调度一般包括托盘购买（租借）、托盘分派、托盘再分派和托盘回收四个过程。托盘分派即托盘服务者为满足客户需要将托盘从服务中心运输到需求者的过程。托盘再分派即托盘服务者为提高调度效率，满足客户需求，将托盘从另外的客户处运输到需求者的过程。托盘回收即托盘服务者在客户使用完托盘后，将这些托盘从需求者处运回服务中心的过程。

动态定价即根据市场的变动来制定各类托盘的定价策略，通过价格机制来使托盘服务的需求与有限制的供给能力相匹配，进而达到收益最大化的目的。托盘共用系统的动态定价问题是托盘共用系统管理的一个重要部分。目前，第三方所有托盘共用系统的定价方式主要有两种：一种是CHEP的收费方式，另一种是PECO的收费方式。

根据CHEP官网（www.chep.com）介绍，CHEP收费项目众多、定价非常复杂，包括了发行费（将托盘运输给客户的费用）、日租赁费（每日向客户收取的租赁费）、中转费（生产商运输重托盘给分销商时CHEP收取中转费）、回收费（将托盘从客户处回收的费用）以及丢失惩罚费，如图2-2所示。因此CHEP需要花费大量成本来对不同的客户进行恰当的定价，而定价效果如何很难评价。总体来看，CHEP托盘平均一次出租周期为44天，对每个托盘每次出租收取5~6美元的租金。

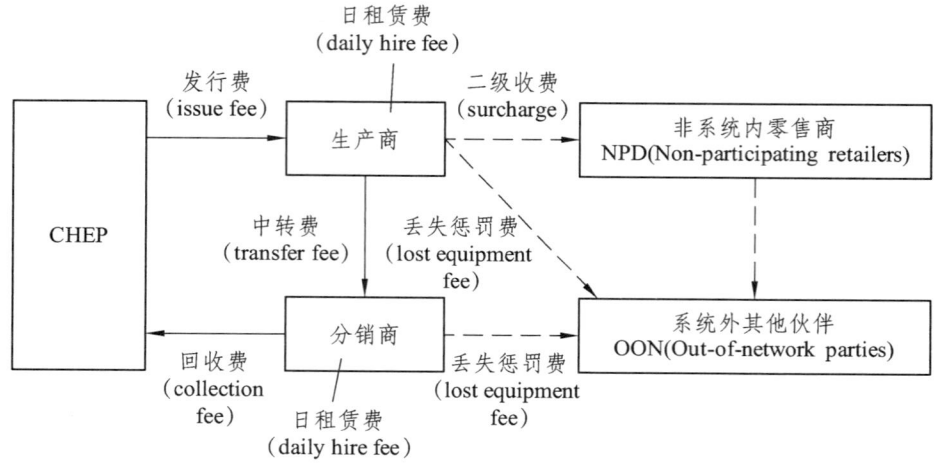

图 2-2　CHEP 定价

相较于 CHEP 的定价来说，PECO 的定价就要简单得多。根据 PECO 官网（www.pecopallet.com）介绍，PECO 的定价基于以下两个基础：① 每个托盘收取的固定费率；② 以顾客平均租赁时间为基础而确定的每个托盘日租赁费率。PECO 会与每个客户进行协商后确定一个最终的费率，且该费率至少保持 6 个月不变。

由于 CHEP 定价复杂且费率较高，因此引起很多客户的不满，甚至被很多企业控告垄断。而 PECO 的费率简单，是目前比较受认可，也是我国托盘共用系统主要采用的定价方法（值得注意的是 CHEP 在我国的收费模式也像 PECO 的模式）。

（4）效益评估。

效益评估是对托盘共用系统运作的效益进行评估，需要根据各种托盘共用系统的特点选取相应指标建立合理的评价体系。

2. 标准化

托盘标准化问题一直是各方关注的，国家标准将 1 200 mm×1 000 mm 规格托盘作为主推规格，但是很多专家建议采用 1 100 mm×1 100 mm 规格，这是因为这种型号的托盘有以下几个优点：① 和现行的集装箱规格能很好地匹配；② 可以双向进叉，强度较好；③ 能适应多种尺寸的包装。因此在实际运作中，如何推广这两种规格的托盘，提高标准化托盘的使用率也是需要深入研究的问题。

除了托盘的标准化，信息系统的标准化也是一个重要方面，由于托盘在不同货主之间流转，托盘的跟踪也就涉及不同组织的信息系统，因此为了各个系统之间能够顺利地进行信息的共享，必须对与信息交换有关的要素进行标准化，如报文格式、信息编码、接口流程、消息传递、安全等级规范等。

3. 信息平台

托盘共用系统的有效实施一方面依赖于良好的运作模式，另外一方面则需要有强大的信息系统支撑。托盘共用系统中各环节、各成员间的信息必须畅通，托盘运营组织才能获得托盘的实时信息，实现对托盘的实时监控和高效调度。它对信息系统的具体要求体现在：① 信息的及时传递和全面共享；② 托盘共用系统内部信息系统与相关组织信息系统（如海关、运输、仓储）之间数据的及时交换；③ 系统的安全稳定和松散开放等。

托盘共用信息平台需要至少包括数据自动采集、数据传输交换、业务应用和系统维护等几大系统功能模块。数据采集系统必须能够支持智能托盘的 RFID 标签或条码的信息获取，用于对托盘的位置和状态进行跟踪。数据传输交换系统应该支持 EPC 的体系架构和相应的编码规则，以便与未来的物联网进行整合。EDI 接口建议采用基于互联网的 XML/EDI 技术，对于涉及外贸的业务还应该兼容于 EDIFact 的相关标准。业务应用系统是该信息平台的核心，除了运作层面的托盘回收、分派、租赁、维修、清算等以外，还包括战术管理层的托盘需求计划、跟踪调度、资产管理以及战略管理层的长期预测、协同调度、综合查询、商务智能等。

托盘共用系统信息平台应采用分布式结构，大量采用诸如 SOA、GIS、GPS、数据挖掘技术、网格技术等先进软件技术，以期在系统开发、系统维护以及系统使用体验上达到较高的水平。

2.2 托盘共用系统分类

到目前为止，托盘共用系统已发展成了四种类型：

① 第三方所有托盘共用系统（Third-party Owned Pool）。
② 联盟式托盘共用系统（Cooperative Pool）。
③ 第三方管理托盘共用系统（Third-party Managed Pool）。
④ 私有托盘共用系统（Private Pool）。
除此之外，本书根据我国国情提出了另一种形式的托盘共用系统：
⑤ 松散式托盘共用系统（Loose Pool）。

第三方所有托盘共用系统、联盟式托盘共用系统、第三方管理托盘共用系统、私有托盘共用系统的托盘专门提供给客户服务（第三方管理托盘共用系统、私有托盘共用系统的托盘用于为企业内需要托盘的部门服务，也可称为客户），属于专业的托盘共用系统，因此将之称为"专业托盘共用系统"。而松散式托盘共用系统内的托盘主要是为自己服务，仅为了获得额外收益而出租托盘，属于非专业托盘共用系统，因此将之称为"非专业托盘共用系统"。非专业托盘共用系统是一种可以广泛推广的托盘共用系统运作方式，是专业托盘共用系统的一种有益补充，可以充分地利用现有的分散在各个企业的闲置托盘，提高托盘使用率，降低物流成本。

2.2.1 专业托盘共用系统

1. 第三方所有托盘共用系统

第三方所有托盘共用系统是一个由第三方所有的托盘共用系统，该第三方管理着该托盘共用系统的所有方面[12, 104]。一个第三方所有托盘共用系统一般表现为一个托盘租赁公司。

由表 2-1 可知，目前全世界已有众多的第三方所有托盘共用系统。事实上，我国本土经营托盘租赁业务的公司已经多达 20 余家，但由于这类公司质量参差不齐，本书仅统计了已经运营的、且以托盘租赁为主业的公司。CHEP、JPR、KPP 等外国公司也已进入我国。

由上述分析可知，第三方所有托盘共用系统的发展程度与地区（国家）的经济水平有直接的关系，经济水平越发达的地区和国家，第三方所有托盘共用系统也越发达。

表 2-1 第三方所有托盘共用系统按国家分布情况

国家及地区		第三方所有托盘共用系统
美国		Commonwealth Handling Equipment Pool（CHEP）
		PECO Pallet
		intelligent Global Pooling Systems（iGPS）
		Kamps
		Trans-Pacific Pallets
中国	大陆地区	招商路凯（Loscam）
		中包精力托盘共用系统有限公司
		集托网
		山东力保物流设备有限公司
		中国托盘租赁共用系统联盟有限公司
		深圳市顺航通供应链物流有限公司
		青岛共用物流有限公司
		武汉爱帮供应链管理有限公司
		全亚供应链管理（上海）有限公司
	台湾地区	Chinese Logistics & Rental Corporation
		Asia Pallet Pooling（APP）
加拿大		Woodbrige Pallet
		Kitchener Pallet Services（KPS）
		H & H Pallet Leasing
荷兰		Euro pool system
		Pallet Return System（PRS）
日本		Japan Pallet Rental（JPR）
		Nippon Pallet Pool system（NPP）
法国		La Palette Rouge（LPR）
英国		IPP LOGIPAL
德国		Demes
韩国		Korea Pallet Pool（KPP，LogisAll 的子公司）
菲律宾		PMR Pallet
南非		Pallet Supply Company

2. 联盟式托盘共用系统

一个联盟式托盘共用系统一般由多个托盘租赁公司、托盘制造公司和托盘回收公司等组成。联盟式托盘共用系统委员会制定整个系统内的托盘质量和检查标准，并为系统内成员提供有效的内部托盘交换系统。此外，联盟式托盘共用系统委员会还可能会为系统内成员提供多种多样的其他服务，如业务培训、辅助管理工具等。

目前全世界约有 5 个联盟式托盘共用系统。

（1）CPC（The Canadian Pallet Council）成立于1977年，是一个非营利性的组织。目前该系统拥有超过 1 200 家成员单位和 700 万只托盘。CPC 的托盘是 48"×40"（1 219 mm×1 016 mm）四向进叉的木质橙色托盘。CPC 还向其成员提供包括教育、培训、资产管理工具、托盘成本模型等服务。

（2）EPAL（The European Pallet Association）成立于 1991 年。EPAL 的托盘包括了 800 mm×1 200 mm（EUR）、1 200 mm×1 000 mm（EUR2）、1 000 mm×1 200 mm（EUR3）和 800×600 mm（EUR 6）四种类型的木质托盘。所有 EPAL 系统内的托盘都标有 EPAL 质量控制标志。尽管 EPAL 主要在欧洲开展业务，但近年来它也逐渐将业务扩展到了中国、印度和美国。

（3）APP（The Asia Pallet Pool）成立于 2002 年，APP 的托盘是单向、四方位、1 100 mm×1 100 mm 的塑料托盘。APP 不仅在亚洲开展业务，而且通过与 Trans-Pacific Pallets and Containers 的合作在美国也开展业务。

（4）PLUS 成立于 2010 年，它旨在统一管理全美木托盘行业的所有生产企业、回收企业等。PLUS 的托盘是双面、四向进叉、48"×40"（1 219 mm×1 016 mm）的木制托盘。

（5）The Netherlands beer industry pallet pool 成立于 1994 年，它的托盘主要是 1 000 mm×1 200 mm 的硬木托盘。其客户包括了 13 家酿酒企业和其他一些饮料公司，业务范围仅限于荷兰。

通过上述分析可知，联盟式托盘共用系统的发展程度也与地区（国家）的经济水平有直接的关系，目前仅有经济最为发达的欧洲、北美、东亚建立了联盟式托盘共用系统。

3. 第三方管理托盘共用系统

顾名思义，第三方管理托盘共用系统是由制造企业、零售业等企业拥有的一个托盘共用系统，但拥有该系统的企业并不管理这个系统，而是委托第三方管理该系统。该第三方需负责托盘的分派、回收、跟踪、维护等各项业务[12, 104]。

IFCO 就是一家专业为企业的托盘共用系统提供托盘的维修、调度、跟踪、分拣以及回收等各种服务的第三方管理公司。该公司主要在欧洲、美国和加拿大开展业务。全球 25 强零售商中有 9 家是 IFCO 的客户，而全美 100 强制造公司中的 20 家是 IFCO 的客户。目前 IFCO 已经被 CHEP 收购。

4. 私有托盘共用系统

私有托盘共用系统是由制造、零售等企业拥有并全权管理的托盘共用系统[12, 104]。因此这种所谓的共用也基本仅限于本企业内部的共用。

美国邮政服务公司（The United States Postal Service，USPS）的托盘共用系统就是一个典型的私有托盘共用系统。USPS 公司自身全权负责公司所有托盘（包括木质托盘、INCA presswood 托盘和塑料托盘）的维修、调度、跟踪、分拣以及回收等。USPS 推行的一个名为"pallet round-up"的项目已帮助该公司节约了 110 万美元，目前正在推行的一个新项目名为"闭环托盘仓储管理系统"。

2.2.2 非专业托盘共用系统——松散式托盘共用系统

我国地域辽阔，经济发展不平衡，托盘共用系统的发展必将经历一个分散发展、逐步整合的过程。在市场发展的初期，我国托盘共用系统将存在多种经营模式，除包括目前国际上普遍存在的几种托盘共用系统形式（包括第三方所有托盘共用系统、联盟式托盘共用系统、第三方管理托盘共用系统、私有托盘共用系统）外，还可能包括另外一种特殊的形式，本书称之为松散式托盘共用系统。这种托盘共用系统是指：拥有托盘的企业或个人借助社会公共信息平台将其闲置的托盘出租，以减少闲置托盘占用的资源，并获取额外收益；需要托盘的单位或个人借助社会公共信息平台租赁托盘以满足自己的需要。这些拥有托盘或需要托盘的单位和个人就通过社会公共信息平台组成了一个松散的托盘共用系统。

2.3 托盘共用系统的业务流程

2.3.1 专业托盘共用系统的业务流程

1. 第三方所有托盘共用系统的业务流程

（1）第三方所有托盘共用系统服务供给者总部负责整个托盘共用系统的运营和管理。

（2）客户与第三方所有托盘共用系统服务供给者签订合同。客户向第三方所有托盘共用系统服务供给者请求空托盘，第三方所有托盘共用系统服务供给者从最近的服务中心将托盘发送给客户（或客户自行提取）。

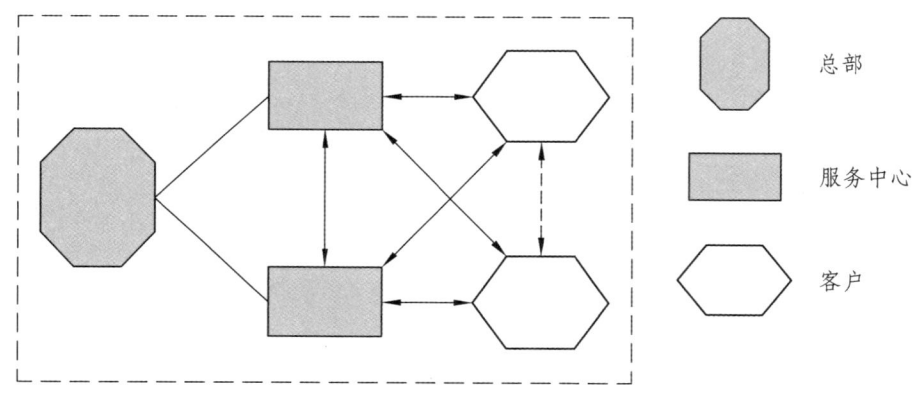

图 2-3　第三方所有托盘共用系统的业务流程

（3）客户使用托盘运输货物到达供应链下游，供应链下游客户卸载货物后，将托盘存放到指定地点，并在托盘数量积累到一定程度时，请求第三方所有托盘共用系统服务供给者回收托盘（或自行送还给供给者）。

（4）第三方所有托盘共用系统服务供给者派最近的服务中心回收托盘，并就地对托盘进行简单的分类、检测，对于能够直接重复利用的可以直接进行再分派，对于不能直接重复利用的运回进行维修后重复使用或淘汰。

*某个服务中心缺少托盘时，可请求其他服务中心向其配送托盘。

2. 联盟式托盘共用系统的业务流程

（1）联盟式托盘共用系统协会负责托盘共用系统中的托盘质量和检查标准，并为会员提供一系列其他服务，如会员间托盘交换系统的构建、培训、教育等。

（2）客户与联盟式托盘共用系统协会签订合同。客户向协会请求空托盘，协会派最近的会员将托盘发送给客户（或客户自行提取）。

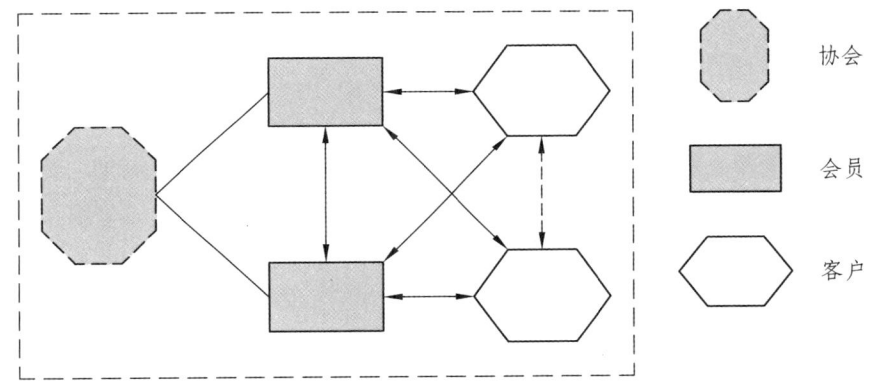

图 2-4　联盟式托盘共用系统的业务流程

（3）客户使用托盘运输货物到达供应链下游，供应链下游客户卸载货物后，将托盘存放到指定地点，并在托盘数量积累到一定程度时，请求协会回收托盘（或自行送还协会）。

（4）协会派最近的会员回收托盘，并就地对托盘进行简单的分类、检测、对于能够直接重复利用的可以直接进行再分派，对于不能直接重复利用的运回进行维修后重复使用或淘汰。

*某个会员缺少托盘时，可请求其他会员向其配送托盘。会员间的托盘可以交换使用。

3. 第三方管理托盘共用系统的业务流程

（1）第三方管理者为其客户提供全面的托盘管理服务，包括托盘的分派、回收、跟踪、检查、维修等。

（2）缺盘点向第三方管理者请求空托盘，第三方管理者从最近的富盘点（或托盘仓库）将托盘发送给缺盘点。

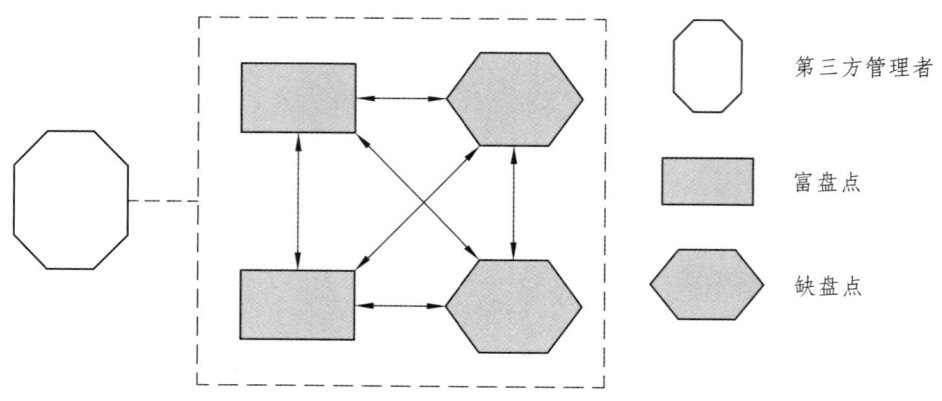

图 2-5　第三方管理托盘共用系统的业务流程

（3）缺盘点使用托盘运输货物到达供应链下游，供应链下游客户卸载货物后，将托盘存放到指定地点，并请求第三方管理者回收或重新分派托盘。

（4）第三方管理者根据实际情况对托盘进行简单的分类、检测，对于能够直接重复利用的可直接进行再分派，对于不能直接重复利用的运回进行维修后重复使用或淘汰。

4. 私有托盘共用系统的业务流程

（1）托盘管理部为公司提供全面的托盘管理服务，包括托盘的分派、回收、跟踪、检查、维修等。

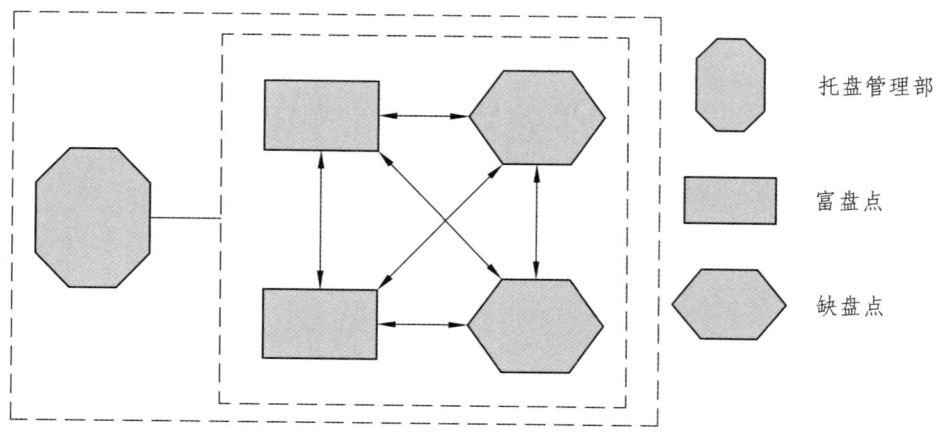

图 2-6　私有托盘共用系统的业务流程

（2）缺盘点向托盘管理部请求空托盘，托盘管理部从最近的富盘点（或托盘仓库）将托盘发送给缺盘点。

（3）缺盘点使用托盘运输货物到达供应链下游，供应链下游客户卸载货物后，将托盘存放到指定地点，并请求托盘管理部回收或重新分派托盘。

（4）托盘管理部根据实际情况对托盘进行简单的分类、检测，对于能够直接重复利用的可直接进行再分派，对于不能直接重复利用的运回进行维修后重复使用或淘汰。

＊有的公司并没有独立的托盘管理部，而是由物流管理部门负责托盘共用系统的管理。

2.3.2 非专业托盘共用系统的业务流程

（1）托盘提供者（拥有托盘的单位或个人）利用社会公共信息平台从事托盘租赁业务，该单位或个人负责整个托盘共用系统的运营和管理。

（2）托盘提供者在社会公共信息平台上发布托盘供给信息。

（3）客户向托盘提供者请求空托盘，托盘提供者综合考虑客户以及自己的时间要求后，合理地选择客户，并将托盘发送给客户（或客户自行提取）。

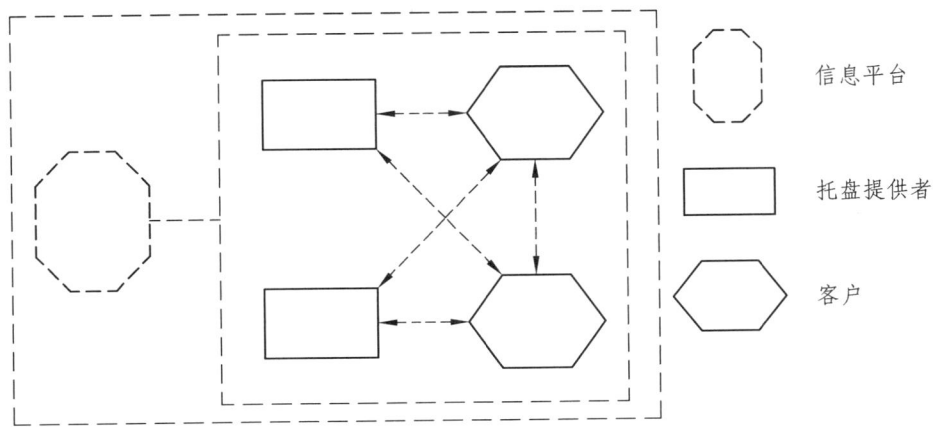

图 2-7 非专业托盘共用系统（松散式托盘共用系统）的业务流程

（4）客户使用托盘运输货物到达供应链下游，供应链下游客户卸载货物后，将托盘存放到指定地点，并请求托盘提供者回收托盘（或自行送还提供者）。

（5）托盘提供者回收托盘，并对托盘进行分类、检测、维修后重复使用。

2.4 本章小结

托盘共用系统是个复杂的大系统，本章对其内涵、概念模型进行了简要分析。此外，本章将托盘共用系统划分为专业托盘共用系统和非专业托盘共用系统两类，其中专业托盘共用系统又划分为了第三方所有托盘共用系统、第三方管理托盘共用系统、联盟式托盘共用系统、私有托盘共用系统等 4 类；而非专业托盘共用系统是指本书新提出的松散式托盘共用系统。通过对第三方所有托盘共用系统和联盟式托盘共用系统的区域分布进行分析后，得出了"第三方所有托盘共用系统和联盟式托盘共用系统的发展程度与地区（国家）的经济发展程度有直接关系"的结论，事实上，这一结论可以推广到所有托盘共用系统，即托盘共用系统的发展程度与地区（国家）的经济发展程度有直接关系，经济越发达的地区（国家），托盘共用系统也越发达。

最后本章对各类托盘共用系统的业务流程进行了细致的分析，为后续研究托盘共用系统的调度模型奠定了基础。

本章的主要贡献为：将托盘共用系统划分为专业托盘共用系统和非专业托盘共用系统两类，并对各种托盘共用系统的业务流程进行了分析，为后续研究托盘共用系统调度优化奠定了基础。

第3章 确定条件下专业托盘共用系统调度优化模型

本章将考虑供给者服务中心每期的新进托盘量确定、缺盘需求者每期的需求量确定、富盘需求者每期待回收的托盘量确定、富盘需求者每期待回收托盘的毁坏率确定、供给者服务中心每期的库存能力确定、每条线路每个时间段的运输能力确定、供给者服务中心每期的装卸能力确定、缺盘需求者每期的装卸能力确定、富盘需求者每期的装卸能力确定等因素，构建确定条件下的专业托盘共用系统调度优化模型。

3.1 考虑单一型号托盘的专业托盘共用系统调度整数规划模型

3.1.1 问题描述

尽管第三方所有托盘共用系统、联盟式托盘共用系统、第三方管理托盘共用系统、私有托盘共用系统的业务流程有一定差异，但主要表现为管理者和服务对象不同，这些差异对托盘的调度并没有影响。

一个典型的专业托盘共用系统一般由一个或多个托盘服务供给者（简称"供给者"，supplier）和托盘服务需求者（简称"需求者"，customer）组成。对于第三方所有托盘共用系统，供给者就是托盘租赁公司，而需求者就是托盘租赁公司的客户；对于联盟式托盘共用系统，供给者就是系统内供应托盘服务的成员（如托盘回收企业、托盘租赁企业、托盘管理企业等），而需求者就是系统内需要托盘服务的成员（如制造业企业、零售业企业等）；对于第三方管理托盘共用系统，供给者就是第三方管理公司，而需求者就是拥有托盘的企业；对于私有托盘共用系统，供给者就是该公司的托盘管理部门或物流部门，而需求者就是需要托盘服务的其他部门。

供给者通过遍布各地的服务中心为需求者提供托盘的分派、再分派、回收、分拣、维修等服务。根据需求的服务不同，需求者可以分为富盘托盘服务需求者（简称"富盘需求者"，supply customer）和缺盘托盘服务需求者（简称"缺盘需求者"，demand customer）。所谓富盘需求者即其需要供给者将其用后的托盘回收，而缺盘需求者需要供给者为其提供托盘。一个供给者最重要的任务即为缺盘需求者提供托盘和为富盘需求者回收托盘。为了更有效地调度托盘，供给者不仅可以从其服务中心运输托盘到缺盘需求者（这一过程被命名为"分派"），也可以从富盘需求者处运输托盘到缺盘需求者（这一过程被命名为"再分派"）；如果再分派后富盘需求者仍有托盘，则供给者需将剩余的托盘回收（这一过程被命名为"回收"）。当然供给者也可以从专业托盘共用系统外购买或租借托盘来满足缺盘需求者的需求（这一过程被命名为"购买（租借）"）。因此，一个完整的专业托盘共用系统调度包括了购买（租借）、分派、再分派、回收四个过程，如图3-1所示。

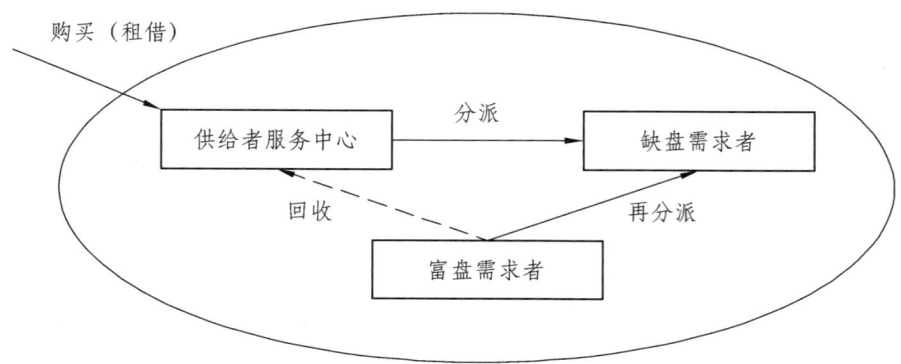

图 3-1　专业托盘共用系统调度基本流程

专业托盘共用系统根据其运营的环境不同，其具体调度流程有很大不同。本节将研究确定条件下仅考虑单一型号托盘的专业托盘共用系统调度优化。这是因为：

（1）虽然专业托盘共用系统在实际运营中会面临诸多不确定因素，但是 iGPS 等专业托盘共用系统都在利用一切手段降低或消除这种不确定因素（如 iGPS 为了消除需求不确定，要求所有需求者必须至少提前 7 天下订单），因此在特定条件下，专业托盘共用系统面临的环境是确定的。

（2）虽然全世界有多种托盘型号，但有很多专业托盘共用系统中仅有一种托盘型号，如 iGPS 仅提供塑料、单面、四进叉、静载 30 000 Lbs、动载 5 000 Lbs、48″×40″×5.62″型号的托盘；APP 仅提供塑料、单面、四进叉、1 100 mm×1 100 mm×150 mm 型号的托盘；山东力保仅提供塑料、单面、四进叉、动载 1.2T、静载 8T、1 200 mm×1 000 mm×150 mm 型号的托盘。

3.1.2 基本假设

（1）专业托盘共用系统中的托盘均为同一型号。

（2）供给者必须准时准量地满足缺盘需求者的所有需求，若供给者自身的供给能力不能满足需求，可向系统外购买或租借托盘，购买或租借数量没有限制，但需至少提前一个单位周期购买或租借。

（3）富盘需求者每期所有的待回收托盘必须在当期被再分派给缺盘需求者或被供给者服务中心回收，其中再分派给缺盘需求者的托盘必须是未被毁坏的托盘。回收到供给者服务中心的托盘需经过一个单位周期进行全面的检测、维修后才可再用于分派。

（4）富盘需求者每期待回收托盘的毁坏率确定。

（5）决策期内，供给者服务中心每期的新进托盘量、缺盘需求者每期的需求量、富盘需求者每期待回收的托盘量、供给者服务中心每期的库存能力、每条线路每个时间段的运输能力、供给者服务中心每期的装卸能力、缺盘需求者每期的装卸能力、富盘需求者每期的装卸能力等均确定。

（6）单位运输成本、单位库存成本、单位装卸成本、单位购买（租借）成本均确定。

（7）托盘必须整车运输且整车车载量确定。

（8）供给者服务中心只接受整车需求，因此富盘需求者的待回收托盘量必须是整车，缺盘需求者的需求量也必须是整车。

3.1.3 模型构建

本书将采用整数规划[105, 106]的方法构建确定条件下的专业托盘共用系统调度优化模型。

为了描述本问题,需要定义下述标量、变量和参数:

标　量

i($i=1,2,...,I$),j^0($j^0=1,2,...,J^0$)和j^1($j^1=1,2,...,J^1$)分别代表供给者服务中心、缺盘需求者、富盘需求者。

t($t=t1,t2,...,tn$)代表运营周期。

决策变量

$X_{ij^0}^{t't}$代表t'期从i出发,在t期运到j^0的托盘量。

$X_{j^1j^0}^{t't}$代表t'期从j^1出发,在t期运到j^0的托盘量。

$X_{j^1i}^{t't}$代表t'期从j^1出发,在t期运到i的托盘量。

H_i^t代表t期i从系统外购买或租借的托盘量。

$I_{ij^0}^{t't}$代表t'期从i出发,在t期运到j^0的托盘需要的车辆数。

$I_{j^1j^0}^{t't}$代表t'期从j^1出发,在t期运到j^0的托盘需要的车辆数。

$I_{j^1i}^{t't}$代表t'期从j^1出发,在t期运到i的托盘需要的车辆数。

参　数

C_{ij^0},$C_{j^1j^0}$,C_{j^1i}分别代表将托盘从i运到j^0,从j^1运到j^0,以及从$i=1,2,...,m, j=1,2,...,n$运到i的单位运输成本。

C_h代表从系统外购买(租借)托盘的单位购买(租借)成本,该成本应为分摊后的成本。如果为购买,则为折旧成本;如果为租借,则为按租借期限换算后的单位租赁成本。

C_{Ki}代表托盘在i的单位库存成本。

C_{li},C_{lj^1},C_{lj^0}分别代表i,j^1,j^0装卸托盘的单位装卸成本。

S_i^t代表t期i的新进托盘量。

$S_{j^1}^t$代表t期j^1待回收的托盘量,它必须能被最小整车车载量整除。

$\tau_{j^1}^t$(0≤$\tau_{j^1}^t$≤1)代表t期j^1待回收托盘的毁坏率。

$D_{j^0}^t$代表t期j^0的托盘需求量,它必须能被最小整车车载量整除。

K_{0i}^{t} 代表 t 期 i 的库存能力。

$MA_{ij^0}^{t't}$，$MA_{j^1j^0}^{t't}$，$MA_{j^1i}^{t't}$ 分别代表 t' 期从 i 出发在 t 期运到 j^0，t' 期从 j^1 出发在 t 期运到 j^0，以及 t' 期从 j^1 出发在 t 期运到 i 的运输线路运输能力。

$LA_{ij^0}^{t't}$，$LA_{j^1j^0}^{t't}$，$LA_{j^1i}^{t't}$ 分别代表 t' 期从 i 出发在 t 期运到 j^0，t' 期从 j^1 出发在 t 期运到 j^0，以及 t' 期从 j^1 出发在 t 期运到 i 的车辆的整车车载量。

L_i^t，$L_{j^1}^t$，$L_{j^0}^t$ 分别代表 t 期 i，j^1，j^0 的装卸能力。

其　他

K_i^t 代表 t 期末 i 的托盘库存量。

考虑单一型号托盘的专业托盘共用系统调度整数规划模型 S-PPP-IPM 可以表示为：

1. 目标函数

模型的目标函数式（3-1）表示调度总成本最小，调度总成本包括：供给者服务中心向缺盘需求者分派托盘的运输成本和装卸成本；富盘需求者向缺盘需求者再分派托盘的运输成本和装卸成本；供给者服务中心向富盘需求者收回托盘的运输成本和装卸成本；向系统外购买（租借）托盘的成本；供给者服务中心未租出托盘的库存成本等。

$$\min f_1 = \sum_{t=t1}^{tn}\sum_{t'=t1}^{t}\sum_{i=1}^{I}\sum_{j^0=1}^{J^0} C_{ij^0} X_{ij^0}^{t't} + \sum_{t=t1}^{tn}\sum_{t'=t1}^{t}\sum_{j^1=1}^{J^1}\sum_{j^0=1}^{J^0} C_{j^1j^0} X_{j^1j^0}^{t't} + \sum_{t=t1}^{tn}\sum_{t'=t1}^{t}\sum_{j^1=1}^{J^1}\sum_{i=1}^{I} C_{j^1i} X_{j^1i}^{t't} +$$

$$\sum_{t=t1}^{tn}\sum_{t'=t1}^{t}\sum_{i=1}^{I} C_{li}(\sum_{j^0=1}^{J^0} X_{ij^0}^{t't} + \sum_{j^1=1}^{J^1} X_{j^1i}^{t't}) + \sum_{t=t1}^{tn}\sum_{t'=t1}^{t}\sum_{j^1=1}^{J^1} C_{lj^1}(\sum_{j^0=1}^{J^0} X_{j^1j^0}^{t't} + \sum_{i=1}^{I} X_{j^1i}^{t't}) +$$

$$\sum_{t=t1}^{tn}\sum_{t'=t1}^{t}\sum_{j^0=1}^{J^0} C_{lj^0}(\sum_{i=1}^{I} X_{ij^0}^{t't} + \sum_{j^1=1}^{J^1} X_{j^1j^0}^{t't}) + \sum_{t=t1}^{tn}\sum_{i=1}^{I} C_h H_i^t + \sum_{t=t1}^{tn}\sum_{i=1}^{I} C_{Ki} K_i^t \quad (3-1)$$

2. 供给约束

约束条件式（3-2）表示某期从某供给者服务中心运输到所有缺盘需求者的托盘量不能超过上一期末该供给者服务中心的库存量和本期新进的托盘量以及上一期向系统外购买（租借）的托盘量的总和，这三者的和即为供给者服务中心的供给能力。

$$\sum_{t''=t}^{tn}\sum_{j^0=1}^{J^0} X_{ij^0}^{tt''} \leq K_i^{t-1} + S_i^t + H_i^{t-1} \qquad (3-2)$$

约束条件式（3-3）表示某期从某富盘需求者运输到所有缺盘需求者的托盘量不能超过其待回收的托盘量和托盘完好率（1-毁坏率）的乘积。富盘需求者的待回收托盘量必须能被最小整车车载量整除。如果用 $v_{j^1}^t$ 代表 t 期 j^1 选择的最小整车车载量，则 $S_{j^1}^t$ 必须能被 $v_{j^1}^t$ 整除。在本模型中不引入 $v_{j^1}^t$ 这个参数，决策者在给参数赋值时注意即可。

$$\sum_{t''=t}^{tn}\sum_{j^0=1}^{J^0} X_{j^1 j^0}^{tt''} \leq (1-\tau_{j^1}^t) S_{j^1}^t \qquad (3-3)$$

3. 需求约束

约束条件式（3-4）表示某期某缺盘需求者的需求量必须等于该期前从所有供给者服务中心和富盘需求者发出的预计在本期到达该缺盘需求者的托盘量总和，即所有缺盘需求者的需求必须被准时准量满足。需要注意的是，缺盘需求者的托盘需求量必须能被最小整车车载量整除，即供给者服务中心只接受整车订单。如果用 $v_{j^0}^t$ 代表 t 期 j^0 选择的最小整车车载量，则 $D_{j^0}^t$ 必须能被 $v_{j^0}^t$ 整除。同样在本模型中不引入 $v_{j^0}^t$ 这个参数，决策者在给参数赋值时注意即可。

$$\sum_{t'=t1}^{t}\sum_{i=1}^{I} X_{ij^0}^{t't} + \sum_{t'=t1}^{t}\sum_{j^1=1}^{J^1} X_{j^1 j^0}^{t't} = D_{j^0}^t \qquad (3-4)$$

约束条件式（3-5）表示某期某富盘需求者的待回收托盘必须在该期被全部再分配给缺盘需求者或被供给者服务中心回收，即所有富盘需求者的需求必须被准时准量满足。

$$\sum_{t''=t}^{tn}\sum_{j^0=1}^{J^0} X_{j^1 j^0}^{tt''} + \sum_{t''=t}^{tn}\sum_{i=1}^{I} X_{j^1 i}^{tt''} = S_{j^1}^t \qquad (3-5)$$

4. 库存约束

约束条件式（3-6）表示某期期末某供给者服务中心的库存量等于上一

期期末库存量+本期新进的托盘量+上一期从系统外购买（租借）托盘量-本期向所有缺盘需求者供应的托盘量+本期从所有富盘需求者回收的托盘量。

$$K_i^t = K_i^{t-1} + S_i^t + H_i^{t-1} - \sum_{t''=t}^{tn} \sum_{j^0=1}^{j^0} X_{ij^0}^{tt''} + \sum_{t'=t1}^{t} \sum_{j^1=1}^{j^1} X_{j^1 i}^{t't} \quad (3\text{-}6)$$

约束条件式（3-7）表示某期期末某供给者服务中心的库存量不能超过其库存能力。

$$K_i^t \leqslant K_{0i}^t \quad (3\text{-}7)$$

5. 运输能力约束

约束条件式（3-8）表示某段时间从某供给者服务中心运输到某缺盘需求者的所有托盘的总量不能超过该段时间该线路的运输能力。

$$X_{ij^0}^{t't} \leqslant MA_{ij^0}^{t't} \quad (3\text{-}8)$$

约束条件式（3-9）表示某段时间从某富盘需求者运输到某缺盘需求者的所有托盘的总量不能超过该段时间该线路的运输能力。

$$X_{j^1 j^0}^{t't} \leqslant MA_{j^1 j^0}^{t't} \quad (3\text{-}9)$$

约束条件式（3-10）表示某段时间从某富盘需求者运输到某供给者服务中心的所有托盘的总量不能超过该段时间该线路的运输能力。

$$X_{j^1 i}^{t't} \leqslant MA_{j^1 i}^{t't} \quad (3\text{-}10)$$

6. 整车约束

约束条件式（3-11）表示某段时间从某供给者服务中心运输到某缺盘需求者的所有托盘的总量必须为该段时间该线路整车车载量的整数倍。

$$X_{ij^0}^{t't} = I_{ij^0}^{t't} \times LA_{ij^0}^{t't} \quad (3\text{-}11)$$

约束条件式（3-12）表示某段时间从某富盘需求者运输到某缺盘需求者的所有托盘的总量必须为该段时间该线路整车车载量的整数倍。

$$X_{j^1j^0}^{t't} = I_{j^1j^0}^{t't} \times LA_{j^1j^0}^{t't} \tag{3-12}$$

约束条件式（3-13）表示某段时间从某富盘需求者运输到某供给者服务中心的所有托盘的总量必须为该段时间该线路整车车载量的整数倍。

$$X_{j^1i}^{t't} = I_{j^1i}^{t't} \times LA_{j^1i}^{t't} \tag{3-13}$$

7. 装卸能力约束

约束条件式（3-14）表示某期某供给者服务中心的托盘总装卸量不能超过其装卸能力。

$$\sum_{t'=t1}^{t} \sum_{j^1=1}^{j^1} X_{j^1i}^{t't} + \sum_{t''=t}^{tn} \sum_{j^0=1}^{j^0} X_{ij^0}^{tt''} \leq L_i^t \tag{3-14}$$

约束条件式（3-15）表示某期某富盘需求者的托盘总装卸量不能超过其装卸能力。

$$\sum_{t''=t}^{tn} \sum_{i=1}^{I} X_{j^1i}^{tt''} + \sum_{t''=t}^{tn} \sum_{j^0=1}^{j^0} X_{j^1j^0}^{tt''} \leq L_{j^1}^t \tag{3-15}$$

约束条件式（3-16）表示某期某缺盘需求者的托盘总装卸量不能超过其装卸能力。

$$\sum_{t'=t1}^{t} \sum_{i=1}^{I} X_{ij^0}^{t't} + \sum_{t'=t1}^{t} \sum_{j^1=1}^{j^1} X_{j^1j^0}^{t't} \leq L_{j^0}^t \tag{3-1}$$

8. 取值约束

约束条件式（3-17）表示所有决策变量均应为非负整数。

$$X_{ij^0}^{tt'}, X_{j^1j^0}^{t't}, X_{j^1i}^{t't}, H_i^t, I_{j^1j^0}^{t't}, I_{j^1i}^{t't} \geq 0, \text{and int} \tag{3-17}$$

3.1.4 算　例

假定某专业托盘共用系统中有 2 个供给者服务中心（$i=a,b$），2 个富盘需求者（$j^1=c,d$），2 个缺盘需求者（$j^0=e,f$），决策期长度为 4 期（$t=t1,t2,t3,t4$）。从系统外购买（租借）托盘的单位成本为 1 元，所有时间段所有线路的整车车载量均为 10，所有富盘需求者待回收托盘的毁坏率均为 10%，供给者服务中心的初始库存均为 0，其他参数如表 3-1～表 3-5 所示，其中假定运输能力和库存能力不随时间的变化而变化。由于本书假定作业时间至少需要 1 个单位周期的时间，即从某个供给者服务中心分派或富盘需求者再分派托盘到某个缺盘需求者至少需要一个单位周期的时间，所以本例给出了前三期（$t1,t2,t3$）的供给者服务中心的新进托盘量、装卸能力和富盘需求者待回收托盘量、装卸能力，以及后三期（$t2,t3,t4$）的缺盘需求者的需求量、装卸能力。由于本书假设需至少提前一个单位周期购买（租借）托盘，因此供给者服务中心不能通过购买（租借）托盘的方式补充第 1 期供给能力。

表 3-1　单位运输成本

	a	b	c	d	e	f
a	—	—	3	4	5	6
b	—	—	∞	2	4	5
c	3	∞	—	—	7	8
d	4	2	—	—	2	∞
e	5	4	7	2	—	—
f	6	5	8	∞	—	—

表 3-2　运输能力

	a	b	c	d	e	f
a	—	—	1 000	1 000	400	500
b	—	—	0	700	300	500
c	1 000	0	—	—	400	700
d	1 000	700	—	—	250	0
e	400	300	400	250	—	—
f	500	500	700	0	—	—

表 3-3 作业时间

	a	b	c	d	e	f
a	–	–	1	2	1	2
b	–	–	∞	1	2	1
c	1	∞	–	–	2	1
d	2	1	–	–	1	∞
e	1	2	2	1	–	–
f	2	1	1	∞	–	–

表 3-4 需求和供给

	新进托盘量（$t1/t2/t3/t4$）	待回收的托盘量（$t1/t2/t3/t4$）	需求量（$t1/t2/t3/t4$）
a	95/100/105/–	–	–
b	150/200/200/–	–	–
c	–	100/200/300/–	–
d	–	390/400/410/–	–
e	–	–	–/100/200/300
f	–	–	–/200/400/600

表 3-5 其他

	库存能力	单位库存成本	装卸能力（$t1/t2/t3/t4$）	单位装卸成本
a	2 000	1	1 000/2 000/2 500/–	2
b	1 800	2	2 000/2 200/2 200/–	2
c	–	–	400/500/600/–	3
d	–	–	800/1 000/1 100/–	2
e	–	–	–/1 500/1 700/1 500	1
f	–	–	–/1 500/2 000/2 000	1

1. 数值求解

利用 Lingo 软件编写程序求解模型，得到全局最优解 20650，最优调度方案如图 3-2 所示。

第 3 章 确定条件下专业托盘共用系统调度优化模型

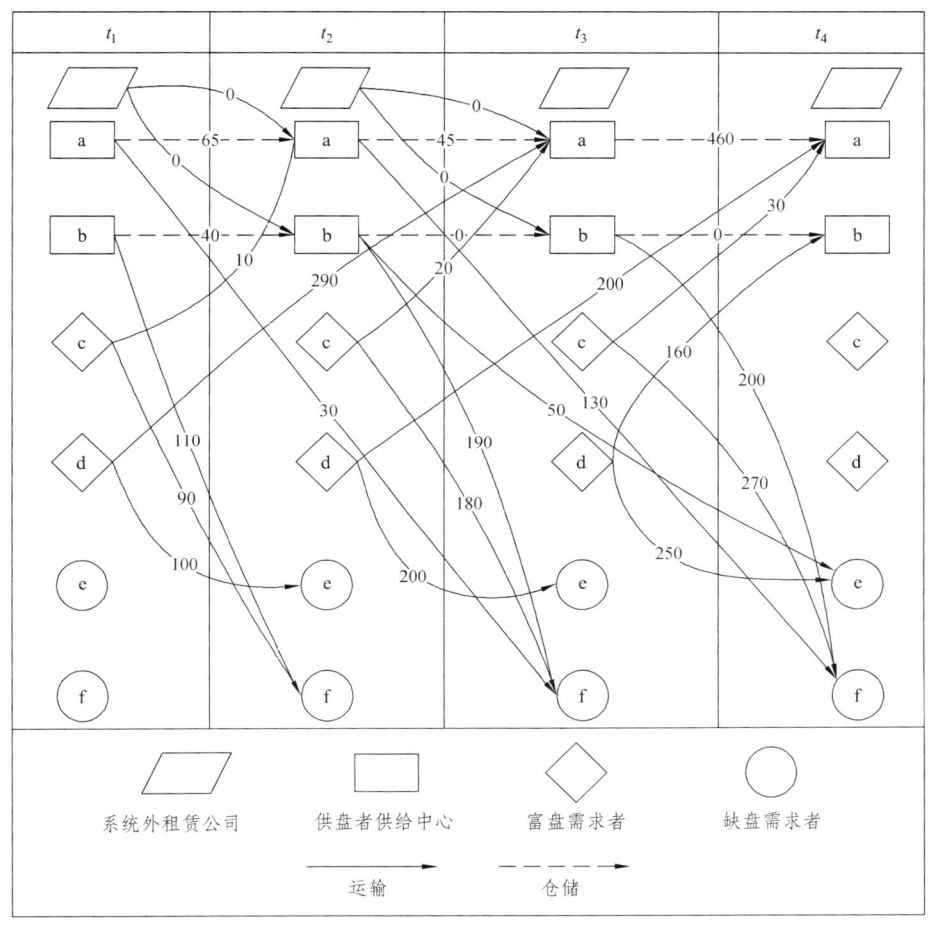

图 3-2 最优调度方案

分析结果可知最低调度成本为 20 650，最优调度方案为：

（1）第 1 期：无须从系统外购买（租借）托盘；从供给者服务中心 a 分派 30 个单位的托盘（3 车）到缺盘需求者 f，以满足 f 在第 3 期的需求；从供给者服务中心 b 分派 110 个单位的托盘（11 车）到缺盘需求者 f，以满足 f 在第 2 期的需求；从富盘需求者 c 再分派 90 个单位的托盘（9 车）到缺盘需求者 f，以满足 f 在第 2 期的需求，并将 c 处剩余的 10 个单位的托盘（1 车）回收到 a；从富盘需求者 d 再分派 100 个单位的托盘（10 车）到缺盘需求者 e，以满足 e 在第 2 期的需求，并将 d 处剩余的 290 个单位的托盘

（29 车）回收到 a；期末 a 的库存为 65，b 的库存为 40。本期所有富盘需求者的需求均被准时准量满足。本例本期缺盘需求者没有需求。

（2）第 2 期：无须从系统外购买（租借）托盘；从供给者服务中心 a 分派 130 个单位的托盘（13 车）到缺盘需求者 f，以满足 f 在第 4 期的需求；从供给者服务中心 b 分派 50 个单位的托盘（5 车）到缺盘需求者 e，以满足 e 在第 4 期的需求；从供给者服务中心 b 分派 190 个单位的托盘（19 车）到缺盘需求者 f，以满足 f 在第 3 期的需求；从富盘需求者 c 再分派 180 个单位的托盘（18 车）到缺盘需求者 f，以满足 f 在第 3 期的需求，并将 c 处剩余的 20 个单位的托盘（2 车）回收到 a；从富盘需求者 d 再分派 200 个单位的托盘（20 车）到缺盘需求者 e，以满足 e 在第 3 期的需求，并将 d 处剩余的 200 个单位的托盘（20 车）回收到 a；期末 a 的库存为 45，b 的库存为 0。本期所有富盘需求者和缺盘需求者的需求均被准时准量满足。

（3）第 3 期：是否需要从系统外购买（租借）托盘将由下一轮决策决定；从供给者服务中心 b 分派 200 个单位的托盘（20 车）到缺盘需求者 f，以满足 f 在第 4 期的需求；从富盘需求者 c 再分派 270 个单位的托盘（27 车）到缺盘需求者 f，以满足 f 在第 4 期的需求，并将 c 处剩余的 30 个单位的托盘（3 车）回收到 a；从富盘需求者 d 再分派 250 个单位的托盘（25 车）到缺盘需求者 e，以满足 e 在第 4 期的需求，并将 d 处剩余的 160 个单位的托盘（16 车）回收到 b；期末 a 的库存为 460，b 的库存为 0。本期所有富盘需求者和缺盘需求者的需求均被准时准量满足。

（4）第 4 期：是否需要从系统外购买（租借）托盘、如何处理供给者服务中心和富盘需求者的托盘将由下一轮决策决定；本期所有缺盘需求者的需求均被准时准量满足。

由以上分析可知，模型的解满足供给、需求、整车和取值约束，进一步分析可知模型的解满足库存能力、运输能力、装卸能力等所有约束条件。因此模型的解满足算例的要求，证明了模型的有效性。

2. 数值分析

本模型引进了富盘需求者托盘毁坏率这一尚未被研究的因素，因此本书将重点对这一因素对决策的影响进行分析，同时也将对装卸能力、运输能力、库存能力、作业时间和整车运输等因素对决策的影响进行简单分析。

（1）毁坏率对决策的影响。

在其他条件均不变的情况下，将富盘需求者 c 在第 1 期的托盘毁坏率分别设置为[0 0.1 0.2 0.3 0.4 0.5 0.6 0.7 0.8 0.9 1]，求解模型；然后再将富盘需求者 d 在第 1 期的托盘毁坏率分别设置为[0 0.1 0.2 0.3 0.4 0.5 0.6 0.7 0.8 0.9 1]，求解模型，结果如图 3-3 和图 3-4 所示。

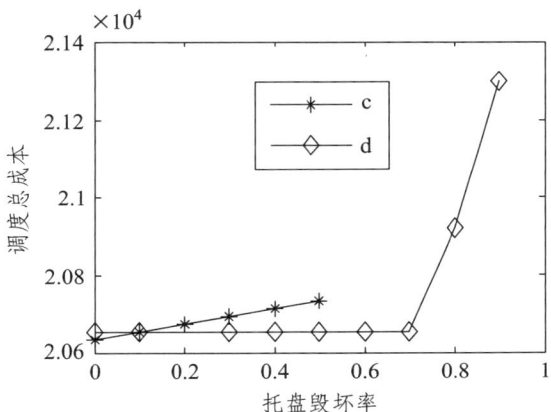

图 3-3　托盘毁坏率与调度总成本的关系

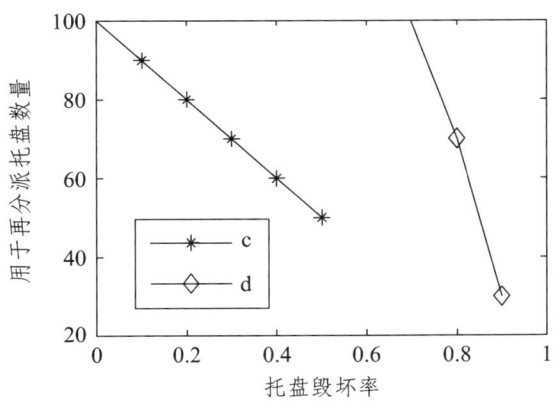

图 3-4　托盘毁坏率与用于再分派托盘数量的关系

由图 3-3 和图 3-4 可知：

① 对于富盘需求者 c，在托盘毁坏率小于等于 0.5 时，最优决策是将所有可用于再分派的托盘再分派到 f，这是因为将 c 的托盘再分派到 f 的单位

成本（12）低于将其收回到 a 后再分派的单位成本（大于16，由于运输能力限制 c 的托盘不能回收到 b），所以决策者应是在满足其他约束条件的情况下将尽量多的托盘从 c 再分派到 f。而当托盘毁坏率大于 0.5 时，由于所有可用于分派和再分派到 f 的托盘量（b 的 150 个托盘和 c 的完好托盘之和）小于 f 的需求量（200），因此模型无解。

② 对于富盘需求者 d，在托盘毁坏率低于 0.8 时，最优决策不变。这是因为将 d 的托盘再分派到 e 的单位成本（5）低于将其收回到 a 或 b 后再分派的托盘的单位成本（大于 13），所以决策者应是在满足其他约束条件的情况下将尽量多的托盘从 d 再分派到 e。e 的需求量为 100，而当托盘毁坏率低于 0.8 时，d 的可用于再分派的托盘大于等于 100，所以最优决策就是将 100 个单位的托盘再分派至缺盘需求者。而当托盘毁坏率大于等于 0.8 且小于 1 时，最优决策就是将所有的可用于再分派的托盘再分派到 e。当托盘毁坏率等于 1 时，由于所有可用于分派和再分派到 e 的托盘量（仅有 a 的 90 个单位的托盘）小于 e 的需求量（100），因此模型无解。

总体来看，随着毁坏率的提高，调度总成本呈上升趋势，而用于再分派的托盘量呈下降趋势。由此可知，富盘需求者的托盘毁坏率对调度总成本和最优调度方案有着显著影响，决策者在制定决策时需高度重视这一尚未被考虑的因素。

（2）装卸能力、运输能力、库存能力、作业时间和整车运输等因素对决策的影响。

众所周知，装卸能力、运输能力、库存能力这三个因素对决策有着重要的影响。如本例中 d 到 f 的运输能力为 0，因此 d 再分派给 e 后剩余的托盘只能被回收到供给者服务中心，否则，d 的托盘可以再分派到 f，可大大降低总的调度成本（如果 d 到 f 的调度成本低于将其回收到供给者服务中心的调度成本）。但提高装卸能力、运输能力和库存能力就意味着需要耗费成本，这是一个典型的"效益悖反"。因此，决策者应根据实际运营情况确定合适的装卸能力、运输能力和库存能力。具体的方法应为：根据历史需求数据或者预测需求数据，确定能满足一般情况需求的装卸能力、运输能力和库存能力，当出现需求超出可用调度能力（包括装卸能力、运输能力和库存能力）这一异常情况时，可通过向外租赁服务的方式满足需求，反之当出现需求低于可用调度能力时，可将剩余的能力出租给其他需要服务的单位，以降低运作成本。

作业时间对决策同样有着重要的影响。而且缩短作业时间有助于更好地满足客户的需求，但是一般来说，缩短作业时间也意味着需要耗费成本，这也是一个"效益悖反"。因此决策者也应根据实际情况确定一个合理的作业时间。当然决策者也可以通过改进技术方法和管理手段的方式来缩短作业时间，通过这种方式可以打破效益悖反，既缩短作业时间又降低调度成本。

整车运输是影响决策的一个基本因素。如前文所述，目前专业托盘共用系统大多规定仅提供整车运输服务，这是因为整车运输可最大效率地提高运输效率、降低运输成本。本例中当 d 的托盘毁坏率提高到 0.8 时，尽管有 78 个单位的托盘可用于再分派，但由于有整车约束的限制（一车 10 个托盘），仅能将 70 个单位的托盘用于再分派。因此为了更有效地调度托盘，供给者可以提供多种型号的运输车辆，例如将本例 d 到 e 的整车车载量改为 5（同时需将 d 到 a 和 a 到 e 的整车车载量改为 5。因为如果这两条线路的整车车载量仍是 10，即便 d 到 e 的整车车载量改为了 5，最优决策仍旧不能变，否则 d 的剩余托盘无法回收，e 的需求无法满足），则能将 75 个托盘用于再分派。为了更有效地吸引小量需求的客户，供给者也可以允许客户自己运输托盘，目前很多专业托盘共用系统如山东力保、CHEP、LogisAll 等都在采取这种方式吸引客户。

3.2 考虑混合型号托盘的专业托盘共用系统调度整数规划模型

3.2.1 问题描述

上一节对仅有单一型号托盘的专业托盘共用系统在确定条件下的调度优化问题进行了建模，模型能满足如 iGPS、山东力保等仅有一种型号托盘的专业托盘共用系统的运营管理需求，但还有很多专业托盘共用系统不仅只有一种托盘型号，如 CHEP 拥有多种型号的木托盘和塑料托盘；EPAL 有 800 mm×600 mm EUR6、800 mm×1 200 mm EUR、1 000 mm×1 200 mm EUR 3、

1 200 mm×1 000 mm EUR2 等 4 种型号的木托盘；中包精力也有 1 100 mm×1 100 mm×150 mm 和 1 200 mm×1 000 mm×150 mm 等多种型号的托盘；无锡美捷更有多达 4 种型号的塑料托盘和 3 种型号的木托盘。因此，仅考虑单一型号托盘的专业托盘共用系统调度整数规划模型并不能满足这类专业托盘共用系统的需要，需要构建一个考虑混合型号托盘的专业托盘共用系统调度整数规划模型。

目前在对集装箱空箱调度的研究中，比较流行将箱型号的可替代性作为一个研究的因素（如一个 40 ft 的箱可以用 2 个 20 ft 的箱替代）。但与集装箱不同，托盘型号一般不具有可替代性，而且即使在极端情况下为了满足客户的需要，也需要用价值较高的托盘替代价值较低的托盘，不具经济性。因此，在构建考虑混合型号托盘的专业托盘共用系统调度整数规划模型时，假设各种型号的托盘不能互相替代。

3.2.2 基本假设

（1）专业托盘共用系统中有多种型号的托盘，且各种型号的托盘不能互相替代。

（2）供给者必须准时准量地满足缺盘需求者对所有型号托盘的所有需求，若供给者自身的能力不能满足需求，可向系统外购买或租借托盘，购买或租借数量没有限制，但需至少提前一个单位周期购买或租借。

（3）富盘需求者每期待回收的所有型号的托盘必须在当期被再分派给缺盘需求者或被供给者服务中心回收，其中再分派给缺盘需求者的托盘必须是未被毁坏的托盘。回收到供给者服务中心的托盘需经过一个单位周期进行全面的检测、维修后才可再用于分派。

（4）富盘需求者每期待回收的所有型号的托盘的毁坏率均确定。

（5）决策期内，供给者服务中心每期新进的各种型号的托盘量、缺盘需求者每期对各种型号托盘的需求量、富盘需求者每期待回收的各种型号托盘的数量、供给者服务中心每期的库存能力、每条线路每个时间段的运输能力、供给者服务中心每期的装卸能力、缺盘需求者每期的装卸能力、富盘需求者每期的装卸能力等均确定。

（6）各种型号托盘占用的库存能力、装卸能力、运输能力等均确定。

（7）各种型号托盘的单位运输成本、单位库存成本、单位装卸成本、单位购买（租借）成本均确定。

（8）混装后的所有型号的托盘必须整车运输且整车车载量确定。

（9）供给者服务中心只接受整车需求，因此富盘需求者每期待回收的所有型号的托盘量必须为整车，缺盘需求者每期对所有型号托盘的需求量也必须是整车。

3.2.3 模型构建

为了描述本问题，需要定义下述标量、变量和参数：

标　量

i（$i=1,2,\ldots,I$），j^0（$j^0=1,2,\ldots J^0$）和 j^1（$j^1=1,2,\ldots J^1$）分别代表供给者服务中心、缺盘需求者、富盘需求者。

p（$p=p1,p2,\ldots,pn$）代表托盘型号。

t（$t=t1,t2,\ldots,tn$）代表运营周期。

决策变量

$X_{ij^0p}^{t't}$ 代表 t' 期从 i 出发，在 t 期运到 j^0 的 p 种型号托盘的数量。

$X_{j^1j^0p}^{t't}$ 代表 t' 期从 j^1 出发，在 t 期运到 j^0 的 p 种型号托盘的数量。

$X_{j^1ip}^{t't}$ 代表 t' 期从 j^1 出发，在 t 期运到 i 的 p 种型号托盘的数量。

H_{ip}^{t} 代表 t 期 i 从系统外购买或租借的 p 种型号托盘的数量。

$I_{ij^0}^{t't}$ 代表 t' 期从 i 出发，在 t 期运到 j^0 的托盘需要的车辆数。

$I_{j^1j^0}^{t't}$ 代表 t' 期从 j^1 出发，在 t 期运到 j^0 的托盘需要的车辆数。

$I_{j^1i}^{t't}$ 代表 t' 期从 j^1 出发，在 t 期运到 i 的托盘需要的车辆数。

参　数

C_{ij^0p}，$C_{j^1j^0p}$，C_{j^1ip} 分别代表将 p 种型号托盘从 i 运到 j^0，从 j^1 运到 j^0，以及从 j^1 运到 i 的单位运输成本。

C_{hp} 代表从系统外购买（租借）p 种型号托盘的单位购买（租借）成本。

C_{Kip} 代表 p 种型号托盘在 i 的单位库存成本。

C_{lip}，C_{lj^1p}，C_{lj^0p} 分别代表 i，j^1，j^0 装卸 p 种型号托盘的单位装卸成本。

S_{ip}^t 代表 t 期 i 新进的 p 种型号托盘的数量。

$S_{j^1p}^t$ 代表 t 期 j^1 待回收的 p 种型号托盘的数量，待回收的所有型号托盘的数量和其占用的运输能力的乘机之和必须能被最小整车车载量整除。

$\tau_{j^1p}^t$（$0 \leqslant \tau_{j^1p}^t \leqslant 1$）代表 t 期 j^1 待回收的 p 种型号托盘的毁坏率。

$D_{j^0p}^t$ 代表 t 期 j^0 对 p 种型号托盘的需求量，所有型号托盘的需求量和其占用的运输能力的乘机之和必须能被最小整车车载量整除。

K_{0i}^t 代表 t 期 i 的库存能力。

$MA_{ij^0}^{t't}$，$MA_{j^1j^0}^{t't}$，$MA_{j^1i}^{t't}$ 分别代表 t' 期从 i 出发在 t 期运到 j^0，t' 期从 j^1 出发在 t 期运到 j^0，以及 t' 期从 j^1 出发在 t 期运到 i 的运输线路运输能力。

$LA_{ij^0}^{t't}$，$LA_{j^1j^0}^{t't}$，$LA_{j^1i}^{t't}$ 分别代表 t' 期从 i 出发在 t 期运到 j^0，t' 期从 j^1 出发在 t 期运到 j^0，以及 t' 期从 j^1 出发在 t 期运到 i 的车辆的整车车载量。

L_i^t，$L_{j^1}^t$，$L_{j^0}^t$ 分别代表 t 期 i，j^1，j^0 的装卸能力。

υ_p，υ_p'，υ_p'' 分别代表一个 p 种型号托盘占用的库存能力、运输能力和装卸能力。

其 他

K_{ip}^t 代表 t 期末 i 的 p 种型号托盘的库存量。

考虑混合型号托盘的专业托盘共用系统调度整数规划模型 M-PPP-IPM 可以表示为：

1. 目标函数

模型的目标函数式（3-18）表示调度总成本最小，调度总成本包括：供给者服务中心向缺盘需求者分派所有型号托盘的运输成本和装卸成本；富盘需求者向缺盘需求者再分派所有型号托盘的运输成本和装卸成本；供给者服务中心向富盘需求者收回所有型号托盘的运输成本和装卸成本；向系统外购买（租借）所有型号托盘的成本；供给者服务中心未租出的所有型号托盘的库存成本等。

$$\min f_2 = \sum_{t=t1}^{tn}\sum_{t'=t1}^{t}\sum_{i=1}^{I}\sum_{j^0=1}^{J^0}\sum_{p=p1}^{pn} C_{ij^0 p} X_{ij^0 p}^{t't} + \sum_{t=t1}^{tn}\sum_{t'=t1}^{t}\sum_{j^1=1}^{J^1}\sum_{j^0=1}^{J^0}\sum_{p=p1}^{pn} C_{j^1 j^0 p} X_{j^1 j^0 p}^{t't} +$$

$$\sum_{t=t1}^{tn}\sum_{t'=t1}^{t}\sum_{j^1=1}^{J^1}\sum_{i=1}^{I}\sum_{p=p1}^{pn} C_{j^1 ip} X_{j^1 ip}^{t't} + \sum_{t=t1}^{tn}\sum_{t'=t1}^{t}\sum_{i=1}^{I}\sum_{p=p1}^{pn} C_{lip}(\sum_{j^0=1}^{J^0} X_{ij^0 p}^{t't} + \sum_{j^1=1}^{J^1} X_{j^1 ip}^{t't}) +$$

$$\sum_{t=t1}^{tn}\sum_{t'=t1}^{t}\sum_{j^1=1}^{J^1}\sum_{p=p1}^{pn} C_{lj^1}(\sum_{j^0=1}^{J^0} X_{j^1 j^0 p}^{t't} + \sum_{i=1}^{I} X_{j^1 ip}^{t't}) +$$

$$\sum_{t=t1}^{tn}\sum_{t'=t1}^{t}\sum_{j^0=1}^{J^0}\sum_{p=p1}^{pn} C_{lj^0 p}(\sum_{i=1}^{I} X_{ij^0 p}^{t't} + \sum_{j^1=1}^{J^1} X_{j^1 j^0 p}^{t't}) + \sum_{t=t1}^{tn}\sum_{i=1}^{I}\sum_{p=p1}^{pn} C_{hp} H_{ip}^t +$$

$$\sum_{t=t1}^{tn}\sum_{i=1}^{I}\sum_{p=p1}^{pn} C_{Kip} K_{ip}^t \tag{3-18}$$

2. 供给约束

约束条件式（3-19）表示某期从某供给者服务中心运输到所有缺盘需求者的某种型号的托盘量不能超过上一期期末该供给者服务中心的该种型号托盘的库存量和本期新进的该种型号托盘量以及上一期向系统外购买（租借）的该种型号托盘量的总和，这三者的和即为供给者服务中心的该种型号托盘的供给能力。

$$\sum_{t''=t}^{tn}\sum_{j^0=1}^{J^0} X_{ij^0 p}^{tt''} \leqslant K_{ip}^{t-1} + S_{ip}^t + H_{ip}^{t-1} \tag{3-19}$$

约束条件式（3-20）表示某期从某富盘需求者运输到所有缺盘需求者的某种型号托盘的数量不能超过其待回收的该种型号托盘的数量和完好率（1-该种型号托盘毁坏率）的乘积。富盘需求者的待回收的所有型号托盘的数量和其占用的运输能力的乘积之和必须能被最小整车车载量整除。如果用 $v_{j^1}^t$ 代表 t 期 j^1 选择的最小整车车载量，则 $\sum_{p=1}^{P} v_p' S_{j^1}^t$ 必须能被 $v_{j^1}^t$ 整除。在本模型中同样不引入 $v_{j^1}^t$ 这个参数，决策者在给参数赋值时注意即可。

$$\sum_{t''=t}^{tn}\sum_{j^0=1}^{J^0} X_{j^1 j^0 p}^{tt''} \leqslant (1-\tau_{j^1 p}^t) S_{j^1 p}^t \tag{3-20}$$

3. 需求约束

约束条件式（3-21）表示某期某缺盘需求者对某种型号托盘的需求量必须等于该期前从所有供给者服务中心和富盘需求者发出的预计在本期到达该缺盘需求者的该种型号托盘的数量的总和，即所有缺盘需求者的需求必须被准时准量满足。需要注意的是，如前所述，供给者服务中心只接受整车订单，因此缺盘需求者对所有型号托盘的需求量和其占用的运输能力的乘积之和必须能被最小整车车载量整除，如果用 $v_{j^0}^t$ 代表 t 期 j^0 选择的最小整车车载量，则 $\sum_{p=1}^{P} v_p^t D_{j^0 p}^t$ 必须能被 $v_{j^0}^t$ 整除。同样在本模型中不引入 $v_{j^0}^t$ 这个参数，决策者在给参数赋值时注意即可。

$$\sum_{t'=t1}^{t} \sum_{i=1}^{I} X_{ij^0 p}^{t't} + \sum_{t'=t1}^{t} \sum_{j^1=1}^{j^1} X_{j^1 j^0 p}^{t't} = D_{j^0 p}^{t} \qquad (3-21)$$

约束条件式（3-22）表示某期某富盘需求者待回收的某种型号托盘必须在该期被全部再分配给缺盘需求者或被供给者服务中心回收，即所有富盘需求者的需求必须被准时准量满足。

$$\sum_{t''=t}^{tn} \sum_{j^0=1}^{j^0} X_{j^1 j^0 p}^{tt''} + \sum_{t''=t}^{tn} \sum_{i=1}^{I} X_{j^1 i p}^{tt''} = S_{j^1 p}^{t} \qquad (3-22)$$

4. 库存约束

约束条件式（3-23）表示某期期末某供给者服务中心的某种型号托盘库存量等于上一期期末该种型号托盘的库存量+本期新进的该种型号托盘的数量+上一期从系统外购买（租借）的该种型号托盘的数量-本期向所有缺盘需求者供应的该种型号托盘的数量+本期从所有富盘需求者回收的该种型号托盘的数量。

$$K_{ip}^{t} = K_{ip}^{t-1} + S_{ip}^{t} + H_{ip}^{t-1} - \sum_{t''=t}^{tn} \sum_{j^0=1}^{j^0} X_{ij^0 p}^{tt''} + \sum_{t'=t1}^{t} \sum_{j^1=1}^{j^1} X_{j^1 ip}^{t't} \qquad (3-23)$$

约束条件式（3-24）表示某期期末某供给者服务中心的所有型号托盘的库存量不能超过其库存能力。

$$\sum_{p=p1}^{pn} \upsilon_p K_{ip}^t \leqslant K_{0i}^t \tag{3-24}$$

5. 运输能力约束

约束条件式（3-25）表示某段时间从某供给者服务中心运输到某缺盘需求者的所有型号托盘的总运输量不能超过该段时间该线路的运输能力。

$$\sum_{p=p1}^{pn} \upsilon'_p X_{ij^0p}^{t't} \leqslant MA_{ij^0}^{t't} \tag{3-25}$$

约束条件式（3-26）表示某段时间从某富盘需求者运输到某缺盘需求者的所有型号托盘的总运输量不能超过该段时间该线路的运输能力。

$$\sum_{p=p1}^{pn} \upsilon'_p X_{j^1j^0p}^{t't} \leqslant MA_{j^1j^0}^{t't} \tag{3-26}$$

约束条件式（3-27）表示某段时间从某富盘需求者运输到某供给者服务中心的所有型号托盘的总运输量不能超过该段时间该线路的运输能力。

$$\sum_{p=p1}^{pn} \upsilon'_p X_{j^1ip}^{t't} \leqslant MA_{j^1i}^{t't} \tag{3-27}$$

6. 整车约束

约束条件式（3-28）表示某段时间从某供给者服务中心运输到某缺盘需求者的所有型号托盘的总运输量必须为该段时间该线路整车车载量的整数倍。

$$\sum_{p=p1}^{pn} \upsilon'_p X_{ij^0p}^{t't} = I_{ij^0}^{t't} \times LA_{ij^0}^{t't} \tag{3-28}$$

约束条件式（3-29）表示某段时间从某富盘需求者运输到某缺盘需求者的所有型号的托盘的总运输量必须为该段时间该线路整车车载量的整数倍。

$$\sum_{p=p1}^{pn} \upsilon'_p X_{j^1j^0p}^{t't} = I_{j^1j^0}^{t't} \times LA_{j^1j^0}^{t't} \tag{3-29}$$

约束条件式（3-30）表示某段时间从某富盘需求者运输到某供给者服务中心的所有型号的托盘的总运输量必须为该段时间该线路整车车载量的

整数倍。

$$\sum_{p=p1}^{pn} \upsilon_p^{'} X_{j^1 ip}^{t't} = I_{j^1 i}^{t't} \times LA_{j^1 i}^{t't} \qquad (3-30)$$

7. 装卸能力约束

约束条件式（3-31）表示某期某供给者服务中心的所有型号托盘的总装卸量不能超过其装卸能力。

$$\sum_{t'=t1}^{t} \sum_{j^1=1}^{J^1} \sum_{p=p1}^{pn} \upsilon_p^{'} X_{j^1 ip}^{t't} + \sum_{t''=t}^{tn} \sum_{j^0=1}^{J^0} \sum_{p=p1}^{pn} \upsilon_p^{''} X_{ij^0 p}^{tt''} \leqslant L_i^t \qquad (3-31)$$

约束条件式（3-32）表示某期某富盘需求者的所有型号托盘的总装卸量不能超过其装卸能力。

$$\sum_{t''=t}^{tn} \sum_{i=1}^{I} \sum_{p=p1}^{pn} \upsilon_p^{''} X_{j^1 ip}^{tt''} + \sum_{t''=t}^{tn} \sum_{j^0=1}^{J^0} \sum_{p=p1}^{pn} \upsilon_p^{''} X_{j^1 j^0 p}^{tt''} \leqslant L_{j^1}^t \qquad (3-32)$$

约束条件式（3-33）表示某期某缺盘需求者的所有型号托盘的总装卸量不能超过其装卸能力。

$$\sum_{t'=t1}^{t} \sum_{i=1}^{I} \sum_{p=p1}^{pn} \upsilon_p^{''} X_{ij^0 p}^{t't} + \sum_{t'=t1}^{t} \sum_{j^1=1}^{J^1} \sum_{p=p1}^{pn} \upsilon_p^{''} X_{j^1 j^0 p}^{t't} \leqslant L_{j^0}^t \qquad (3-33)$$

8. 取值约束

约束条件式（3-24）表示所有决策变量均应为非负整数。

$$X_{ij^0 p}^{t't}, X_{j^1 j^0 p}^{t't}, X_{j^1 ip}^{t't}, H_{ip}^{t}, I_{ij^0}^{t't}, I_{j^1 j^0}^{t't}, I_{j^1 i}^{t't} \geqslant 0, \text{and int} \qquad (3-34)$$

3.2.4 算　例

假定某专业托盘共用系统中有 2 个供给者服务中心（$i=a,b$），2 个富盘需求者（$j^1=c,d$），2 个缺盘需求者（$j^0=e,f$），2 种托盘型号（$p=p1,p2$），决策期长度为 4 期（$t=t1,t2,t3,t4$）。从系统外购买（租借）$p1$ 和 $p2$ 两种型号托盘的单位成本分别为 1 和 1.1，所有时间段所有线路整车车载量均为 10。$p1$ 和 $p2$ 两种型号托盘初始库存均为 0。$p1$ 和 $p2$ 两种型号托盘占用的运输能力、库存能力、装卸能力均分别为 1 和 1.1。其他参数如表 3-6~表 3-12 所示，其中假定运输能力和库存能力不随时间的变化而变化。由于本书假定作业时间至少需要 1 个单位周期的时间，即从某个供给者服务中心分派或富盘需求者再分派托盘到某个缺盘需求者至少需要一个单位周期的时间，所以本例给出了前三期（$t1,t2,t3$）的供给者服务中心新进的每种型号托盘的数量、装卸能力和富盘需求者待回收的每种型号托盘的数量、装卸能力，以及后三期（$t2,t3,t4$）的缺盘需求者对每种型号托盘的需求量、装卸能力。由于本书假设需至少提前一个单位周期购买（租借）托盘，因此供给者服务中心不能通过购买（租借）托盘的方式补充第 1 期供给能力。

表 3-6 单位运输成本

$p1/p2$	a	b	c	d	e	f
a	—	—	3/5	4/5	5/7	6/7
b	—	—	∞/∞	2/3	4/5	5/7
c	3/5	∞/∞	—	—	7/8	8/8
d	4/5	2/3	—	—	2/4	∞/∞
e	5/7	4/5	7/8	2/4	—	—
f	6/7	5/7	8/8	∞/∞	—	—

表 3-7 运输能力

	a	b	c	d	e	f
a	—	—	1 000	1 000	400	500
b	—	—	0	700	300	500
c	1 000	0	—	—	400	700
d	1 000	700	—	—	250	0
e	400	300	400	250	—	—
f	500	500	700	0	—	—

表 3-8 作业时间

	a	b	c	d	e	f
a	–	–	1	2	1	2
b	–	–	∞	1	2	1
c	1	∞	–	–	2	1
d	2	1	–	–	1	∞
e	1	2	2	1	–	–
f	2	1	1	∞	–	–

表 3-9 供给

	新进的 $p1$ 型号托盘的数量（$t1/t2/t3/t4$）	新进的 $p2$ 型号托盘的数量（$t1/t2/t3/t4$）
a	95/100/105/–	45/50/55/–
b	150/200/200/–	90/100/110/–

表 3-10 需求

	待回收的 $p1$ 型号托盘量（$t1/t2/t3/t4$）	待回收的 $p2$ 型号托盘量（$t1/t2/t3/t4$）	$p1$ 型号托盘需求量（$t1/t2/t3/t4$）	$p2$ 型号托盘需求量（$t1/t2/t3/t4$）
c	100/200/300/–	100/200/300/–	–	–
d	400/400/400/–	100/100/100/–	–	–
e	–	–	–/100/200/300	–/0/100/200
f	–	–	–/200/400/600	–/0/200/400

表 3-11 待回收托盘毁坏率

	待回收的 $p1$ 型号托盘毁坏率（$t1/t2/t3/t4$）	待回收的 $p2$ 型号托盘毁坏率（$t1/t2/t3/t4$）
c	10%/10%/10%/–	50%/50%/50%/–
d	10%/10%/10%/–	60%/50%/50%/–

表 3-12 其他

	库存能力	单位库存成本	装卸能力（$t1/t2/t3/t4$）	单位装卸成本
a	2 000	1/1	1 000/2 000/2 500/–	2/2
b	1 800	2/2	2 000/2 200/2 200/–	2/2

续表

	库存能力	单位库存成本	装卸能力（$t_1/t_2/t_3/t_4$）	单位装卸成本
c	—	—	400/500/800/—	3/4
d	—	—	800/1 000/1 100/—	2/4
e	—	—	—/1 500/1 700/1 500	1/2
f	—	—	—/1 500/2 000/2 000	1/3

1. 数值求解

利用 Lingo 软件编写程序求解模型，得到全局最优解 37 465，最优调度方案如图 3-5 所示。

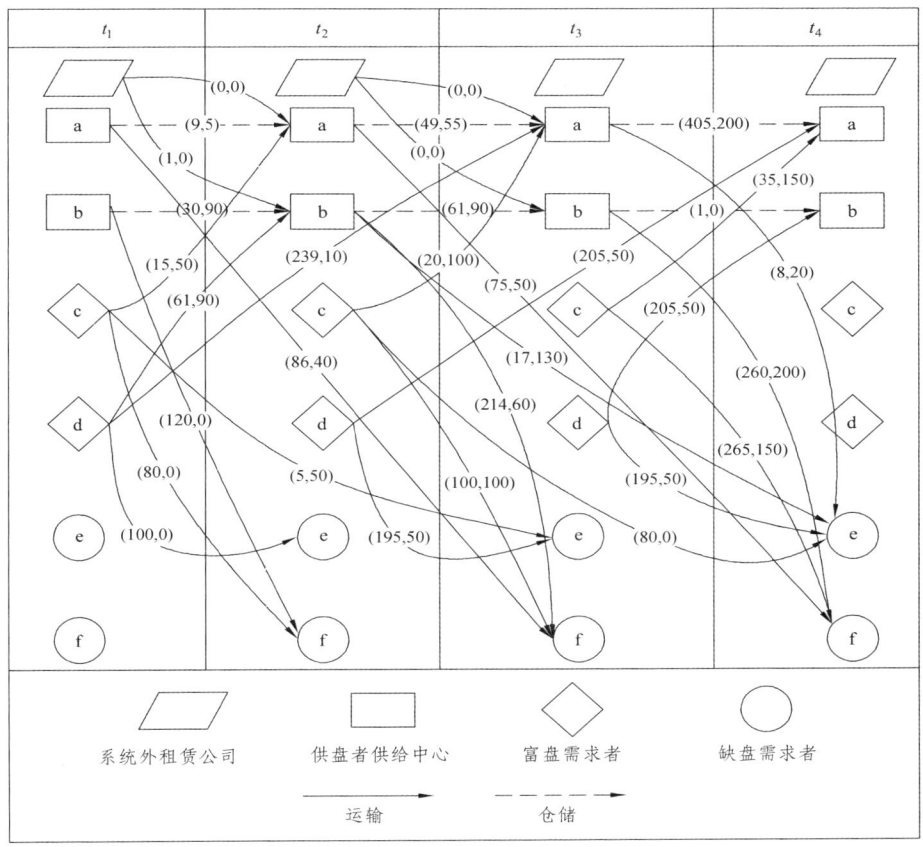

图 3-5 最优调度方案

分析结果可知最低调度成本为 37 465，最优调度方案为：

（1）第 1 期：供给者服务中心 b 向系统外购买（租借）1 个单位的 p1 型号的托盘；从供给者服务中心 a 分派 86 个单位的 p1 型号的托盘和 40 个单位的 p2 型号的托盘（13 车）到缺盘需求者 f，以满足 f 在第 3 期的需求；从供给者服务中心 b 分派 120 个单位的 p1 型号的托盘（12 车）到缺盘需求者 f，以满足 f 在第 2 期的需求；从富盘需求者 c 再分派 5 个单位的 p1 型号的托盘和 50 个单位的 p2 型号的托盘（6 车）到缺盘需求者 e，以满足 e 在第 3 期的需求，并再分派 80 个单位的 p1 型号的托盘（8 车）到缺盘需求者 f，以满足 f 在第 2 期的需求，同时将 c 处剩余的 15 个单位的 p1 型号的托盘和 50 个单位的 p2 型号的托盘（7 车）回收到 a；从富盘需求者 d 再分派 100 个单位的 p1 型号的托盘（10 车）到缺盘需求者 e，以满足 e 在第 2 期的需求，将 d 处剩余的 239 个单位的 p1 型号的托盘和 10 个单位的 p2 型号的托盘（25 车）回收到 a，并将 61 个单位的 p1 型号的托盘和 90 个单位的 p2 型号的托盘（16 车）回收到 b；期末 a 的库存为 9 个单位的 p1 型号的托盘和 5 个单位的 p2 型号的托盘，b 的库存为 30 个单位的 p1 型号的托盘和 90 个单位的 p2 型号的托盘。本期所有富盘需求者的需求均被准时准量满足。本例本期缺盘需求者没有需求。

（2）第 2 期：无须从系统外购买（租借）托盘；从供给者服务中心 a 分派 75 个单位的 p1 型号的托盘和 50 个单位的 p2 型号的托盘（13 车）到缺盘需求者 f，以满足 f 在第 4 期的需求；从供给者服务中心 b 分派 17 个单位的 p1 型号的托盘和 130 个 p2 型号的托盘（16 车）到缺盘需求者 e，以满足 e 在第 4 期的需求；从供给者服务中心 b 分派 214 个单位的 p1 型号的托盘和 60 个单位的 p2 型号的托盘（28 车）到缺盘需求者 f，以满足 f 在第 3 期的需求；从富盘需求者 c 再分派 80 个单位的 p1 型号的托盘（8 车）到缺盘需求者 e，以满足 e 在第 4 期的需求，并再分派 100 个单位的 p1 型号的托盘和 100 个单位的 p2 型号的托盘（21 车）到缺盘需求者 f，以满足 f 在第 3 期的需求，同时将 c 处剩余的 20 个单位的 p1 型号的托盘和 100 个单位的 p2 型号的托盘（13 车）回收到 a；从富盘需求者 d 再分派 195 个单位的 p1 型号的托盘和 50 个单位的 p2 型号的托盘（25 车）到缺盘需求者 e，以满足 e 在第 3 期的需求，并将 d 处剩余的 205 个单位的 p1 型号的托盘和 50 个单位的 p2 型号的托盘（26 车）回收到 a；期末 a 的库存为 49

个单位的 $p1$ 型号的托盘和 55 个单位的 $p2$ 型号的托盘，b 的库存为 61 个单位的 $p1$ 型号的托盘和 90 个单位的 $p2$ 型号的托盘。本期所有富盘需求者和缺盘需求者的需求均被准时准量满足。

（3）第 3 期：是否需要从系统外购买（租借）托盘将由下一轮决策决定；从供给者服务中心 a 分派 8 个单位的 $p1$ 型号的托盘和 20 个单位的 $p2$ 型号的托盘（3 车）到缺盘需求者 e，以满足 e 在第 4 期的需求；从供给者服务中心 b 分派 260 个单位的 $p1$ 型号的托盘和 200 个单位的 $p2$ 型号的托盘（48 车）到缺盘需求者 f，以满足 f 在第 4 期的需求；从富盘需求者 c 再分派 265 个单位的 $p1$ 型号的托盘和 150 个单位的 $p2$ 型号的托盘（43 车）到缺盘需求者 f，以满足 f 在第 4 期的需求，并将 c 处剩余的 35 个单位的 $p1$ 型号的托盘和 150 个单位的 $p2$ 型号的托盘（20 车）回收到 a；从富盘需求者 d 再分派 195 个单位的 $p1$ 型号的托盘和 50 个单位的 $p2$ 型号的托盘（25 车）到缺盘需求者 e，以满足 e 在第 4 期的需求，并将 d 处剩余的 205 个单位的 $p1$ 型号的托盘和 50 个单位的 $p2$ 型号的托盘（26 车）回收到 b；期末 a 的库存为 405 个单位的 $p1$ 型号的托盘和 200 个单位的 $p2$ 型号的托盘，b 的库存为 1 个单位的 $p1$ 型号的托盘。本期所有富盘需求者和缺盘需求者的需求均被准时准量满足。

（4）第 4 期：是否需要从系统外购买（租借）托盘、如何处理供给者服务中心和富盘需求者的托盘将由下一轮决策决定；本期所有缺盘需求者的需求均被准时准量满足。

由以上分析可知，模型的解满足供给、需求、整车和取值约束，进一步分析可知模型的解满足库存能力、运输能力、装卸能力等所有约束条件。因此模型的解满足算例的要求，证明了模型的有效性。

2. 托盘型号之间的关系分析

由于本章模型假设了不同型号托盘间不能进行替代且要求所有托盘需求均应被准时准量满足，所以，两种型号托盘互相影响的部分应仅在于：当因库存能力、运输能力、装卸能力等因素限制导致无法同时满足所有型号托盘的需求时，决策者只能通过提高相应能力的方式来解决这一问题。（当把单位 $p2$ 型号托盘占用的装卸能力设为 2 时，模型无解，如图 3-6 所示。）

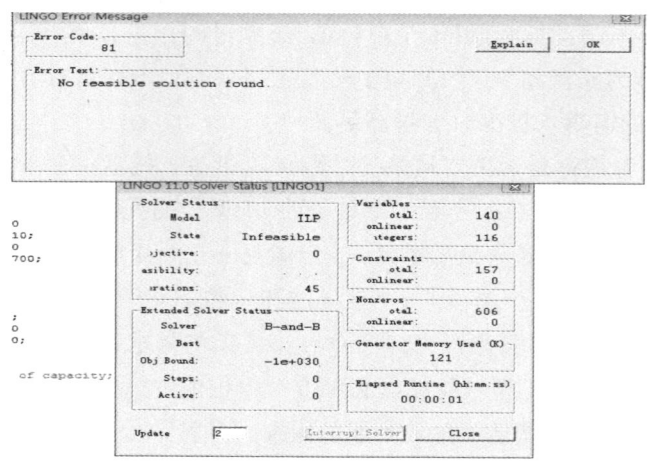

图 3-6　$p2$ 型号托盘占用装卸能力变动对决策的影响

3.3　本章小结

本章采用整数规划的方法构建了考虑单一型号托盘的专业托盘共用系统调度整数规划模型和考虑混合型号托盘的专业托盘共用系统调度整数规划模型，实验证明，这两个专业托盘共用系统调度整数规划模型能帮助专业托盘共用系统管理者在确定条件下制定有效的托盘调度方案，模型提供的最优调度方案不仅能显示各个节点之间应运输多少托盘，而且可以直接显示各个节点之间需要多少个哪种型号的车辆来运输这些托盘。

本章还对毁坏率、装卸能力、运输能力、库存能力、作业时间和整车运输等因素对决策的影响、托盘型号之间的关系进行了研究，得出了如下结论：

（1）随着富盘需求者托盘毁坏率的提高，调度总成本呈上升趋势，而用于再分派的托盘量呈下降趋势。由此可知，富盘需求者的托盘毁坏率对总调度和最优调度方案有着显著影响，决策者在制定决策时需高度重视这一尚未被考虑的因素。

（2）提高装卸能力、运输能力和库存能力就意味着需要耗费成本，这是一个典型的"效益悖反"。因此决策者应根据实际运营情况确定合适的装卸能力、运输能力和库存能力。具体的方法为：根据历史需求数据或者预测需求数据，确定能满足一般情况需求的装卸能力、运输能力和库存能力，当出现需求超出可用调度能力（包括装卸能力、运输能力和库存能力）这一异常情况时，可通过向外租赁服务的方式满足需求，反之当出现需求低于可用调度能力时，可将剩余的能力出租给其他需要服务的单位，以降低运作成本。

（3）缩短作业时间有助于更好地满足客户的需求，但缩短作业时间也意味着需要耗费成本，也是一个"效益悖反"。因此决策者也应根据实际情况确定一个合理的作业时间。当然决策者也可以通过改进技术方法和管理手段的方式来缩短作业时间，通过这种方式可以打破效益悖反，既缩短作业时间又降低调度成本。

（4）整车运输是影响决策的一个基本因素。为了更有效地调度托盘，供给者可以提供多种型号的运输车辆。同时为了更有效地吸引小量需求的客户，供给者也可以允许客户自己运输托盘。

（5）在本章模型的假设条件下，当因库存能力、运输能力、装卸能力等因素限制导致无法同时满足所有型号托盘的需求时，决策者只能通过提高相应能力的方式来解决这一问题。

本章的主要贡献为：研究了确定条件下专业托盘共用系统的调度优化方案，将托盘再分派和托盘回收作为两个不同的调度过程进行了区分，考虑了专业托盘共用系统调度的全过程（购买（租借）、分派、再分派、回收），纳入了托盘毁坏率、整车运输等现有调度文献尚未研究的因素。

第4章 随机条件下专业托盘共用系统调度优化模型

上一章构建的专业托盘共用系统调度整数规划模型仅适用于确定条件下的应用,但在专业托盘共用系统实际运作中却存在着各种各样的不确定因素,各个不确定因素的表现形式也是多种多样的,如随机性、模糊性、粗糙性、模糊随机性以及其他多重不确定性[107]。如何处理不确定因素是目前学术界研究的重点课题,也将是本书研究的重点。本章将研究最为广泛存在的一种不确定性——随机性,考虑供给者服务中心每期的新进托盘量随机、缺盘需求者每期的需求量随机、富盘需求者每期待回收的托盘量随机、供给者服务中心每期的库存能力随机、每条线路每个时间段的运输能力随机、供给者服务中心每期的装卸能力随机、缺盘需求者每期的装卸能力随机、富盘需求者每期的装卸能力随机等因素,构建随机条件下的专业托盘共用系统调度优化模型。

4.1 考虑单一型号托盘的专业托盘共用系统调度随机机会约束规划模型

4.1.1 问题描述

专业托盘共用系统管理者在制定调度方案时常常被各种各样的不确定性困扰。但事实上,如果充分利用已有的历史数据对这些不确定因素进行分析,可以发现很多不确定因素,在某种程度上其实是"确定"的。如最令管理者们头疼的"缺盘需求者需求不确定"这一因素，如果对老客户的历史需求进行分析后，管理者们可能会发现，客户的需求在很多情况下其实具有随机性，是服从某种特定的概率分布的（如正态分布）。

当然，专业托盘共用系统管理者面临的不仅只有缺盘需求者的需求量随机（stochastic demand at demand customer）这一因素，他们还常常被供给者服务中心的新进托盘量随机（stochastic supply）、富盘需求者待回收的托盘量随机（stochastic demand at supply customer）、供给者服务中心的库存能力随机（stochastic storage capacity at demand customer）、运输能力随机（stochastic transportation capacity）、装卸能力随机（stochastic loading and unloading capacity）等多种随机因素。因此研究随机条件下的专业托盘共用系统调度优化模型时需要将这些因素也考虑在内。

正如 3.1.1 中所介绍，目前有很多专业托盘共用系统中仅有一种托盘型号，因此为满足他们的需要，需要研究仅考虑单一型号托盘的专业托盘共用系统调度优化模型。

4.1.2　基本假设

（1）专业托盘共用系统中的托盘均为同一型号。
（2）决策期内，供给者服务中心每期的新进托盘量、缺盘需求者每期的需求量、富盘需求者每期待回收的托盘量、供给者服务中心每期的库存能力、每条线路每个时间段的运输能力、供给者服务中心每期的装卸能力、缺盘需求者每期的装卸能力、富盘需求者每期的装卸能力等均分为确定和随机两部分，所有随机数均为独立的随机数，且已知其分布函数。（本书采用了很多经典文献，如[74]、[92]和[93]等所使用的方法，将所有涉及随机性的因素都分成了确定性和随机性两部分，即：将缺盘需求者每期的需求量划分为确定需求和随机需求，将富盘需求者每期的待回收的托盘量划分为确定待回收托盘量和随机待回收托盘量，将供给者服务中心每期的新进托盘量划分为确定新进托盘量和随机新进托盘量，将库存能力划分为确定库存能力和随机库存能力，将运输能力划分为确定运输能力和随机运输能力，将装卸能力划分为确定装卸能力和随机装卸能力。因为这一方法能很好地让专业托盘共用系统管理者将确定的信息和不确定的信息区分开来，制定出更合理的调度方案。）

（3）供给者必须准时满足缺盘需求者的所有需求，如若供给者自身的供给能力不能满足需求，可向系统外购买或租借托盘，购买或租借数量没有限制，但需至少提前一个单位周期购买或租借。供给者服务中心只接受整车需求，因此缺盘需求者每期的确定需求量必须是整车。如若缺盘需求者的随机需求不足整车，则供给者服务中心必须过量满足。这是因为供给者必须尽最大努力满足客户的需要，否则可能失去该客户。但如果超过缺盘需求者需求需要付出一定的惩罚成本。

（4）富盘需求者每期的待回收托盘可以在当期被再分派给缺盘需求者或被供给者服务中心回收，其中再分派给缺盘需求者的托盘必须是未被毁坏的托盘。回收到供给者服务中心的托盘需经过一个单位周期进行全面的检测、维修后才可再用于分派。供给者服务中心只接受整车需求，因此富盘需求者的确定待回收托盘量必须是整车；对于随机待回收托盘量，供给者服务中心可以拒绝不够整车的随机需求，但由于事实上，供给者服务中心并未能满足富盘需求者的全部需求，因此对于未能收回的待回收托盘，供给者服务中心还需要支付一个较大的惩罚成本。

（5）富盘需求者每期待回收托盘的毁坏率确定。

（6）单位运输成本、单位库存成本、单位装卸成本、单位购买（租借）成本、单位惩罚成本均确定。

（7）托盘必须整车运输且整车车载量确定。

4.1.3 模型构建

随机规划是对含有随机参数的优化问题建模的有效的工具[108, 109, 110, 111, 112, 113]。本书将采用随机规划的方法在 S-PPP-IPM 的基础上构建随机条件下的专业托盘共用系统调度优化模型，但除 3.1.3 介绍的标量、变量和参数外，为了描述本问题还需引入下述参数。

C_{Kj^1} 代表未将 j^1 的待回收托盘回收的单位惩罚成本。

$K_{j^1}^t$ 代表 t 期 j^1 未被回收的托盘量。

C_{Kj^0} 代表超过 j^0 需求的单位惩罚成本。

$K_{j^0}^t$ 代表 t 期超过 j^0 需求的托盘量。

α_i^t 代表 t 期 i 的随机新进托盘量。

$\alpha_{j^1}^t$ 代表 t 期 j^1 的随机待回收托盘量。

$\beta_{j^0}^t$ 代表 t 期 j^0 的随机托盘需求量。

κ_{0i}^t 代表 t 期 i 的随机库存能力。

$\gamma_{ij^0}^{t't}$，$\gamma_{j^1 j^0}^{t't}$，$\gamma_{j^1 i}^{t't}$ 分别代表 t' 期从 i 出发在 t 期运到 j^0，t' 期从 j^1 出发在 t 期运到 j^0，以及 t' 期从 j^1 出发在 t 期运到 i 的运输线路随机运输能力。

$\hbar_i^t$，$\hbar_{j^1}^t$，$\hbar_{j^0}^t$ 分别代表 t 期 i，j^1，j^0 的随机装卸能力。

δ 代表机会约束条件的置信水平。

1. 目标函数

模型的目标函数式（4-1）表示调度总成本最小，调度总成本包括供给者服务中心向缺盘需求者分派托盘的运输成本和装卸成本，富盘需求者向缺盘需求者再分派托盘的运输成本和装卸成本，供给者服务中心向富盘需求者收回托盘的运输成本和装卸成本，向系统外购买（租借）托盘的成本，供给者服务中心未租出托盘的库存成本，未将富盘需求者待回收托盘收回的惩罚成本和超过缺盘者需求的惩罚成本等。

$$\min f_3 = \sum_{t=t1}^{tn}\sum_{t'=t1}^{t}\sum_{i=1}^{I}\sum_{j^0=1}^{J^0} C_{ij^0} X_{ij^0}^{t't} + \sum_{t=t1}^{tn}\sum_{t'=t1}^{t}\sum_{j^1=1}^{J^1}\sum_{j^0=1}^{J^0} C_{j^1 j^0} X_{j^1 j^0}^{t't} + \sum_{t=t1}^{tn}\sum_{t'=t1}^{t}\sum_{j^1=1}^{J^1}\sum_{i=1}^{I} C_{j^1 i} X_{j^1 i}^{t't} + $$

$$\sum_{t=t1}^{tn}\sum_{t'=t1}^{t}\sum_{i=1}^{I} C_{li}(\sum_{j^0=1}^{J^0} X_{ij^0}^{t't} + \sum_{j^1=1}^{J^1} X_{j^1 i}^{t't}) + \sum_{t=t1}^{tn}\sum_{t'=t1}^{t}\sum_{j^1=1}^{J^1} C_{lj^1}(\sum_{j^0=1}^{J^0} X_{j^1 j^0}^{t't} + \sum_{i=1}^{I} X_{j^1 i}^{t't}) + $$

$$\sum_{t=t1}^{tn}\sum_{t'=t1}^{t}\sum_{j^0=1}^{J^0} C_{lj^0}(\sum_{i=1}^{I} X_{ij^0}^{t't} + \sum_{j^1=1}^{J^1} X_{j^1 j^0}^{t't}) + \sum_{t=t1}^{tn}\sum_{i=1}^{I} C_h H_i^t + $$

$$\sum_{t=t1}^{tn}\sum_{i=1}^{I} C_{Ki} K_i^t + \sum_{t=t1}^{tn}\sum_{j^1=1}^{J^1} C_{Kj^1} K_{j^1}^t + \sum_{t=t1}^{tn}\sum_{j^0=1}^{J^0} C_{Kj^0} K_{j^0}^t \quad (4\text{-}1)$$

2. 供给约束

约束条件式（4-2）表示某期从某供给者服务中心运输到所有缺盘需求者的托盘量不能超过上一期期末该供给者服务中心的库存量、本期的确定新进托盘量、本期的随机新进托盘量和上一期向系统外购买（租借）量的总和，这四者的和即为供给者服务中心的供给能力。

$$\sum_{t''=t}^{tn}\sum_{j^0=1}^{j^0}X_{ij^0}^{tt''} \leqslant K_i^{t-1}+S_i^t+\alpha_i^t+H_i^{t-1} \quad (4-2)$$

约束条件式（4-3）表示某期从某富盘需求者运输到所有缺盘需求者的托盘量不能超过其完好率（1-毁坏率）和待回收的托盘量（包括确定待回收托盘量和随机待回收托盘量）的乘积。

$$\sum_{t''=t}^{tn}\sum_{j^0=1}^{j^0}X_{j^1j^0}^{tt''} \leqslant (1-\tau_{j^1}^t)(S_{j^1}^t+\alpha_{j^1}^t) \quad (4-3)$$

3. 需求约束

约束条件式（4-4）表示从所有供给者服务中心和富盘需求者发出的预计在本期到达某缺盘需求者的托盘量总和必须大于等于该期该缺盘需求者的需求量（包括确定需求和随机需求），即所有缺盘需求者的需求必须在当期被准时满足。在 3.1.3 中已说明供给者服务中心只接受缺盘需求者的整车订单，所以缺盘需求者的确定托盘需求量必须能被最小整车车载量整除。

$$\sum_{t'=t1}^{t}\sum_{i=1}^{I}X_{ij^0}^{t't}+\sum_{t'=t1}^{t}\sum_{j^1=1}^{j^1}X_{j^1j^0}^{t't} \geqslant D_{j^0}^t+\beta_{j^0}^t \quad (4-4)$$

约束条件式（4-5）表示某期将某富盘需求者待回收托盘用于再分配给缺盘需求者或回收到供给者服务中心的数量不能超过该期该富盘需求者的待回收托盘（包括确定待回收托盘和随机待回收托盘）。如前所述，富盘需求者的确定待回收托盘量必须能被最小整车车载量整除。

$$\sum_{t''=t}^{tn}\sum_{j^0=1}^{j^0}X_{j^1j^0}^{tt''}+\sum_{t''=t}^{tn}\sum_{i=1}^{I}X_{j^1i}^{tt''} \leqslant S_{j^1}^t+\alpha_{j^1}^t \quad (4-5)$$

4. 库存约束

约束条件式（4-6）表示某期期末某供给者服务中心的库存量等于上一期期末库存量+本期新进的托盘量（包括确定新进托盘量和随机新进托盘

量）+上一期从系统外购买（租借）托盘量-本期向所有缺盘需求者供应的托盘量+本期从所有富盘需求者回收的托盘量。

$$K_i^t = K_i^{t-1} + S_i^t + \alpha_i^t + H_i^t - \sum_{t''=t}^{tn} \sum_{j^0=1}^{j^0} X_{ij^0}^{tt''} + \sum_{t'=t1}^{t} \sum_{j^1=1}^{j^1} X_{j^1 i}^{t't} \qquad (4\text{-}6)$$

约束条件式（4-7）表示某期某供给者服务中心的库存量不能超过其确定库存能力和随机库存能力之和。

$$K_i^t \leqslant K_{0i}^t + \kappa_{0i}^t \qquad (4\text{-}7)$$

约束条件式（4-8）表示某期期末某富盘需求者未被回收的托盘量等于上一期未被回收的托盘量+该期待回收托盘量（包括确定待回收量和随机待回收量）-本期从该富盘需求者运输到所有缺盘需求者的托盘量-本期从该富盘需求者运输到所有供给者服务中心的托盘量。

$$K_{j^1}^t = K_{j^1}^{t-1} + S_{j^1}^t + \alpha_{j^1}^t - \sum_{t''=t}^{tn} \sum_{j^0=1}^{j^0} X_{j^1 j^0}^{tt''} - \sum_{t''=t}^{tn} \sum_{i=1}^{I} X_{j^1 i}^{tt''} \qquad (4\text{-}8)$$

约束条件式（4-9）表示某期期末某富盘需求者未被回收的托盘数量必须非负。

$$K_{j^1}^t \geqslant 0 \qquad (4\text{-}9)$$

约束条件式（4-10）表示某期超过某缺盘需求者需求的托盘量等于从所有供给者服务中心发出的预计在本期到达该缺盘需求者的托盘量+从所有富盘需求者发出的预计在本期到达该缺盘需求者的托盘量-该期该缺盘需求者的确定需求量-该期该缺盘需求者的随机需求量。

$$K_{j^0}^t = \sum_{t'=t1}^{t} \sum_{i=1}^{I} X_{ij^0}^{t't} + \sum_{t'=t1}^{t} \sum_{j^1=1}^{j^1} X_{j^1 j^0}^{t't} - D_{j^0}^t - \beta_{j^0}^t \qquad (4\text{-}10)$$

5. 运输能力约束

约束条件式（4-11）表示某段时间从某供给者服务中心运输到某缺盘需求者的所有托盘的总量不能超过该段时间该线路的确定运输能力和随机

运输能力之和。约束条件式（4-12）表示某段时间从某富盘需求者运输到某缺盘需求者的所有托盘的总量不能超过该段时间该线路的确定运输能力和随机运输能力之和。约束条件式（4-13）表示某段时间从某富盘需求者运输到某供给者服务中心的所有托盘的总量不能超过该段时间该线路的确定运输能力和随机运输能力之和。

$$X_{ij^0}^{t't} \leq MA_{ij^0}^{t't} + \gamma_{ij^0}^{t't} \quad (4-11)$$

$$X_{j^1j^0}^{t't} \leq MA_{j^1j^0}^{t't} + \gamma_{j^1j^0}^{t't} \quad (4-12)$$

$$X_{j^1i}^{t't} \leq MA_{j^1i}^{t't} + \gamma_{j^1i}^{t't} \quad (4-13)$$

6. 整车约束

约束条件式（4-14）表示某段时间从某供给者服务中心运输到某缺盘需求者的所有托盘的总量必须为该段时间该线路整车车载量的整数倍。约束条件式（4-15）表示某段时间从某富盘需求者运输到某缺盘需求者的所有托盘的总量必须为该段时间该线路整车车载量的整数倍。约束条件式（4-16）表示某段时间从某富盘需求者运输到某供给者服务中心的所有托盘的总量必须为该段时间该线路整车车载量的整数倍。

$$X_{ij^0}^{t't} = I_{ij^0}^{t't} \times LA_{ij^0}^{t't} \quad (4-14)$$

$$X_{j^1j^0}^{t't} = I_{j^1j^0}^{t't} \times LA_{j^1j^0}^{t't} \quad (4-15)$$

$$X_{j^1i}^{t't} = I_{j^1i}^{t't} \times LA_{j^1i}^{t't} \quad (4-16)$$

7. 装卸能力约束

约束条件式（4-17）表示某期某供给者服务中心托盘的总装卸量不能超过其确定装卸能力和随机装卸能力之和。约束条件式（4-18）表示某期某富盘需求者托盘的总装卸量不能超过其确定装卸能力和随机装卸能力之和。约束条件式（4-19）表示某期某缺盘需求者托盘的总装卸量不能超过其确定装卸能力和随机装卸能力之和。

$$\sum_{t'=t1}^{t}\sum_{j^1=1}^{j^1}X_{j^1i}^{t't}+\sum_{t''=t}^{tn}\sum_{j^0=1}^{j^0}X_{ij^0}^{tt''}\leqslant L_i^t+\hbar_i^t \qquad (4\text{-}17)$$

$$\sum_{t''=t}^{tn}\sum_{i=1}^{I}X_{j^1i}^{tt''}+\sum_{t''=t}^{tn}\sum_{j^0=1}^{j^0}X_{j^1j^0}^{tt''}\leqslant L_{j^1}^t+\hbar_{j^1}^t \qquad (4\text{-}18)$$

$$\sum_{t'=t1}^{t}\sum_{i=1}^{I}X_{ij^0}^{t't}+\sum_{t'=t1}^{t}\sum_{j^1=1}^{j^1}X_{j^1j^0}^{t't}\leqslant L_{j^0}^t+\hbar_{j^0}^t \qquad (4\text{-}19)$$

8. 取值约束

约束条件式（4-20）表示所有决策变量均应为非负整数。

$$X_{ij^0}^{t't},X_{j^1j^0}^{t't},X_{j^1i}^{t't},H_i^t,I_{ij^0}^{t't},I_{j^1j^0}^{t't},I_{j^1i}^{t't}\geqslant 0,\text{and int} \qquad (4\text{-}20)$$

由于模型中含有大量的随机数，模型实际没有意义，需要对其进行转化。这种无意义的随机规划模型一般可以转化为三种有意义的模型，分别是期望值模型、机会约束规划模型和相关机会规划模型。其中机会约束规划是由查纳斯（A.Charnes）和库伯（W.W.Cooper）于1959年提出的，是在一定的概率意义下达到最优的理论，主要针对约束条件中含有随机数，并且必须在观测到随机数的实现之前做出决策的问题[114, 115, 116, 117, 118, 119]符合专业托盘共用系统管理者在随机条件下制定调度方案的需求，因此本书将借鉴这种方法，将模型转化为机会约束规划模型。

对约束条件式（4-2）~（4-5）、（4-7）、（4-11）~（4-13）以及（4-17）~（4-19）分别设定置信水平 δ（机会约束规划考虑到所做决策在不利的情况发生时可能不满足约束条件，而采用一种原则：即允许所做决策在一定程度上不满足约束条件，但该决策使约束条件成立的概率不小于某一个足够小的置信水平[115]。），并将其表示为机会约束（需要注意的是，虽然约束条件式（4-6）、（4-8）和（4-10）也含有随机参数，但由于其实际是冗余约束，因此无须对其进行处理。）：

$$\Pr\left\{\sum_{t''=t}^{tn}\sum_{j^0=1}^{J^0}X_{ij^0}^{tt^*}-K_i^{t-1}-S_i^t-H_i^{t-1}\leqslant \alpha_i^t\right\}\geqslant \delta_i^t \qquad (4\text{-}21)$$

$$\Pr\left\{\sum_{t''=t}^{tn}\sum_{j^0=1}^{J^0}X_{j^1j^0}^{tt^*}/(1-\tau_{j^1}^t)-S_{j^1}^t\leqslant \alpha_{j^1}^t\right\}\geqslant \delta_{j^1}^t \qquad (4\text{-}22)$$

$$\Pr\left\{\sum_{t'=t1}^{t}\sum_{i=1}^{I}X_{ij^0}^{t't}+\sum_{t'=t1}^{t}\sum_{j^1=1}^{J^1}X_{j^1j^0}^{t't}-D_{j^0}^t\geqslant \beta_{j^0}^t\right\}\geqslant \delta_{j^0}^t \qquad (4\text{-}23)$$

$$\Pr\left\{\sum_{t''=t}^{tn}\sum_{j^0=1}^{J^0}X_{j^1j^0}^{tt^*}+\sum_{t''=t}^{tn}\sum_{i=1}^{I}X_{j^1i}^{tt^*}-S_{j^1}^t\leqslant \alpha_{j^1}^t\right\}\geqslant \delta_{j^1}^{'t} \qquad (4\text{-}24)$$

$$\Pr\left\{K_i^t-K_{0i}^t\leq \kappa_{0i}^t\right\}\geqslant \delta_{0i}^t \qquad (4\text{-}25)$$

$$\Pr\left\{X_{ij^0}^{t't}-MA_{ij^0}^{t't}\leqslant \gamma_{ij^0}^{t't}\right\}\geqslant \delta_{ij^0}^{t't} \qquad (4\text{-}26)$$

$$\Pr\left\{X_{j^1j^0}^{t't}-MA_{j^1j^0}^{t't}\leq \gamma_{j^1j^0}^{t't}\right\}\geqslant \delta_{j^1j^0}^{t't} \qquad (4\text{-}27)$$

$$\Pr\left\{X_{j^1i}^{t't}-MA_{j^1i}^{t't}\leq \gamma_{j^1i}^{t't}\right\}\geqslant \delta_{j^1i}^{t't} \qquad (4\text{-}28)$$

$$\Pr\left\{\sum_{t'=t1}^{t}\sum_{j^1=1}^{J^1}X_{j^1i}^{t't}+\sum_{t''=t}^{tn}\sum_{j^0=1}^{J^0}X_{ij^0}^{tt^*}-L_i^t\leqslant \hbar_i^t\right\}\geqslant \delta_i^{'t} \qquad (4\text{-}29)$$

$$\Pr\left\{\sum_{t''=t}^{tn}\sum_{i=1}^{I}X_{j^1i}^{tt^*}+\sum_{t''=t}^{tn}\sum_{j^0=1}^{J^0}X_{j^1j^0}^{tt^*}-L_{j^1}^t\leqslant \hbar_{j^1}^t\right\}\geqslant \delta_{j^1}^{*t} \qquad (4\text{-}30)$$

$$\Pr\left\{\sum_{t'=t1}^{t}\sum_{i=1}^{I}X_{ij^0}^{t't}+\sum_{t'=t1}^{t}\sum_{j^1=1}^{J^1}X_{j^1j^0}^{t't}-L_{j^0}^t\leqslant \hbar_{j^0}^t\right\}\geqslant \delta_{j^0}^{'t} \qquad (4\text{-}31)$$

因此考虑单一型号托盘的专业托盘共用系统调度随机机会约束规划模型 S-PPP-SCCPM 可以表示为：

$$\min f_3 = \sum_{t=t1}^{tn}\sum_{t'=t1}^{t}\sum_{i=1}^{I}\sum_{j^0=1}^{J^0}C_{ij^0}X_{ij^0}^{t't} + \sum_{t=t1}^{tn}\sum_{t'=t1}^{t}\sum_{j^1=1}^{J^1}\sum_{j^0=1}^{J^0}C_{j^1j^0}X_{j^1j^0}^{t't} + \sum_{t=t1}^{tn}\sum_{t'=t1}^{t}\sum_{j^1=1}^{J^1}\sum_{i=1}^{I}C_{j^1i}X_{j^1i}^{t't} +$$

$$\sum_{t=t1}^{tn}\sum_{t'=t1}^{t}\sum_{i=1}^{I}C_{li}(\sum_{j^0=1}^{J^0}X_{ij^0}^{t't} + \sum_{j^1=1}^{J^1}X_{j^1i}^{t't}) + \sum_{t=t1}^{tn}\sum_{t'=t1}^{t}\sum_{j^1=1}^{J^1}C_{lj^1}(\sum_{j^0=1}^{J^0}X_{j^1j^0}^{t't} + \sum_{i=1}^{I}X_{j^1i}^{t't}) +$$

$$\sum_{t=t1}^{tn}\sum_{t'=t1}^{t}\sum_{j^0=1}^{J^0}C_{lj^0}(\sum_{i=1}^{I}X_{ij^0}^{t't} + \sum_{j^1=1}^{J^1}X_{j^1j^0}^{t't}) + \sum_{t=t1}^{tn}\sum_{i=1}^{I}C_{h}H_{i}^{t} +$$

$$\sum_{t=t1}^{tn}\sum_{i=1}^{I}C_{Ki}K_{i}^{t} + \sum_{t=t1}^{tn}\sum_{j^1=1}^{J^1}C_{Kj^1}K_{j^1}^{t} + \sum_{t=t1}^{tn}\sum_{j^0=1}^{J^0}C_{Kj^0}K_{j^0}^{t}$$

s.t.

$$\Pr\left\{\sum_{t''=t}^{tn}\sum_{j^0=1}^{J^0}X_{ij^0}^{tt''} - K_{i}^{t} - S_{i}^{t} - H_{i}^{t-1} \leqslant \alpha_{i}^{t}\right\} \geqslant \delta_{i}^{t}$$

$$\Pr\left\{\sum_{t''=t}^{tn}\sum_{j^0=1}^{J^0}X_{j^1j^0}^{tt''}/(1-\tau_{j^1}^{t}) - S_{j^1}^{t} \leqslant \alpha_{j^1}^{t}\right\} \geqslant \delta_{j^1}^{t}$$

$$\Pr\left\{\sum_{t'=t1}^{t}\sum_{i=1}^{I}X_{ij^0}^{t't} + \sum_{t'=t1}^{t}\sum_{j^1=1}^{J^1}X_{j^1j^0}^{t't} - D_{j^0}^{t} \geqslant \beta_{j^0}^{t}\right\} \geqslant \delta_{j^0}^{t}$$

$$\Pr\left\{\sum_{t''=t}^{tn}\sum_{j^0=1}^{J^0}X_{j^1j^0}^{tt''} + \sum_{t''=t}^{tn}\sum_{i=1}^{I}X_{j^1i}^{tt''} - S_{j^1}^{t} \leqslant \alpha_{j^1}^{t}\right\} \geqslant \delta_{j^1}^{t}$$

$$K_{i}^{t} = K_{i}^{t-1} + S_{i}^{t} + \alpha_{i}^{t} + H_{i}^{t-1} - \sum_{t''=t}^{tn}\sum_{j^0=1}^{J^0}X_{ij^0}^{tt''} + \sum_{t'=t1}^{t}\sum_{j^1=1}^{J^1}X_{j^1i}^{t't}$$

$$\Pr\left\{K_{i}^{t} - K_{0i}^{t} \leqslant \kappa_{0i}^{t}\right\} \geqslant \delta_{0i}^{t}$$

$$K_{j^1}^{t} = K_{j^1}^{t-1} + S_{j^1}^{t} + \alpha_{j^1}^{t} - \sum_{t''=t}^{tn}\sum_{j^0=1}^{J^0}X_{j^1j^0}^{tt''} - \sum_{t''=t}^{tn}\sum_{i=1}^{I}X_{j^1i}^{tt''}$$

$$K_{j^1}^{t} \geqslant 0$$

$$K_{j^0}^t = \sum_{t'=t1}^{t} \sum_{i=1}^{I} X_{ij^0}^{t't} + \sum_{t'=t1}^{t} \sum_{j^1=1}^{j^1} X_{j^1j^0}^{t't} - D_{j^0}^t - \beta_{j^0}^t$$

$$\Pr\left\{X_{ij^0}^{t't} - MA_{ij^0}^{t't} \leqslant \gamma_{ij^0}^{t't}\right\} \geqslant \delta_{ij^0}^{t't}$$

$$\Pr\left\{X_{j^1j^0}^{t't} - MA_{j^1j^0}^{t't} \leqslant \gamma_{j^1j^0}^{t't}\right\} \geqslant \delta_{j^1j^0}^{t't}$$

$$\Pr\left\{X_{j^1i}^{t't} - MA_{j^1i}^{t't} \leqslant \gamma_{j^1i}^{t't}\right\} \geqslant \delta_{j^1i}^{t't}$$

$$X_{ij^0}^{t't} = I_{ij^0}^{t't} \times LA_{ij^0}^{t't}$$

$$X_{j^1j^0}^{t't} = I_{j^1j^0}^{t't} \times LA_{j^1j^0}^{t't}$$

$$X_{j^1i}^{t't} = I_{j^1i}^{t't} \times LA_{j^1i}^{t't}$$

$$\Pr\left\{\sum_{t'=t1}^{t} \sum_{j^1=1}^{j^1} X_{j^1i}^{t't} + \sum_{t''=t}^{tn} \sum_{j^0=1}^{j^0} X_{ij^0}^{tt''} - L_i^t \leqslant \hbar_i^t\right\} \geqslant \delta_i^t$$

$$\Pr\left\{\sum_{t''=t}^{tn} \sum_{i=1}^{I} X_{j^1i}^{tt''} + \sum_{t''=t}^{tn} \sum_{j^0=1}^{j^0} X_{j^1j^0}^{tt''} - L_{j^1}^t \leqslant \hbar_{j^1}^t\right\} \geqslant \delta_{j^1}^{"t}$$

$$\Pr\left\{\sum_{t'=t1}^{t} \sum_{i=1}^{I} X_{ij^0}^{t't} + \sum_{t'=t1}^{t} \sum_{j^1=1}^{j^1} X_{j^1j^0}^{t't} - L_{j^0}^t \leqslant \hbar_{j^0}^t\right\} \geqslant \delta_{j^0}^{'t}$$

$$X_{ij^0}^{t't}, X_{j^1j^0}^{t't}, X_{j^1i}^{t't}, H_i^t, I_{ij^0}^{t't}, I_{j^1j^0}^{t't}, I_{j^1i}^{t't} \geqslant 0, \text{ and int}$$

4.1.4 模型处理

将机会约束式（4-21）~（4-31）转化为其确定等价形式：

$$\sum_{t''=t}^{tn} \sum_{j^0=1}^{J^0} X_{ij^0}^{tt''} - K_i^{t-1} - S_i^t - H_i^{t-1} \leqslant \eta_i^t \tag{4-32}$$

$$\sum_{t''=t}^{tn} \sum_{j^0=1}^{J^0} X_{j^1j^0}^{tt''} / (1-\tau_{j^1}^t) - S_{j^1}^t \leqslant \eta_{j^1}^t \tag{4-33}$$

$$\sum_{t'=t1}^{t}\sum_{i=1}^{I}X_{ij^0}^{t't}+\sum_{t'=t1}^{t}\sum_{j^1=1}^{J^1}X_{j^1j^0}^{t't}-D_{j^0}^{t}\geqslant \varepsilon_{j^0}^{t} \qquad (4\text{-}34)$$

$$\sum_{t''=t}^{tn}\sum_{j^0=1}^{J^0}X_{j^1j^0}^{tt''}+\sum_{t''=t}^{tn}\sum_{i=1}^{I}X_{j^1i}^{tt''}-S_{j^1}^{t}\leqslant \eta_{j^1}^{'t} \qquad (4\text{-}35)$$

$$K_i^t - K_{0i}^t \leqslant \eta_{0i}^t \qquad (4\text{-}36)$$

$$X_{ij^0}^{t't}-MA_{ij^0}^{t't}\leqslant \eta_{ij^0}^{t't} \qquad (4\text{-}37)$$

$$X_{j^1j^0}^{t't}-MA_{j^1j^0}^{t't}\leqslant \eta_{j^1j^0}^{t't} \qquad (4\text{-}38)$$

$$X_{j^1i}^{t't}-MA_{j^1i}^{t't}\leqslant \eta_{j^1i}^{t't} \qquad (4\text{-}39)$$

$$\sum_{t'=t1}^{t}\sum_{j^1=1}^{J^1}X_{j^1i}^{t't}+\sum_{t''=t}^{tn}\sum_{j^0=1}^{J^0}X_{ij^0}^{tt''}-L_i^t\leqslant \eta_i^{'t} \qquad (4\text{-}40)$$

$$\sum_{t''=t}^{tn}\sum_{i=1}^{I}X_{j^1i}^{tt''}+\sum_{t''=t}^{tn}\sum_{j^0=1}^{J^0}X_{j^1j^0}^{tt''}-L_{j^1}^{t}\leqslant \eta_{j^1}^{''t} \qquad (4\text{-}41)$$

$$\sum_{t'=t1}^{t}\sum_{i=1}^{I}X_{ij^0}^{t't}+\sum_{t'=t1}^{t}\sum_{j^1=1}^{J^1}X_{j^1j^0}^{t't}-L_{j^0}^{t}\leqslant \eta_{j^0}^{t} \qquad (4\text{-}42)$$

其中：$\phi^{-1}(1-\delta)$ 为对应约束条件中随机数的分布函数的逆函数，$\eta=\sup\{\eta\,|\,\eta=\phi^{-1}(1-\delta)\}$ 表示选择 $\phi^{-1}(1-\delta)$ 的最大值，$\varepsilon=\inf\{\eta\,|\,\eta=\phi^{-1}(\delta)\}$ 表示选择 $\phi^{-1}(\delta)$ 的最小值。

4.1.5 算 例

假定某专业托盘共用系统管理者制定决策时仅有第 3 期和第 4 期面临的是随机条件。在 3.1.4 算例的基础上，有关第 3 期和第 4 期的参数值如表 4-1~表 4-3 所示（第 1 期和第 2 期的数据沿用 3.1.4 中的数据），同时假定所有机会约束的置信水平均为 0.95，未将 c 和 d 的待回收托盘回收的单位惩罚成本分别为 12 和 10，超过 e 和 f 的需求的单位惩罚成本均为 12。

表 4-1 $t3$ 运输能力

	a	b	c	d	e	f
a	-	-	1 000/N（10,4）	1 000/N（10,9）	400/N（20,9）	500
b	-	-	0	700/N（20,9）	300	500/N（10,4）
c	1000/N（10,4）	0	-	-	400/N（10,9）	700
d	1000/N（10,9）	700/N（20,9）	-	-	250/N（20,4）	0
e	400/N（20,9）	300	400/N（10,9）	250/N（20,4）	-	-
f	500	500/N（10,4）	700	0	-	-

表 4-2 需求和供给

	新进托盘量（$t3$）	待回收的托盘量（$t3$）	需求量（$t4$）
a	105/ N（10,9）	-	-
b	200	-	-
c	-	300	-
d	-	410/ N（10,4）	-
e	-	-	300
f	-	-	600/ N（20,9）

表 4-3 其他

	库存能力（$t3$）	装卸能力（$t3$）	装卸能力（$t4$）
a	2 000/ N（10,9）	2 500/ N（20,4）	-
b	1 800/ N（10,4）	2200	-
c	-	600/ N（10,4）	-
d	-	1100	-
e	-	-	1 500/ N（10,9）
f	-	-	2000

1. 数值求解

利用 Lingo 软件编写程序求解模型,得到全局最优解 20 957,最优调度方案如图 4-1 所示。

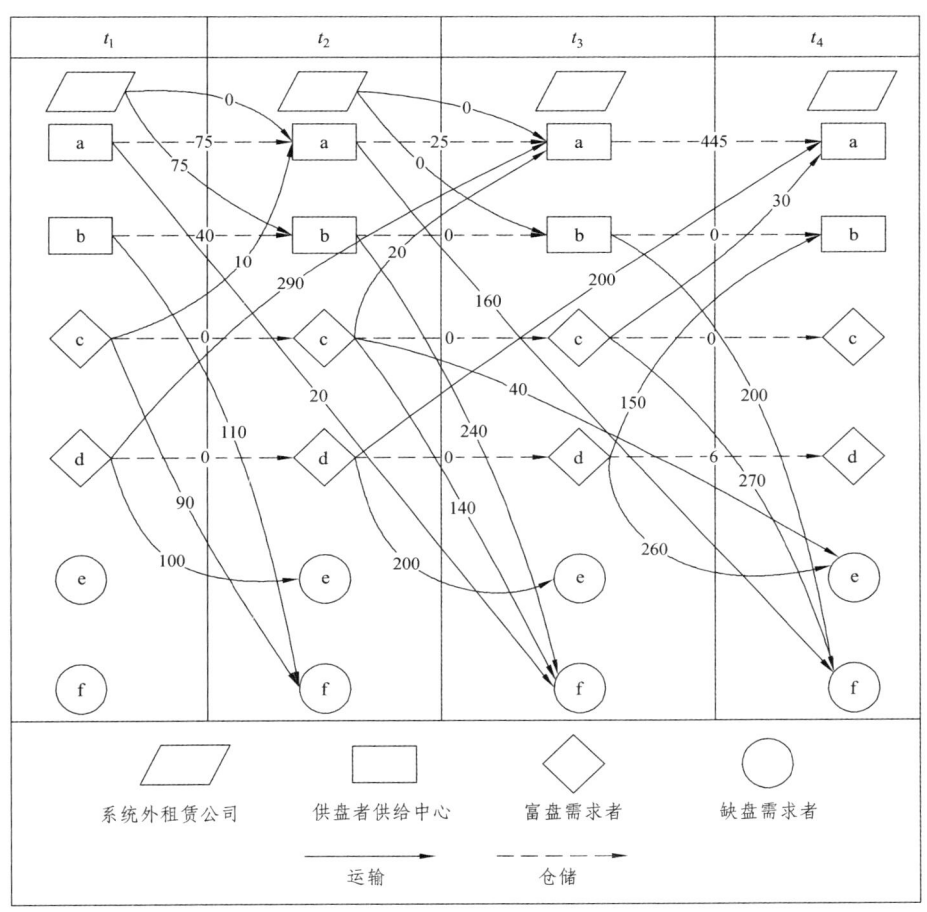

图 4-1 最优调度方案

分析结果可知最低调度成本为 20 957。最优调度方案为：

（1）第 1 期：无须从系统外购买（租借）托盘；从供给者服务中心 a 分派 20 个单位的托盘（2 车）到缺盘需求者 f，以满足 f 在第 3 期的需求；从供给者服务中心 b 分派 110 个单位的托盘（11 车）到缺盘需求者 f，以满足 f 在第 2 期的需求；从富盘需求者 c 再分派 90 个单位的托盘（9 车）到

缺盘需求者 f，以满足 f 在第 2 期的需求，并将 c 处剩余的 10 个单位的托盘（1 车）回收到 a；从富盘需求者 d 再分派 100 个单位的托盘（10 车）到缺盘需求者 e，以满足 e 在第 2 期的需求，并将 d 处剩余的 290 个单位的托盘（29 车）回收到 a；期末 a 的库存为 75，b 的库存为 40。本期所有富盘需求者的需求均被准时准量满足。本例本期缺盘需求者没有需求。

（2）第 2 期：无须从系统外购买（租借）托盘；从供给者服务中心 a 分派 160 个单位的托盘（16 车）到缺盘需求者 f，以满足 f 在第 4 期的需求；从供给者服务中心 b 分派 240 个单位的托盘（24 车）到缺盘需求者 f，以满足 f 在第 3 期的需求；从富盘需求者 c 再分派 40 个单位的托盘（4 车）到缺盘需求者 e，以满足 e 在第 4 期的需求，同时从 c 处再分派 140 个单位的托盘（14 车）到缺盘需求者 f，以满足 f 在第 3 期的需求，并将 c 处剩余的 20 个单位的托盘（2 车）回收到 a；从富盘需求者 d 再分派 200 个单位的托盘（20 车）到缺盘需求者 e，以满足 e 在第 3 期的需求，并将 d 处剩余的 200 个单位的托盘（20 车）回收到 a；期末 a 的库存为 25，b 的库存为 0。本期所有富盘需求者和缺盘需求者的需求均被准时准量满足。

（3）第 3 期：是否需要从系统外购买（租借）托盘将由下一轮决策决定；从供给者服务中心 b 分派 200 个单位的托盘（20 车）到缺盘需求者 f，以满足 f 在第 4 期的需求；从富盘需求者 c 再分派 270 个单位的托盘（27 车）到缺盘需求者 f，以满足 f 在第 4 期的需求，并将 c 处剩余的 30 个单位的托盘（3 车）回收到 a；从富盘需求者 d 再分派 260 个单位的托盘（26 车）到缺盘需求者 e，以满足 e 在第 4 期的需求，并将 d 处剩余的 150 个单位的托盘（15 车）回收到 b；期末 a 的库存为 445，b 的库存为 0。本期富盘需求者 e 的需求被准时准量满足，但富盘需求者 d 的部分随机待回收托盘因不足整车而未被回收。本期所有缺盘需求者的需求均被准时准量满足。

（4）第 4 期：是否需要从系统外购买（租借）托盘、如何处理供给者服务中心和富盘需求者的托盘将由下一轮决策决定；本期缺盘需求者 e 的需求被准时准量满足，但缺盘需求者 f 的部分随机需求因不足整车而被过量满足。

由以上分析可知，模型的解满足供给、需求、整车和取值约束，进一步分析可知模型的解满足库存能力、运输能力、装卸能力等所有约束条件，因此模型的解满足算例的要求，证明了模型的有效性。

如果将置信水平均设为 1，则随机机会约束规划问题退化为整数规划问题。

2. 数值分析

（1）置信水平对决策的影响。

在其他条件均不变的情况下，分别将各个机会约束的置信水平设为[0.1 0.2 0.3 0.4 0.5 0.6 0.7 0.8 0.9]，求解模型，计算结果如图 4-2~图 4-5 所示：

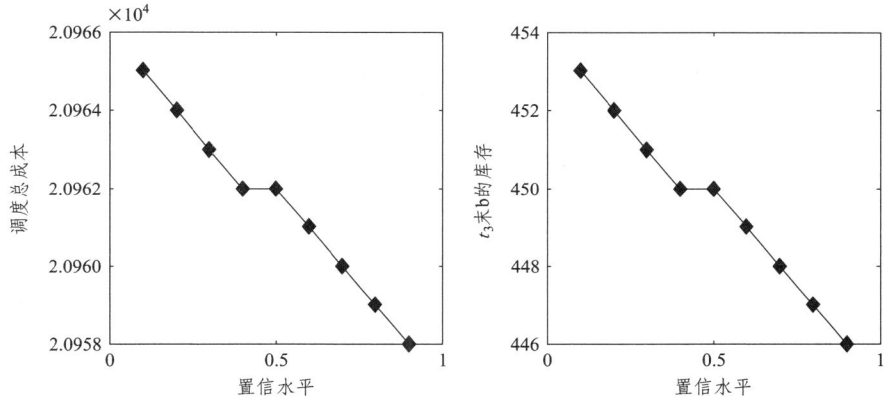

图 4-2 约束条件式（4-21）置信水平对决策的影响

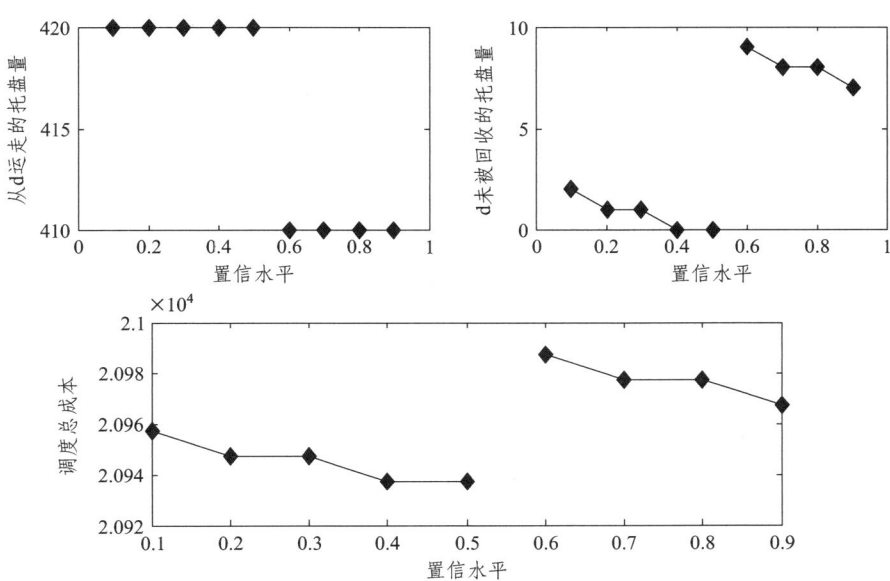

图 4-3 约束条件式（4-22）和（4-24）置信水平对决策的影响

由图 4-2 可知,约束条件式(4-21)即供给者服务中心供给能力约束的置信水平提高时,该约束变得更为严格,导致供给者服务中心期末库存下降,调度总成本也呈下降趋势。

由图 4-3 可知,由于受到整车运输和未收回托盘需被征收惩罚成本的影响,约束条件式(4-22)和(4-24)置信水平变化对决策的影响较为复杂。① 当从富盘需求者运走的托盘量一定时,随着约束条件式(4-22)和(4-24)即富盘需求者待回收托盘量约束的置信水平的提高,未收回的托盘量下降,调度总成本也呈下降趋势。② 经过推理,可以进一步发现,当富盘需求者处未回收的托盘量一定时,随着约束条件式(4-22)和(4-24)的置信水平的提高,从富盘需求者运走的托盘量下降,调度总成本应呈下降趋势。

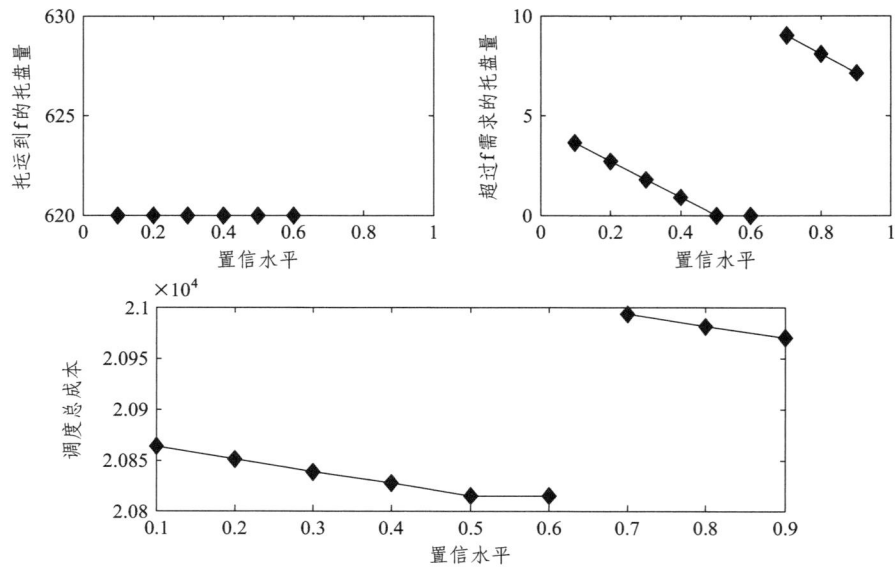

图 4-4 约束条件式(4-23)置信水平对决策的影响

由图 4-4 可知,同样由于受到整车运输和超过需求者需求的托盘需被征收惩罚成本的影响,约束条件式(4-23)置信水平变化对决策的影响也比较复杂。① 当运到缺盘需求者的托盘量一定时,随着约束条件式(4-23)即缺盘需求者需求约束的置信水平的提高,超过缺盘需求者需求的托盘量下降,调度总成本也呈下降趋势。② 经过推理,可以进一步发现,当超过缺盘需求者需求的托盘量一定时,随着约束条件式(4-23)

的置信水平的提高，运到缺盘需求者的托盘量增加，调度总成本应呈上升趋势。

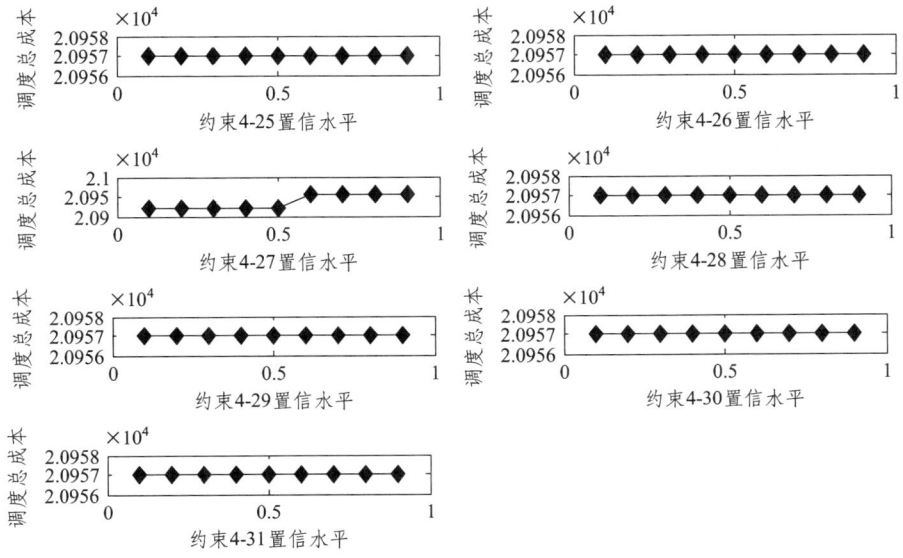

图 4-5 约束条件式（4-25）~（4-31）置信水平对决策的影响

由图 4-5 可知，除约束条件式（4-27）（即从富盘需求者到缺盘需求者的运输能力约束）的置信水平提高时，调度总成本总体呈上升趋势外，约束条件式（4-25）、（4-26）、（4-28）、（4-29）、（4-30）、（4-31）置信水平的提高对调度总成本都没有影响。这是因为，算例中供给者服务中心的库存能力、供给者服务中心到缺盘需求者的运输能力、富盘需求者到供给者服务中心的运输能力，以及供给者服务中心、富盘需求者和缺盘需求者的装卸能力均非常大，因此这几个约束条件置信水平的变动对决策没有影响。但富盘需求者到缺盘需求者的运输能力较小，置信水平的变动直接关系到是否能有更多的托盘从这几条较为廉价的线路通过。当置信水平提高时，约束条件变得严格，当置信水平低于 0.5 时可以有 270 个托盘从 d 运到 e，但当置信水平高于 0.5 时仅能有 260 个托盘走这条线路，剩余的 10 个托盘只能走更为昂贵的线路（回收到 b），因此调度总成本提高。

由以上分析可知，各个机会约束的置信水平都对决策有着重要的影响，决策者应合理地为各个机会约束设置置信水平。

（2）单位惩罚成本对决策的影响。

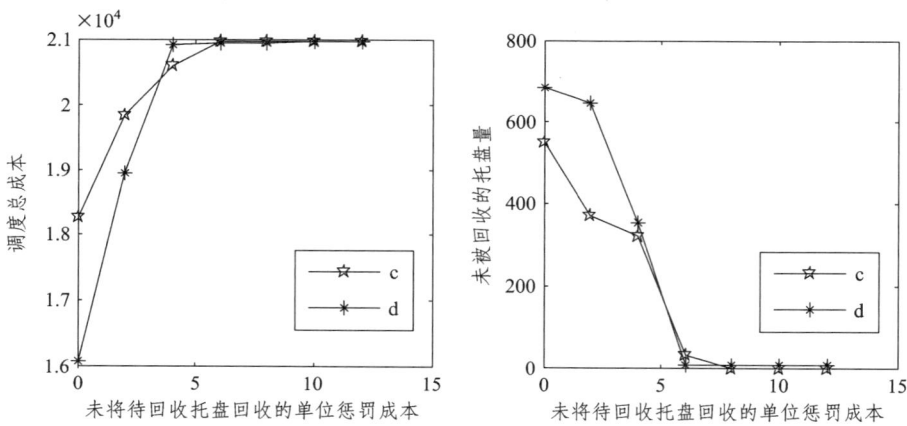

图 4-6　未将待回收托盘回收的单位惩罚成本对决策的影响

由图 4-6 可知，随着未将富盘需求者的待回收托盘回收的单位惩罚成本的提高，未被回收的托盘量下降，调度总成本增加，这与专业托盘共用系统实际调度需求相符。

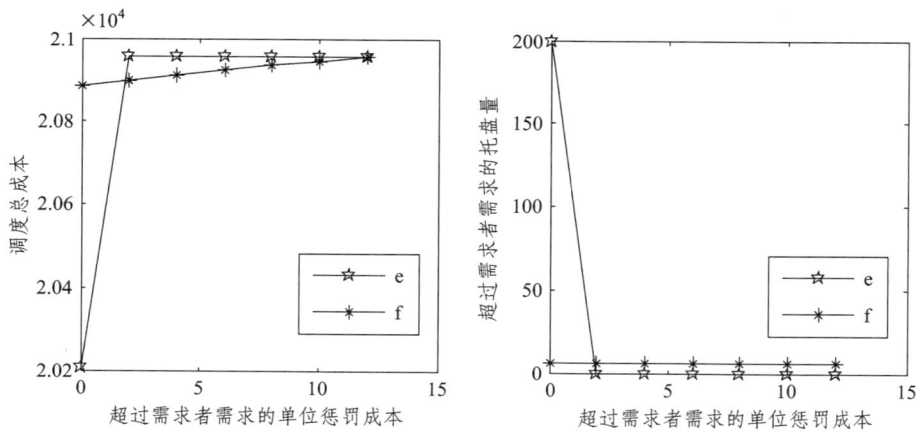

图 4-7　超过缺盘需求者需求的单位惩罚成本对决策的影响

由图 4-7 可知，随着超过缺盘需求者的需求的单位惩罚成本的提高，超过缺盘需求者需求的托盘量减少，调度总成本增加，这与专业托盘共用系统实际调度需求相符。

由以上分析可知，未将富盘需求者的待回收托盘回收的单位惩罚成本和超过缺盘需求者的需求的单位惩罚成本的设置对决策有着重要的影响，决策者应合理地设置这两个单位惩罚成本。

4.2 考虑混合型号托盘的专业托盘共用系统调度随机机会约束规划模型

4.2.1 问题描述

上一节对仅有单一型号托盘的专业托盘共用系统在随机条件下的调度优化问题进行了建模，模型能满足仅有一种托盘型号的专业托盘共用系统的运营管理的需求。但 3.2.1 节中已介绍，目前市场上还有很多专业托盘共用系统不仅只有一种托盘型号，仅考虑单一型号托盘的专业托盘共用系统调度随机机会约束规划模型并不能满足这类专业托盘共用系统管理者在随机条件下的决策需要，需要构建一个考虑混合型号托盘的专业托盘共用系统调度随机机会约束规划模型。

同样，在构建考虑混合型号托盘的专业托盘共用系统调度随机机会约束规划模型时，假设各种型号的托盘不能互相替代。

4.2.2 基本假设

（1）专业托盘共用系统中有多种型号的托盘，且各种型号的托盘不能互相替代。

（2）决策期内，供给者服务中心每期新进的各种型号的托盘量、缺盘需求者每期对各种型号托盘的需求量、富盘需求者每期待回收的各种型号托盘的数量、供给者服务中心每期的库存能力、每条线路每个时间段的运输能力、供给者服务中心每期的装卸能力、缺盘需求者每期的装卸能力、富盘需求者每期的装卸能力等均分为确定和随机两部分，所有随机数均为独立的随机数，且已知其分布函数。

（3）供给者必须准时满足缺盘需求者对所有型号托盘的所有需求，若供给者自身的供给能力不能满足需求，可向系统外购买或租借托盘，购买或租借数量没有限制，但需至少提前一个单位周期购买或租借。供给者服务中心只接受缺盘需求者的整车订单，因此缺盘需求者对所有型号托盘的确定需求量和其占用的运输能力的乘积之和必须能被最小整车车载量整除。若缺盘需求者的随机需求不足整车，则供给者服务中心必须过量满足。这是因为供给者必须尽最大努力满足客户的需要，否则可能会失去该客户。但如果超过缺盘需求者需求需要付出一定的惩罚成本。

（4）富盘需求者每期待回收的各种型号的托盘可以在当期被再分派给缺盘需求者或被供给者服务中心回收，其中再分派给缺盘需求者的托盘必须是未被毁坏的托盘。回收到供给者服务中心的托盘需经过一个单位周期进行全面的检测、维修后才可再用于分派。供给者服务中心只接受整车需求，因此富盘需求者的确定的待回收的所有型号托盘的数量和其占用的运输能力的乘积之和必须能被最小整车车载量整除；对于随机待回收托盘量，供给者服务中心可以拒绝不够整车的随机需求。但由于事实上供给者服务中心并未能满足富盘需求者的全部需求，因此对于未能收回的待回收托盘，供给者服务中心还需要支付一个较大的惩罚成本。

（5）富盘需求者每期待回收的所有型号托盘的毁坏率均确定。

（6）各种型号托盘占用的库存能力、装卸能力、运输能力均确定。

（7）各种型号托盘的单位运输成本、单位库存成本、单位装卸成本、单位购买（租借）成本、单位惩罚成本均确定。

（8）混装后的所有型号的托盘必须整车运输且整车车载量确定。

4.2.3 模型构建

专业托盘共用系统调度随机机会约束规划模型是基于 M-PPP-IPM 构建的，但除 3.2.3 节介绍的标量、变量和参数外，为了描述本问题还需引入下述参数。

C_{Kj^1p} 代表未将 j^1 待回收的 p 种型号托盘回收的单位惩罚成本。

$K_{j^1p}^t$ 代表 t 期 j^1 未被回收的 p 种型号托盘的数量。

C_{Kj^0p} 代表超过 j^0 对 p 种型号托盘需求的单位惩罚成本。

$K_{j^0p}^t$ 代表 t 期超过 j^0 对 p 种型号托盘需求的数量。

α_{ip}^t 代表 t 期 i 的 p 种型号托盘的随机新进量。

$\alpha_{j^1p}^t$ 代表 t 期 j^1 的 p 种型号托盘的随机待回收量。

$\beta_{j^0p}^t$ 代表 t 期 j^0 的 p 种型号托盘的随机需求量。

κ_{0i}^t 代表 t 期 i 的随机库存能力。

$\gamma_{ij^0}^{t't}$，$\gamma_{j^0j^0}^{t't}$，$\gamma_{j^0t}^{t't}$ 分别代表 t' 期从 i 出发在 t 期运到 j^0，t' 期从 j^1 出发在 t 期运到 j^0，以及 t' 期从 j^1 出发在 t 期运到 i 的运输线路随机运输能力。

$\hbar_i^t$，$\hbar_{j^1}^t$，$\hbar_{j^0}^t$ 分别代表 t 期 i，j^1，j^0 的随机装卸能力。

δ 代表约束条件的置信水平。

采用 4.1.3 节中介绍的方法，直接构建考虑混合型号托盘的专业托盘共用系统调度随机机会约束规划模型 M-PPP-SCCPM：

1. 目标函数

模型的目标函数式（4-43）表示调度总成本最小，调度总成本包括供给者服务中心向缺盘需求者分派所有型号托盘的运输成本和装卸成本、富盘需求者向缺盘需求者再分派所有型号托盘的运输成本和装卸成本、供给者服务中心向富盘需求者收回所有型号托盘的运输成本和装卸成本、向系统外购买（租借）所有型号托盘的成本、供给者服务中心未租出的所有型号托盘的库存成本、未将富盘需求者待回收的所有型号托盘回收的惩罚成本和超过缺盘者需求的所有型号托盘的惩罚成本等。

$$\min f_4 = \sum_{t=t1}^{tn}\sum_{t'=t1}^{t}\sum_{i=1}^{I}\sum_{j^0=1}^{J^0}\sum_{p=p1}^{pn} C_{ij^0p} X_{ij^0p}^{t't} + \sum_{t=t1}^{tn}\sum_{t'=t1}^{t}\sum_{j^1=1}^{J^1}\sum_{j^0=1}^{J^0}\sum_{p=p1}^{pn} C_{j^1j^0p} X_{j^1j^0p}^{t't} +$$

$$\sum_{t=t1}^{tn}\sum_{t'=t1}^{t}\sum_{j^1=1}^{J^1}\sum_{i=1}^{I}\sum_{p=p1}^{pn} C_{j^1ip} X_{j^1ip}^{t't} + \sum_{t=t1}^{tn}\sum_{t'=t1}^{t}\sum_{i=1}^{I}\sum_{p=p1}^{pn} C_{lip}(\sum_{j^0=1}^{J^0} X_{ij^0p}^{t't} + \sum_{j^1=1}^{J^1} X_{j^1ip}^{t't}) +$$

$$\sum_{t=t1}^{tn}\sum_{t'=t1}^{t}\sum_{j^1=1}^{J^1}\sum_{p=p1}^{pn} C_{lj^1}(\sum_{j^0=1}^{J^0} X_{j^1j^0p}^{t't} + \sum_{i=1}^{I} X_{j^1ip}^{t't}) +$$

$$\sum_{t=t1}^{tn}\sum_{t'=t1}^{t}\sum_{j^0=1}^{J^0}\sum_{p=p1}^{pn} C_{lj^0p}(\sum_{i=1}^{I} X_{ij^0p}^{t't} + \sum_{j^1=1}^{J^1} X_{j^1j^0p}^{t't}) +$$

$$\sum_{t=t1}^{tn}\sum_{i=1}^{I}\sum_{p=p1}^{pn}C_{hp}H_{ip}^{t}+\sum_{t=t1}^{tn}\sum_{i=1}^{I}\sum_{p=p1}^{pn}C_{Kip}K_{ip}^{t}+\sum_{t=t1}^{tn}\sum_{j^1=1}^{j^1}\sum_{p=p1}^{pn}C_{Kj^1p}K_{j^1p}^{t}+$$

$$\sum_{t=t1}^{tn}\sum_{j^0=1}^{J^0}\sum_{p=p1}^{pn}C_{Kj^0p}K_{j^0p}^{t} \tag{4-43}$$

2. 供给约束

约束条件式（4-44）表示某期从某供给者服务中心运输到所有缺盘需求者的某种型号托盘的数量不超过该期该供给者服务中心的该种型号托盘的供给能力（包括上一期期末该供给者服务中心的库存量、本期的确定新进托盘量、本期的随机新进托盘量和上一期向系统外购买（租借）量）的概率不小于设定的置信水平。

$$\Pr\left\{\sum_{t''=t}^{tn}\sum_{j^0=1}^{J^0}X_{ij^0p}^{tt''}-K_{ip}^{t-1}-S_{ip}^{t}-H_{ip}^{t-1}\leqslant \alpha_{ip}^{t}\right\}\geqslant \delta_{ip}^{t} \tag{4-44}$$

约束条件式（4-45）表示某期从某富盘需求者运输到所有缺盘需求者的某种型号托盘的数量不超过其该种型号托盘的完好率（1-毁坏率）和待回收的该种型号托盘的数量（包括确定待回收的该种型号托盘的数量和随机待回收的该种型号托盘的数量）的乘积的概率不小于设定的置信水平。

$$\Pr\left\{(\sum_{t''=t}^{tn}\sum_{j^0=1}^{J^0}X_{j^1j^0p}^{tt''})/(1-\tau_{j^1p}^{t})-S_{j^1p}^{t}\leqslant \alpha_{j^1p}^{t}\right\}\geqslant \delta_{j^1p}^{t} \tag{4-45}$$

3. 需求约束

约束条件式（4-46）表示从所有供给者服务中心和富盘需求者发出的预计在本期到达某缺盘需求者的某种型号托盘的数量大于等于该期该缺盘需求者对该种型号托盘的需求（包括确定需求和随机需求）的概率不小于设定的置信水平。3.2.3 节中已说明供给者服务中心只接受缺盘需求者的整车订单，因此缺盘需求者对所有型号托盘的确定需求量和其占用的运输能力的乘积之和必须能被最小整车车载量整除。

$$\Pr\left\{\sum_{t'=t1}^{t}\sum_{i=1}^{I}X_{ij^0p}^{t't}+\sum_{t'=t1}^{t}\sum_{j^1=1}^{j^1}X_{j^1j^0p}^{t't}-D_{j^0p}^{t}\geqslant\beta_{j^0p}^{t}\right\}\geqslant\delta_{j^0p}^{t} \quad (4\text{-}46)$$

约束条件式（4-47）表示某期将某富盘需求者待回收的某种型号的托盘用于再分配给缺盘需求者或回收到供给者服务中心的数量不超过该期该富盘需求者的待回收的该种型号托盘的数量（包括确定待回收的该种型号托盘的数量和随机待回收的该种型号托盘的数量）的概率不小于设定的置信水平。如前所述，富盘需求者的待回收的所有型号托盘的数量和其占用的运输能力的乘积之和必须能被最小整车车载量整除。

$$\Pr\left\{\sum_{t'=t}^{tn}\sum_{j^0=1}^{j^0}X_{j^1j^0p}^{tt''}+\sum_{t''=t}^{tn}\sum_{i=1}^{I}X_{j^1ip}^{tt''}-S_{j^1p}^{t}\leqslant\alpha_{j^1p}^{t}\right\}\geqslant\delta_{j^1p}^{'t} \quad (4\text{-}47)$$

4. 库存约束

约束条件式（4-48）表示某期期末某供给者服务中心的某种型号托盘的库存量等于上一期期末该种型号托盘的库存量+本期新进的该种型号托盘的数量（包括确定新进的该种型号托盘的数量和随机新进的该种型号托盘的数量）+上一期从系统外购买（租借）的该种型号托盘的数量-本期向所有缺盘需求者供应的该种型号托盘的数量+本期从所有富盘需求者回收的该种型号托盘的数量。

$$K_{ip}^{t}=K_{ip}^{t-1}+S_{ip}^{t}+\alpha_{ip}^{t}+H_{ip}^{t-1}-\sum_{t''=t}^{tn}\sum_{j^0=1}^{j^0}X_{ij^0p}^{tt''}+\sum_{t'=t1}^{t}\sum_{j^1=1}^{j^1}X_{j^1ip}^{t't} \quad (4\text{-}48)$$

约束条件式（4-49）表示某期某供给者服务中心的所有型号托盘的库存量不超过其确定库存能力和随机库存能力之和的概率不小于设定的置信水平。

$$\Pr\left\{\sum_{p=p1}^{pn}\upsilon_{p}K_{ip}^{t}-K_{0i}^{t}\leqslant\kappa_{0i}^{t}\right\}\geqslant\delta_{0i}^{t} \quad (4\text{-}49)$$

约束条件式（4-50）表示某期期末某富盘需求者未被回收的某种型号托盘的数量等于该期该富盘需求者待回收的该种型号托盘的数量（包括确

定待回收的该种型号托盘的数量和随机待回收的该种型号托盘的数量）-从该富盘需求者运输到所有缺盘需求者的该种型号托盘的数量-从该富盘需求者运输到所有供给者服务中心的该种型号托盘的数量。

$$K_{j^1p}^t = K_{j^1p}^{t-1} + S_{j^1p}^t + \alpha_{j^1p}^t - \sum_{t''=t}^{tn}\sum_{j^0=1}^{j^0} X_{j^1j^0p}^{tt''} - \sum_{t''=t}^{tn}\sum_{i=1}^{l} X_{j^1ip}^{tt''} \quad （4-50）$$

约束条件式（4-51）表示某期期末某富盘需求者未被回收的某种型号托盘的数量必须非负。

$$K_{j^1p}^t \geqslant 0 \quad （4-51）$$

约束条件式（4-52）表示某期超过缺盘需求者对某种型号托盘的需求的数量等于从所有供给者服务中心发出的预计在本期到达该缺盘需求者的该种型号托盘的数量+从所有富盘需求者发出的预计在本期到达该缺盘需求者的该种型号托盘的数量-该期该缺盘需求者对该种型号托盘的确定需求量-该期该缺盘需求者对该种型号托盘的随机需求量。

$$K_{j^0p}^t = \sum_{t'=t1}^{t}\sum_{i=1}^{l} X_{ij^0p}^{t't} + \sum_{t'=t1}^{t}\sum_{j^1=1}^{j^1} X_{j^1j^0p}^{t't} - D_{j^0p}^t - \beta_{j^0p}^t \quad （4-52）$$

5. 运输能力约束

约束条件式（4-53）表示某段时间从某供给者服务中心运输到某缺盘需求者的所有型号托盘的总运输量不能超过该段时间该线路的确定运输能力和随机运输能力之和的概率不小于设定的置信水平。约束条件式（4-54）表示某段时间从某富盘需求者运输到某缺盘需求者的所有型号托盘的总运输量不能超过该段时间该线路的确定运输能力和随机运输能力之和的概率不小于设定的置信水平。约束条件式（4-55）表示某段时间从某富盘需求者运输到某供给者服务中心的所有型号托盘的总运输量不能超过该段时间该线路的确定运输能力和随机运输能力之和的概率不小于设定的置信水平。

$$\Pr\left\{\sum_{p=p1}^{pn} \upsilon_p' X_{ij^0p}^{t't} - MA_{ij^0}^{t't} \leqslant \gamma_{ij^0}^{t't}\right\} \geqslant \delta_{ij^0}^{t't} \quad （4-53）$$

$$\Pr\left\{\sum_{p=p1}^{pn} \upsilon_p' X_{j^1j^0p}^{t't} - MA_{j^1j^0}^{t't} \leqslant \gamma_{j^1j^0}^{t't}\right\} \geqslant \delta_{j^1j^0}^{t't} \tag{4-54}$$

$$\Pr\left\{\sum_{p=p1}^{pn} \upsilon_p' X_{j^1ip}^{t't} - MA_{j^1i}^{t't} \leqslant \gamma_{j^1i}^{t't}\right\} \geqslant \delta_{j^1i}^{t't} \tag{4-55}$$

6. 整车约束

约束条件式（4-56）表示某段时间从某供给者服务中心运输到某缺盘需求者的所有型号托盘的总运输量必须为该段时间该线路整车车载量的整数倍。约束条件式（4-57）表示某段时间从某富盘需求者运输到某缺盘需求者的所有型号托盘的总运输量必须为该段时间该线路整车车载量的整数倍。约束条件式（4-58）表示某段时间从某富盘需求者运输到某供给者服务中心的所有型号托盘的总运输量必须为该段时间该线路整车车载量的整数倍。

$$\sum_{p=p1}^{pn} \upsilon_p' X_{ij^0p}^{t't} = I_{ij^0}^{t't} \times LA_{ij^0}^{t't} \tag{4-56}$$

$$\sum_{p=p1}^{pn} \upsilon_p' X_{j^1j^0p}^{t't} = I_{j^1j^0}^{t't} \times LA_{j^1j^0}^{t't} \tag{4-57}$$

$$\sum_{p=p1}^{pn} \upsilon_p' X_{j^1ip}^{t't} = I_{j^1i}^{t't} \times LA_{j^1i}^{t't} \tag{4-58}$$

7. 装卸能力约束

约束条件式（4-59）表示某期某供给者服务中心的所有型号托盘的总装卸量不超过其确定装卸能力和随机装卸能力之和的概率不小于设定的置信水平。约束条件式（4-60）表示某期某富盘需求者的所有型号托盘的总装卸量不超过其确定装卸能力和随机装卸能力之和的概率不小于设定的置信水平。约束条件式（4-61）表示某期某缺盘需求者的所有型号托盘的总装卸量不超过其确定装卸能力和随机装卸能力之和的概率不小于设定的置信水平。

$$\Pr\left\{\sum_{t'=t1}^{t}\sum_{j^1=1}^{j^1}\sum_{p=p1}^{pn}\upsilon_p'' X_{j^1ip}^{t't} + \sum_{t''=t}^{tn}\sum_{j^0=1}^{j^0}\sum_{p=p1}^{pn}\upsilon_p'' X_{ij^0p}^{tt''} - L_i^t \leqslant \hbar_i^t\right\} \geqslant \delta_i^t \quad (4\text{-}59)$$

$$\Pr\left\{\sum_{t''=t}^{tn}\sum_{i=1}^{I}\sum_{p=p1}^{pn}\upsilon_p'' X_{j^1ip}^{tt''} + \sum_{t''=t}^{tn}\sum_{j^0=1}^{J^0}\sum_{p=p1}^{pn}\upsilon_p'' X_{j^1j^0p}^{tt''} - L_{j^1}^t \leqslant \hbar_{j^1}^t\right\} \geqslant \delta_{j^1}^t \quad (4\text{-}60)$$

$$\Pr\left\{\sum_{t'=t1}^{t}\sum_{i=1}^{I}\sum_{p=p1}^{pn}\upsilon_p'' X_{ij^0p}^{t't} + \sum_{t'=t1}^{t}\sum_{j^1=1}^{j^1}\sum_{p=p1}^{pn}\upsilon_p'' X_{j^1j^0p}^{t't} - L_{j^0}^t \leqslant \hbar_{j^0}^t\right\} \geqslant \delta_{j^0}^t \quad (4\text{-}61)$$

8. 取值约束

约束条件式（4-62）表示所有决策变量均应为非负整数。

$$X_{ij^0p}^{t't},\ X_{j^1j^0p}^{t't},\ X_{j^1ip}^{t't},\ H_{ip}^{t},\ I_{ij^0}^{t't},\ I_{j^1i}^{t't} \geqslant 0,\ \text{and int} \quad (4\text{-}62)$$

4.2.4 模型处理

将机会约束式（4-44）~（4-47），（4-49），（4-53）~（4-55）和（4-59）~（4-61）转化为其确定等价形式：

$$\sum_{t''=t}^{tn}\sum_{j^0=1}^{J^0} X_{ij^0p}^{tt''} - K_{ip}^{t-1} - S_{ip}^t - H_{ip}^{t-1} \leqslant \eta_{ip}^t \quad (4\text{-}63)$$

$$\sum_{t''=t}^{tn}\sum_{j^0=1}^{J^0} X_{j^1j^0p}^{tt''} / (1-\tau_{j^1p}^t) - S_{j^1p}^t \leqslant \eta_{j^1p}^t \quad (4\text{-}64)$$

$$\sum_{t'=t1}^{t}\sum_{i=1}^{I} X_{ij^0p}^{t't} + \sum_{t'=t1}^{t}\sum_{j^1=1}^{j^1} X_{j^1j^0p}^{t't} - D_{j^0p}^t \geqslant \varepsilon_{j^0p}^t \quad (4\text{-}65)$$

$$\sum_{t''=t}^{tn}\sum_{j^0=1}^{J^0} X_{j^1j^0p}^{tt''} + \sum_{t''=t}^{tn}\sum_{i=1}^{I} X_{j^1ip}^{tt''} - S_{j^1p}^t \leqslant \eta_{j^1p}^t \quad (4\text{-}66)$$

$$\sum_{p=p1}^{pn} \upsilon_p K_{ip}^t - K_{0i}^t \leqslant \eta_{0i}^t \tag{4-67}$$

$$\sum_{p=p1}^{pn} \upsilon_p' X_{ij^0p}^{t't} - MA_{ij^0}^{t't} \leqslant \eta_{ij^0}^{t't} \tag{4-68}$$

$$\sum_{p=p1}^{pn} \upsilon_p' X_{j^1j^0p}^{t't} - MA_{j^1j^0}^{t't} \leqslant \eta_{j^1j^0}^{t't} \tag{4-69}$$

$$\sum_{p=p1}^{pn} \upsilon_p' X_{j^1ip}^{t't} - MA_{j^1i}^{t't} \leqslant \eta_{j^1i}^{t't} \tag{4-70}$$

$$\sum_{t'=t1}^{t}\sum_{j^1=1}^{J^1}\sum_{p=p1}^{pn} \upsilon_p'' X_{j^1ip}^{t't} + \sum_{t''=t}^{tn}\sum_{j^0=1}^{J^0}\sum_{p=p1}^{pn} \upsilon_p'' X_{ij^0p}^{tt''} - L_i^t \leqslant \eta_i^t \tag{4-71}$$

$$\sum_{t''=t}^{tn}\sum_{i=1}^{I}\sum_{p=p1}^{pn} \upsilon_p'' X_{j^1ip}^{tt''} + \sum_{t''=t}^{tn}\sum_{j^0=1}^{J^0}\sum_{p=p1}^{pn} \upsilon_p'' X_{j^1j^0p}^{tt''} - L_{j^1}^t \leqslant \eta_{j^1}^t \tag{4-72}$$

$$\sum_{t'=t1}^{t}\sum_{i=1}^{I}\sum_{p=p1}^{pn} \upsilon_p'' X_{ij^0p}^{t't} + \sum_{t'=t1}^{t}\sum_{j^1=1}^{J^1}\sum_{p=p1}^{pn} \upsilon_p'' X_{j^1j^0p}^{t't} - L_{j^0}^t \leqslant \eta_{j^0}^t \tag{4-73}$$

其中：$\phi^{-1}(1-\delta)$ 为对应约束条件中随机变量的分布函数的逆函数，$\eta = \sup\{\eta \mid \eta = \phi^{-1}(1-\delta)\}$ 表示选择 $\phi^{-1}(1-\delta)$ 的最大值，$\varepsilon = \inf\{\eta \mid \eta = \phi^{-1}(\delta)\}$，表示选择 $\phi^{-1}(\delta)$ 的最小值。

4.2.5 算 例

假定某专业托盘共用系统管理者制定决策时仅有第 3 期和第 4 期面临的是随机条件。在 3.2.4 节算例的基础上，有关第 3 期和第 4 期的参数值如表 4-4~表 4-7 所示（第 1 期和第 2 期的数据沿用 3.2.4 节中的数据），同时假定所有机会约束的置信水平均为 0.95，未将 c 和 d 的待回收的 $p1$ 型号托盘回收的单位惩罚成本分别为 12 和 10，超过 e 和 f 对 $p1$ 型号托盘的需求的单位惩罚成本为 12，未将 c 和 d 的待回收的 $p2$ 型号托盘回收的单位惩罚成本分别为 14 和 12，超过 e 和 f 对 $p2$ 型号托盘的需求的单位惩罚成本分别为 13 和 14。

表 4-4 $t3$ 运输能力

	a	b	c	d	e	f
a	–	–	1 000/ N（10,4）	1 000/ N（10,9）	400/ N（20,9）	500
b	–	–	0	700/ N（20,9）	300	500/ N（10,4）
c	1 000/ N（10,4）	0	–	–	400/ N（10,9）	700
d	1 000/ N（10,9）	700/ N（20,9）	–	–	250/ N（20,4）	0
e	400/ N（20,9）	300	400/ N（10,9）	250/ N（20,4）	–	–
f	500	500/ N（10,4）	700	0	–	–

表 4-5 供 给

	新进的 $p1$ 型号托盘的数量（$t3$）	新进的 $p2$ 型号托盘的数量（$t3$）
a	105/ N（10,9）	55/ N（20,9）
b	200	110

表 4-6 需 求

	待回收的 $p1$ 型号托盘量（$t3$）	待回收的 $p2$ 型号托盘量（$t3$）	$p1$ 型号托盘需求量（$t4$）	$p2$ 型号托盘需求量（$t4$）
c	300	300	–	–
d	400/ N（10,4）	100/ N（20,4）	–	–
e	–	–	300	200
f	–	–	600/ N（20,9）	400

表 4-7 其 他

	库存能力（$t3$）	装卸能力（$t3$）	装卸能力（$t4$）
a	2 000/ N（10,9）	2 500/ N（20,4）	–
b	1 800/ N（10,4）	2 200/–	–
c	–	800/ N（10,4）	–
d	–	1 100/–	–
e	–	–	1 500/ N（10,9）
f	–	–	2 000

1. 数值求解

利用 Lingo 软件编写程序求解模型，得到全局最优解 37 911，最优调度方案如图 4-8 所示。

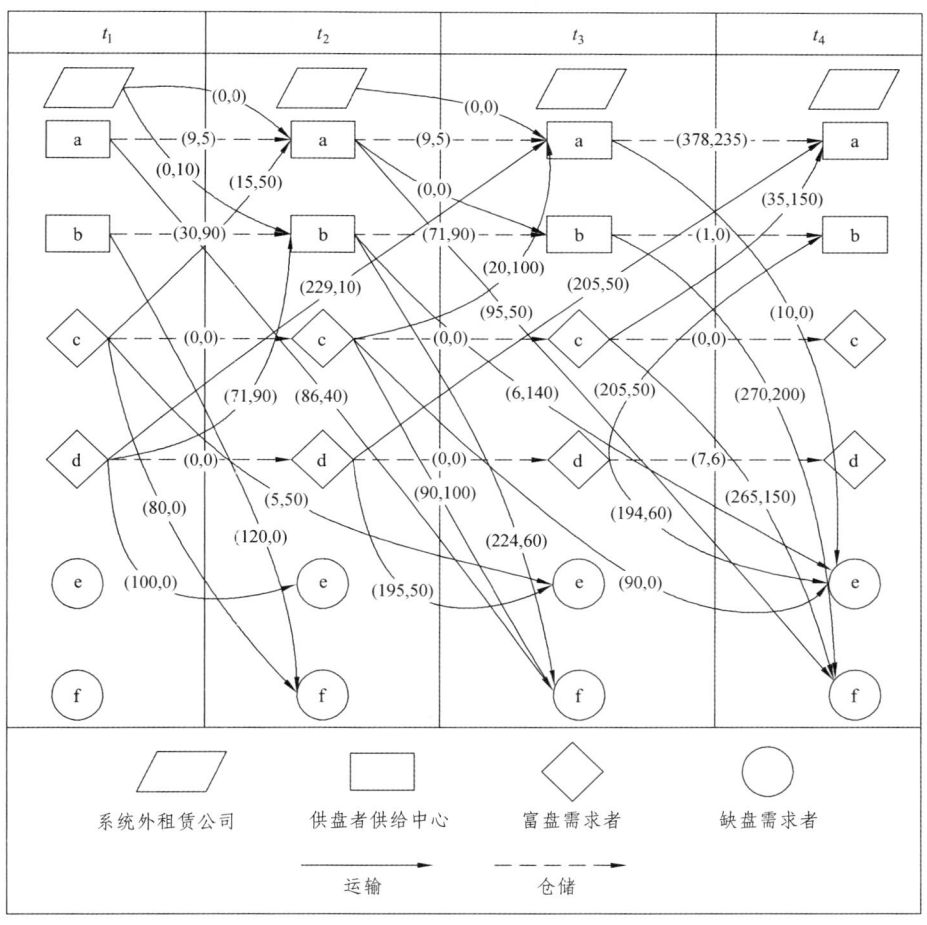

图 4-8 最优调度方案

分析结果可知最低调度成本为 37 911，最优调度方案为：

（1）第 1 期：供给者服务中心 b 向系统外购买（租借）10 个单位的 $p2$ 型号的托盘；从供给者服务中心 a 分派 86 个单位的 $p1$ 型号的托盘和 40 个单位的 $p2$ 型号的托盘（13 车）到缺盘需求者 f，以满足 f 在第 3 期的需求；从供给者服务中心 b 分派 120 个单位的 $p1$ 型号的托盘（12 车）到缺盘需求

者 f，以满足 f 在第 2 期的需求；从富盘需求者 c 再分派 5 个单位的 $p1$ 型号的托盘和 50 个单位的 $p2$ 型号的托盘（6 车）到缺盘需求者 e，以满足 e 在第 3 期的需求，并再分派 80 个单位的 $p1$ 型号的托盘（8 车）到缺盘需求者 f，以满足 f 在第 2 期的需求，同时将 c 处剩余的 15 个单位的 $p1$ 型号的托盘和 50 个单位的 $p2$ 型号的托盘（7 车）回收到 a；从富盘需求者 d 再分派 100 个单位的 $p1$ 型号的托盘（10 车）到缺盘需求者 e，以满足 e 在第 2 期的需求，将 d 处剩余的 229 个单位的 $p1$ 型号的托盘和 10 个单位的 $p2$ 型号的托盘（24 车）回收到 a，并将 71 个单位的 $p1$ 型号的托盘和 90 个单位的 $p2$ 型号的托盘（17 车）回收到 b；期末 a 的库存为 9 个单位的 $p1$ 型号的托盘和 5 个单位的 $p2$ 型号的托盘，b 的库存为 30 个单位的 $p1$ 型号的托盘和 90 个单位的 $p2$ 型号的托盘。本期所有富盘需求者的需求均被准时准量满足。本例本期缺盘需求者没有需求。

（2）第 2 期：无须从系统外购买（租借）托盘；从供给者服务中心 a 分派 95 个单位的 $p1$ 型号的托盘和 50 个单位的 $p2$ 型号的托盘（15 车）到缺盘需求者 f，以满足 f 在第 4 期的需求；从供给者服务中心 b 分派 6 个单位的 $p1$ 型号的托盘和 140 个单位的 $p2$ 型号的托盘（16 车）到缺盘需求者 e，以满足 e 在第 4 期的需求；从供给者服务中心 b 分派 224 个单位的 $p1$ 型号的托盘和 60 个单位的 $p2$ 型号的托盘（29 车）到缺盘需求者 f，以满足 f 在第 3 期的需求；从富盘需求者 c 再分派 90 个单位的 $p1$ 型号的托盘（9 车）到缺盘需求者 e，以满足 e 在第 4 期的需求，并再分派 90 个单位的 $p1$ 型号的托盘和 100 个单位的 $p2$ 型号的托盘（20 车）到缺盘需求者 f，以满足 f 在第 3 期的需求，同时将 c 处剩余的 20 个单位的 $p1$ 型号的托盘和 100 个单位的 $p2$ 型号的托盘（13 车）回收到 a；从富盘需求者 d 再分派 195 个单位的 $p1$ 型号的托盘和 50 个单位的 $p2$ 型号的托盘（25 车）到缺盘需求者 e，以满足 e 在第 3 期的需求，并将 d 处剩余的 205 个单位的 $p1$ 型号的托盘和 50 个单位的 $p2$ 型号的托盘（26 车）回收到 a；期末 a 的库存为 29 个单位的 $p1$ 型号的托盘和 55 个单位的 $p2$ 型号的托盘，b 的库存为 71 个单位的 $p1$ 型号的托盘和 90 个单位的 $p2$ 型号的托盘。本期所有富盘需求者和缺盘需求者的需求均被准时准量满足。

（3）第 3 期：是否需要从系统外购买（租借）托盘将由下一轮决策决定；从供给者服务中心 a 分派 10 个单位的 $p1$ 型号的托盘（1 车）到缺盘需

求者 e，以满足 e 在第 4 期的需求；从供给者服务中心 b 分派 270 个单位的 $p1$ 型号的托盘和 200 个单位的 $p2$ 型号的托盘（49 车）到缺盘需求者 f，以满足 f 在第 4 期的需求；从富盘需求者 c 再分派 265 个单位的 $p1$ 型号的托盘和 150 个单位的 $p2$ 型号的托盘（43 车）到缺盘需求者 f，以满足 f 在第 4 期的需求，并将 c 处剩余的 35 个单位的 $p1$ 型号的托盘和 150 个单位的 $p2$ 型号的托盘（20 车）回收到 a；从富盘需求者 d 再分派 194 个单位的 $p1$ 型号的托盘和 60 个单位的 $p2$ 型号的托盘（26 车）到缺盘需求者 e，以满足 e 在第 4 期的需求，并将 d 处剩余的 205 个单位的 $p1$ 型号的托盘和 50 个单位的 $p2$ 型号的托盘（26 车）回收到 b；期末 a 的库存为 378 个单位的 $p1$ 型号的托盘和 235 个单位的 $p2$ 型号的托盘，b 的库存为 1 个单位的 $p1$ 型号的托盘。本期富盘需求者 c 的需求被准时准量满足，但富盘需求者 d 的部分随机待回收托盘因不足整车而未被回收。本期所有缺盘需求者的需求均被准时准量满足。

（4）第 4 期：是否需要从系统外购买（租借）托盘、如何处理供给者服务中心和富盘需求者的托盘将由下一轮决策决定；本期缺盘需求者 e 的需求准时准量满足，但缺盘需求者 f 的部分随机需求因不足整车而被过量满足。

由以上分析可知，模型的解满足供给、需求、整车和取值约束，进一步分析可知模型的解满足库存能力、运输能力、装卸能力等所有约束条件，因此模型的解满足算例的要求，证明了模型的有效性。

如果将置信水平均设为 1，则随机机会约束规划问题退化为整数规划问题。

2. 托盘型号之间的关系分析

由于本模型假设了：① 不同型号托盘间不能进行替代；② 所有缺盘需求者的需求均应被满足；③ 所有富盘需求者的待回收托盘可以不回收。所以两种型号托盘互相影响的部分在于：① 当因库存能力、运输能力、装卸能力等因素限制导致无法同时满足缺盘需求者对所有型号托盘的需求时，决策者只能通过提高相应能力的方式来解决这一问题（当把单位 $p2$ 型号托盘占用的运输能力设为 3 时，模型无解，如图 4-9 所示）。② 当因库存能力、运输能力、装卸能力等因素限制导致在满足缺盘需求者的需求后无法将富盘需求者的待回收托盘全部回收时，决策者应在考虑整车约束的条件下以总成本最小为原则来选择优先回收哪一种型号的托盘或将多种型号的托盘都回收一部分（当把第 1 期 c 的装卸能力设为[140 150 160 170 180 190 200 210]时的最优调度方案如表 4-8 所示。当 c 的装卸能力由 140 升到 150 时，由于整车约束限制，只能将 10 个 $p1$ 型号的托盘回收；当 c 的装卸能力达到 160 时，在整车约束的限制下，以总成本最小为原则选择了将 9 个 $p1$ 型号的托盘和 10 个 $p2$ 型号的托盘回收（共 20 车）；以此类推直至当 c 的装卸能力达到 210 时可以将所有型号的托盘都回收）。

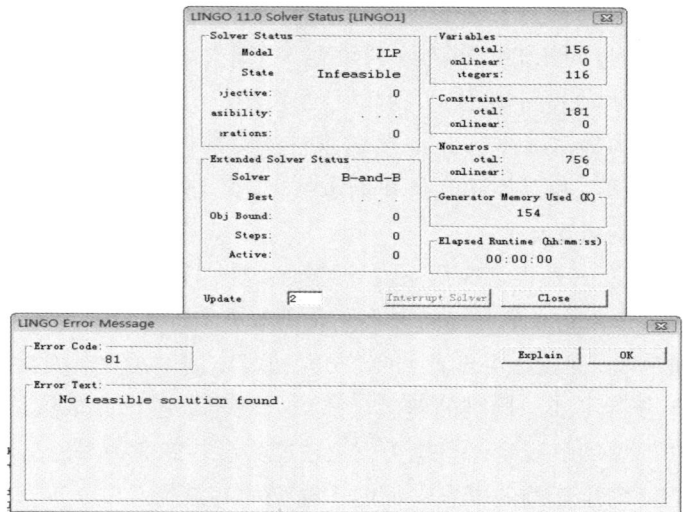

图 4-9　$p2$ 型号托盘占用运输能力变动对决策的影响

表 4-8　富盘需求者 c 各种装卸能力下的最优调度方案

第 1 期 c 的装卸能力	$p1$ 型号托盘库存	$p2$ 型号托盘库存
140	15	50
150	5	50
160	6	40
170	7	30
180	8	20
190	9	10
200	10	0
210	0	0

4.3 本章小结

本章采用随机规划和机会约束规划的方法构建了考虑单一型号托盘的专业托盘共用系统调度随机机会约束规划模型和考虑混合型号托盘的专业托盘共用系统调度随机机会约束规划模型，实验证明，这两个专业托盘共用系统调度随机机会约束规划模型能帮助专业托盘共用系统管理者在随机条件下制定有效的托盘调度方案。

本章还对置信水平和单位惩罚成本对决策的影响、托盘型号之间的关系进行了研究，得出了如下结论：

（1）当供给者服务中心供给能力约束的置信水平提高时，供给者服务中心期末库存下降，调度总成本也呈下降趋势。

（2）当从富盘需求者运走的托盘量一定时，随着富盘需求者待回收托盘量约束的置信水平的提高，未收回的托盘量下降，调度总成本也呈下降趋势。

（3）当富盘需求者处未回收的托盘量一定时，随着富盘需求者待回收托盘量约束的置信水平的提高，从富盘需求者运走的托盘量下降，调度总成本也呈下降趋势。

（4）当运到缺盘需求者的托盘量一定时，随着缺盘需求者需求约束的置信水平的提高，超过缺盘需求者的需求下降，调度总成本也呈下降趋势。

（5）当超过缺盘需求者需求的托盘量一定时，随着缺盘需求者需求约束的置信水平的提高，运到缺盘需求者的托盘量增加，调度总成本也呈上升趋势。

（6）当确定调度能力（包括运输能力、装卸能力、库存能力）较大时，调度能力约束置信水平的变化对决策基本没有影响。但当确定调度能力较小时，随着调度能力约束置信水平的提高，调度总成本呈上升趋势。

（7）随着未将富盘需求者的待回收托盘回收的单位惩罚成本的提高，未被回收的托盘量下降，调度总成本增加。

（8）随着超过缺盘需求者的需求的单位惩罚成本的提高，超过缺盘需求者需求的托盘量减少，调度总成本增加。

（9）在本章模型的假设条件下，（a）当因库存能力、运输能力、装卸能力等因素限制导致无法同时满足缺盘需求者对所有型号托盘的需求时，决策者只能通过提高相应能力的方式来解决这一问题；（b）当因库存能力、运输能力、装卸能力等因素限制导致在满足缺盘需求者的需求后无法将富盘需求者的待回收托盘全部回收时，决策者应在考虑整车约束的条件下以总成本最小为原则来选择优先回收哪一种型号的托盘或将多种型号的托盘都回收一部分。

本章的主要贡献为：研究了随机条件下专业托盘共用系统的调度优化方案，考虑了库存能力随机、装卸能力随机等现有调度文献尚未研究的因素。

第5章 极端不确定条件下专业托盘共用系统调度优化模型

上一章构建的专业托盘共用系统调度随机机会约束规划模型仅适用于随机条件下的应用，但在专业托盘共用系统实际运作中却存在着各种各样的非随机的不确定因素。而这其中最令专业托盘共用系统管理者们头疼的莫过于"极端不确定因素"。所谓极端不确定因素，是指管理者无法获得历史数据或者没有充足的历史数据来估计不确定参数[100, 120, 121]。目前关于极端不确定的研究才刚刚开始。本章将根据专业托盘共用系统的特点，考虑供给者服务中心的可供给量极端不确定、缺盘需求者的需求量极端不确定、富盘需求者待回收的托盘量极端不确定、富盘需求者待回收托盘的毁坏率极端不确定、供给者服务中心的库存能力极端不确定、每条线路的运输能力极端不确定、供给者服务中心的装卸能力极端不确定、缺盘需求者的装卸能力极端不确定、富盘需求者的装卸能力极端不确定等因素，构建极端不确定条件下的专业托盘共用系统调度优化模型。

5.1 考虑单一型号托盘的专业托盘共用系统调度多情景规划模型

5.1.1 问题描述

专业托盘共用系统管理者在制定调度方案时，会面临很多极端不确定因素，主要包括：

（1）托盘价值较低而需求量较大，很多情况下缺盘需求者不愿意或者不能够做准确的托盘需求计划，因此专业托盘共用系统管理者常常会面临一些突然而来的无法预知的来自新客户或者老客户的大量需求，如第 1 章中提到的 CHEP、iGPS 等专业托盘共用系统都被不稳定的托盘需求量所困扰。因此在构建极端不确定条件下专业托盘共用系统调度优化模型时需考虑"缺盘需求者的需求量极端不确定（uncertain demand at demand customer）"这一因素。

（2）有些情况下，因为沟通不畅或者富盘需求者管理能力较差而无法准确地告知托盘服务供给者其有多少托盘待回收；更多时候是富盘需求者常常临时单方面延长租用周期，不按时返还托盘，导致托盘服务供给者无法准确地预测客户处的待回收托盘。如 CHEP、iGPS、PECO 等专业托盘共用系统都被托盘在客户处不确定的"驻留时间（dwell time）"而导致的无法预测某个时间客户处的待回收托盘伤透脑筋[14]。因此，在构建极端不确定条件下专业托盘共用系统调度优化模型时需考虑"富盘需求者待回收的托盘量极端不确定（uncertain demand at supply customer）"这一因素。

（3）富盘需求者处的待回收托盘量是极端不确定的，这些待回收托盘的毁坏率更是极端不确定的，因为客户并不会告知或者如实地告知托盘服务者其托盘的实际状况。如果一个客户申明其拥有的托盘都是完好无损的，但当托盘服务供给者取托盘时，发现某托盘已经损坏，则该托盘就不能用于再分派。因此在构建极端不确定条件下专业托盘共用系统调度优化模型时需考虑"富盘需求者待回收托盘的毁坏率极端不确定（uncertain damage rates）"这一因素。

（4）有些情况下，由于托盘服务供给者的有些服务中心管理能力较弱或者受上期不确定托盘流的影响，供给者服务中心并不能准确地预测其供给能力，因此在构建极端不确定条件下专业托盘共用系统调度优化模型时需考虑"供给者服务中心的可供给量极端不确定（uncertain supply）"这一因素。

（5）有些情况下，由于托盘服务供给者的有些服务中心管理能力较弱或者受上期不确定托盘流的影响，供给者服务中心也不能准确地预测其库存能力，因此在构建极端不确定条件下专业托盘共用系统调度优化模型时需考虑"供给者服务中心的库存能力极端不确定（uncertain storage capacity at supplier)"这一因素。

（6）近几年来由于自然灾害频繁发生、交通堵塞问题日益严重、交通事故持续增加等原因导致运输能力不确定性增加，因此在构建极端不确定条件下专业托盘共用系统调度优化模型时需考虑"运输能力极端不确定（uncertain transportation capacity）"这一因素。

（7）客户处的装卸能力受到人力资源分配、叉车资源分配等诸多因素的影响，有些情况下托盘服务供给者并不能准确获知客户处的装卸能力，因此在构建极端不确定条件下专业托盘共用系统调度优化模型时需考虑"需求者的装卸能力极端不确定（uncertain loading and unloading capacity at customer）"这一因素。

（8）有些情况下，由于托盘服务供给者的有些服务中心管理能力较弱或者受上期不确定托盘流的影响，供给者服务中心也不能准确地预测其装卸能力，因此在构建极端不确定条件下专业托盘共用系统调度优化模型时需考虑"供给者服务中心的装卸能力极端不确定（uncertain loading and unloading capacity at supplier）"这一因素。

上述极端不确定因素直接影响着在极端不确定条件下专业托盘共用系统调度方案的优劣，专业托盘共用系统管理者需要一种有效的调度优化模型指导其制定极端不确定条件下的托盘共用系统调度方案。

正如在3.1.1节中所介绍，目前有很多专业托盘共用系统中仅有一种托盘型号，因此为满足他们的需要，需要研究极端不确定条件下仅考虑单一型号托盘的专业托盘共用系统调度优化模型。

5.1.2 基本假设

（1）专业托盘共用系统中的托盘均为同一型号。

（2）由于缺盘需求者的需求是极端不确定的，因此供给者可以不满足或超过缺盘需求者的需求，但必须支付惩罚成本，且前者的成本比后者低。因为如果供给者不能满足缺盘需求者的需求就可能失去该客户。

（3）供给者可以从系统外购买或租借托盘来满足缺盘需求者的需求，且购买或租借数量没有限制。

（4）由于富盘需求者处的待回收托盘是极端不确定的，因此供给者可以不将富盘需求者的待回收托盘全部收回，但需支付惩罚成本。

（5）供给者服务中心的可供给量、缺盘需求者的需求量、富盘需求者待回收的托盘量、富盘需求者待回收托盘的毁坏率、供给者服务中心的库存能力、每条线路的运输能力、供给者服务中心的装卸能力、缺盘需求者的装卸能力、富盘需求者的装卸能力等均极端不确定。

（6）单位运输成本、单位库存成本、单位装卸成本、单位惩罚成本、单位购买（租借）成本均确定。

（7）托盘必须整车运输且整车车载量确定。

（8）仅考虑在某一时间段内的最优化专业托盘共用系统调度方案。

5.1.3 模型构建

由于本章考虑的是没有充足历史数据预测不确定未来时专业托盘共用系统管理者如何制定调度方案，现有的随机规划、模糊规划等方法都不能解决该问题，因此本书采用情景规划[100, 122, 123, 124, 125, 126, 127, 128, 129]的方法来构建模型。情景规划是将不确定的未来划为有限个典型情景来分析未来可能面对的环境，并根据当前的环境为未来制定应对措施，是应对极端不确定性的有效方法[120]。

为了描述本问题，需要定义下述标量、变量和参数：

标　量

i（$i=1,2,\cdots,I$），j^0（$j^0=1,2,\cdots,J^0$）和 j^1（$j^1=1,2,\cdots J^1$）分别代表供给者服务中心、缺盘需求者、富盘需求者。

s（$s=s1,s2,...,sn$）代表情景。

决策变量

$X_{ij^0}^s$ 代表 s 情景发生时从 i 运到 j^0 的托盘量。

$X_{j^1j^0}^s$ 代表 s 情景发生时从 j^1 运到 j^0 的托盘量。

$X_{j^1i}^s$ 代表 s 情景发生时从 j^1 运到 i 的托盘量。

H_i^s 代表 s 情景发生时 i 从系统外购买或租借的托盘量。

$I_{ij^0}^s$ 代表 s 情景发生时从 i 运多少车托盘到 j^0。

$I_{j^1j^0}^s$ 代表 s 情景发生时从 j^1 运多少车托盘到 j^0。

$I_{j^1i}^s$ 代表 s 情景发生时从 j^1 运多少车托盘到 i。

确定参数

w_s 代表分配给情景 s 的权重。

C_{ij^0}，$C_{j^1j^0}$，C_{j^1i} 分别代表将托盘从 i 运到 j^0，从 j^1 运到 j^0，以及从 j^1 运到 i 的单位运输成本。

C_h 代表从系统外购买（租借）托盘的单位购买（租借）成本。

C_{Ki} 代表 i 的单位库存成本。

C_{li}，C_{lj^1}，C_{lj^0} 分别代表 i，j^1，j^0 的单位装卸成本。

C_{Kj^1} 代表未将 j^1 的待回收托盘回收的单位惩罚成本。

MC_{Kj^0} 代表 j^0 需求未被满足的单位惩罚成本。

LC_{Kj^0} 代表 j^0 需求被过量满足的单位惩罚成本。

LA_{ij^0}，$LA_{j^1j^0}$，LA_{j^1i} 代表从 i 到 j^0，从 j^1 到 j^0，以及从 j^1 到 i 的整车车载量。

极端不确定参数

$\tau_{j^1}^s$（$0 \leqslant \tau_{j^1}^s \leqslant 1$）代表 s 情景发生时 j^1 待回收托盘的毁坏率。

$D_{j^0}^s$ 代表 s 情景发生时 j^0 的需求量。

S_i^s 代表 s 情景发生时 i 的可供给量。

$S_{j^1}^s$ 代表 s 情景发生时 j^1 待回收的托盘量。

K_{0i}^s 代表 s 情景发生时 i 的库存能力。

L_i^s，$L_{j^1}^s$，$L_{j^0}^s$ 分别代表 s 情景发生时 i，j^1，j^0 的装卸能力。

$MA_{ij^0}^s$，$MA_{j^1j^0}^s$，$MA_{j^1i}^s$ 分别代表 s 情景发生时从 i 到 j^0，从 j^1 到 j^0，以及从 j^1 到 i 的运输能力。

其他

K_i^s 代表 s 情景发生时期末 i 的库存量。

$K_{j^1}^s$ 代表 s 情景发生时 j^1 未被回收的托盘量。

$K_{j^0}^s$ 代表 s 情景发生时未满足或超过 j^0 需求量的托盘数量。

$C_{Kj^0}^s$ 代表 s 情景发生时未满足或超过 j^0 需求量的单位惩罚成本，其取值为 MC_{Kj^0} 或 LC_{Kj^0}。

考虑单一型号托盘的专业托盘共用系统调度多情景规划模型 S-

PPP-MSPM 可以表示为：

1. 目标函数

目标函数式（5-1）表示专业托盘共用系统所有情景下期望调度总成本（分配给每个情景的权重和每个情景下调度总成本乘积之和）最小。其中每个情景下的调度总成本包括供给者服务中心向缺盘需求者分派托盘的运输成本和装卸成本、富盘需求者向缺盘需求者再分派托盘的运输成本和装卸成本、供给者服务中心向富盘需求者收回托盘的运输成本和装卸成本、向系统外购买（租借）托盘的成本、供给者服务中心未租出托盘的库存成本、未满足或超过缺盘需求者需求的惩罚成本、未将富盘需求者待回收托盘收回的惩罚成本。

$$\min f_5 = \sum_{s=s1}^{sn} w_s \times (\sum_{i=1}^{I} \sum_{j^0=1}^{j^0} C_{ij^0} X_{ij^0}^s + \sum_{j^1=1}^{j^1} \sum_{j^0=1}^{j^0} C_{j^1j^0} X_{j^1j^0}^s + \sum_{j^1=1}^{j^1} \sum_{i=1}^{I} C_{j^1i} X_{j^1i}^s + \sum_{i=1}^{I} C_h H_i^s + \sum_{i=1}^{I} C_{li} (\sum_{j^0=1}^{j^0} X_{ij^0}^s + \sum_{j^1=1}^{j^1} X_{j^1i}^s) + \sum_{j^1=1}^{j^1} C_{lj^1} (\sum_{j^0=1}^{j^0} X_{j^1j^0}^s + \sum_{i=1}^{I} X_{j^1i}^s) + \sum_{j^0=1}^{j^0} C_{lj^0} (\sum_{i=1}^{I} X_{ij^0}^s + \sum_{j^1=1}^{j^1} X_{j^1j^0}^s) + \sum_{i=1}^{I} C_{Ki} K_i^s + \sum_{j^0=1}^{j^0} C_{Kj^0}^s \left| K_{j^0}^s \right| + \sum_{j^1=1}^{j^1} C_{Kj^1} K_{j^1}^s)$$

（5-1）

2. 供给约束

约束条件式（5-2）表示某情景下从某供给者服务中心运输到所有缺盘需求者的托盘量不能超过其可供给量和向系统外购买（租借）量的总和。

$$\sum_{j^0=1}^{j^0} X_{ij^0}^s \leq S_i^s + H_i^s$$

（5-2）

约束条件式（5-3）表示某情景下从某富盘需求者运输到所有缺盘需求者的托盘量不能超过其待回收的托盘量和完好率（1-毁坏率）的乘积。如前所述，富盘需求者的待回收托盘量必须能被最小整车车载量整除。

$$\sum_{j^0=1}^{j^0} X_{j^1j^0}^s \leq (1-\tau_{j^1}^s) S_{j^1}^s$$

（5-3）

3. 库存约束

约束条件式（5-4）表示某情景下期末某供给者服务中心的库存量等于该情景下该供给者服务中心的可供给量+向系统外购买（租借）托盘量-从该供给者服务中心运输到所有缺盘需求者的托盘量+从所有富盘需求者运输到该供给者服务中心的托盘量。

$$K_i^s = S_i^s + H_i^s - \sum_{j^0=1}^{J^0} X_{ij^0}^s + \sum_{j^1=1}^{J^1} X_{j^1 i}^s \qquad (5-4)$$

约束条件式（5-5）表示某情景下期末某供给者服务中心的库存量不能超过其库存能力。

$$K_i^s \leqslant K_{0i}^s \qquad (5-5)$$

约束条件式（5-6）表示某情景下期末某富盘需求者未被回收的托盘量等于该情景下该富盘需求者待回收托盘量-从该富盘需求者运输到所有缺盘需求者的托盘量-从该富盘需求者运输到所有供给者服务中心的托盘量。

$$K_{j^1}^s = S_{j^1}^s - \sum_{j^0=1}^{J^0} X_{j^1 j^0}^s - \sum_{i=1}^{I} X_{j^1 i}^s \qquad (5-6)$$

约束条件式（5-7）表示某情景下期末某富盘需求者未被回收的托盘数量必须非负。

$$K_{j^1}^s \geqslant 0 \qquad (5-7)$$

约束条件式（5-8）表示某情景下未满足或超出某缺盘需求者需求的托盘数量等于从所有供给者服务中心运输到该缺盘需求者的托盘量+从所有富盘需求者运输到该缺盘需求者的托盘量-该缺盘需求者的需求量。如前所述缺盘需求者的需求量必须能被最小整车车载量整除。

$$K_{j^0}^s = \sum_{i=1}^{I} X_{ij^0}^s + \sum_{j^1=1}^{J^1} X_{j^1 j^0}^s - D_{j^0}^s \qquad (5-8)$$

约束条件式（5-9）表示某情景下未满足或超出某缺盘需求者需求的单

位惩罚成本。

$$C_{Kj^0}^s = \begin{cases} LC_{Kj^0}, & K_{j^0}^s \geqslant 0 \\ MC_{Kj^0}, & else \end{cases} \quad (5-9)$$

4. 运输能力约束

约束条件式（5-10）表示某情景下从某供给者服务中心运输到某缺盘需求者的所有托盘的总量不能超过该情景下该线路的运输能力。约束条件式（5-11）表示某情景下从某富盘需求者运输到某缺盘需求者的所有托盘的总量不能超过该情景下该线路的运输能力。约束条件式（5-12）表示某情景下从某富盘需求者运输到某供给者服务中心的所有托盘的总量不能超过该情景下该线路的运输能力。

$$X_{ij^0}^s \leqslant MA_{ij^0}^s \quad (5-10)$$

$$X_{j^1j^0}^s \leqslant MA_{j^1j^0}^s \quad (5-11)$$

$$X_{j^1i}^s \leqslant MA_{j^1i}^s \quad (5-12)$$

5. 整车约束

约束条件式（5-13）表示某情景下从某供给者服务中心运输到某缺盘需求者的所有托盘的总量必须为该线路整车车载量的整数倍。约束条件式（5-14）表示某情景下从某富盘需求者运输到某缺盘需求者的所有托盘的总量必须为该线路整车车载量的整数倍。约束条件式（5-15）表示某情景下从某富盘需求者运输到某供给者服务中心的所有托盘的总量必须为该线路整车车载量的整数倍。

$$X_{ij^0}^s = I_{ij^0}^s \times LA_{ij^0} \quad (5-13)$$

$$X_{j^1j^0}^s = I_{j^1j^0}^s \times LA_{j^1j^0} \quad (5-14)$$

$$X_{j^1i}^s = I_{j^1i}^s \times LA_{j^1i} \quad (5-15)$$

6. 装卸能力约束

约束条件式（5-16）表示某情景下某供给者服务中心的托盘总装卸量不能超过其该情景下的装卸能力。约束条件式（5-17）表示某情景下某富盘需求者的托盘总装卸量不能超过其该情景下的装卸能力。约束条件式（5-18）表示某情景下某缺盘需求者的托盘总装卸量不能超过其该情景下的装卸能力。

$$\sum_{j^1=1}^{J^1} X_{j^1 i}^s + \sum_{j^0=1}^{J^0} X_{ij^0}^s \leqslant L_i^s \quad (5\text{-}16)$$

$$\sum_{i=1}^{I} X_{j^1 i}^s + \sum_{j^0=1}^{J^0} X_{j^1 j^0}^s \leqslant L_{j^1}^s \quad (5\text{-}17)$$

$$\sum_{i=1}^{I} X_{ij^0}^s + \sum_{j^1=1}^{J^1} X_{j^1 j^0}^s \leqslant L_{j^0}^s \quad (5\text{-}18)$$

7. 一致性约束

约束条件式（5-19），（5-20），（5-21），（5-22）为一致性约束，表示所有情景下决策变量的取值均是一致的。

$$H_i^{s1} = H_i^{s2} = ... = H_i^{sn} \quad (5\text{-}19)$$

$$X_{ij^0}^{s1} = X_{ij^0}^{s2} = ... = X_{ij^0}^{sn} \quad (5\text{-}20)$$

$$X_{j^1 j^0}^{s1} = X_{j^1 j^0}^{s2} = ... = X_{j^1 j^0}^{sn} \quad (5\text{-}21)$$

$$X_{j^1 i}^{s1} = X_{j^1 i}^{s2} = ... = X_{j^1 i}^{sn} \quad (5\text{-}22)$$

8. 取值约束

约束条件式（5-23）表示决策变量均应为非负整数。

$$X_{ij^0}^s, X_{j^1 j^0}^s, X_{j^1 i}^s, H_i^s, I_{ij^0}^s, I_{j^1 j^0}^s, I_{j^1 i}^s \geqslant 0, \text{ and int} \quad (5\text{-}23)$$

5.1.4 算 例

假定某专业托盘共用系统中有 2 个运营中心（$i=a,b$），2 个富盘需求者（$j^1=c,d$），2 个缺盘需求者（$j^0=e,f$），从系统外购买（租借）托盘的单位成本为 1，所有线路整车车载量均为 10。其他参数如表 5-1~表 5-4 所示。假定 a 的可供给量、c 待回收的托盘量、e 和 f 的需求量、d 到 e 的运输能力、b 的库存能力、c 的装卸能力、c 和 d 待回收托盘的毁坏率为极端不确定因素。如果假定每个极端不确定因素均有 3 种可能的实现值，则有 3^9=19683 种情景。为了减小问题的规模，就需要采取一些有效的情景生成方法，如 Pallottino，Sechi，Zuddas（2005）[122]和 Beraldi, Simone, Violi（2010）[130]介绍的情景生成树方法。本案例将分析三种重要的情景。

情景 S1：① a 的可供给量比期望值低 5%；② c 待回收的托盘量比期望值低 50%；③ 所有缺盘需求者的需求均比期望值低 50%；④ 从 d 到 e 的运输能力为期望值；⑤ b 的库存能力比期望值低 10%；⑥ c 的装卸能力比期望值低 20%；⑦ 所有富盘需求者待回收托盘的毁坏率均为 0.5。

情景 S2：所有不确定参数均为期望值（所有富盘需求者待回收托盘的毁坏率均为 0.1）。

情景 S3：① a 的可供给量比期望值高 5%；② c 待回收的托盘量比期望值高 50%；③ 所有缺盘需求者的需求均比期望值高 50%；④ 从 d 到 e 的运输能力为 0；⑤ b 的库存能力比期望值高 10%；⑥ c 的装卸能力比期望值高 20%；⑦ 所有富盘需求者待回收托盘的毁坏率均为 0。

表 5-1 单位运输成本

	a	b	c	d	e	f
a	—	—	3	4	5	6
b	—	—	∞	2	4	5
c	3	∞	—	—	7	8
d	4	2	—	—	2	∞
e	5	4	7	2	—	—
f	6	5	8	∞	—	—

表 5-2 运输能力

S1/S2/S3	a	b	c	d	e	f
a	–	–	1 000	1 000	400	500
b	–	–	0	700	300	500
c	1 000	0	–	–	400	700
d	1 000	700	–	–	300/300/0	0
e	400	300	400	300/300/0	–	–
f	500	500	700	0	–	–

表 5-3 需求和供给

	供给量（S1/S2/S3）	待回收的托盘量（S1/S2/S3）	需求量（S1/S2/S3）
a	95/100/105	–	–
b	200	–	–
c	–	100/200/300	–
d	–	400	–
e	–	–	100/200/300
f	–	–	200/400/600

表 5-4 其他

	库存能力（S1/S2/S3）	单位库存成本（单位惩罚成本）	装卸能力（S1/S2/S3）	单位装卸成本
a	2 000	1	2 000	2
b	1 800/2 000/2 200	2	2 200	2
c	–	12	400/500/600	3
d	–	10	1 000	2
e	–	（12,20）	1 500	1
f	–	（12,20）	1 500	1

实验 1

假定 $w_1 = 0.2, w_2 = 0.4, w_3 = 0.4$，用 Lingo 编程求解模型得到最优方案如表 5-5 所示。

表 5-5　实验 1 的最优方案

$X_{ij^0}^s$ ($X_{j^1j^0}^s$)		$I_{ij^0}^s$ ($I_{j^1j^0}^s$)		$X_{j^1i}^s$		$I_{j^1i}^s$		K_i^s ($K_{j^1}^s$) ($K_{j^0}^s$)	H_i^s
e	f	e	f	a	b	a	b	—	—
a	90	0	9	0	—	—	—	—	75/80/85	0
b	80	400	8	40	—	—	—	—	400	280
c	30	0	3	0	70	0	7	0	0/100/200	—
d	0	0	0	0	0	400	0	40	0	—
e	—	—	—	—	—	—	—	—	100/0/-100	—
f	—	—	—	—	—	—	—	—	200/0/-200	—

实验 2

假定 $w_1 = 0.4, w_2 = 0.4, w_3 = 0.2$，用 Lingo 编程求解模型得到最优方案如表 5-6 所示。

表 5-6　实验 2 的最优方案

	$X_{ij^0}^s$ ($X_{j^1j^0}^s$)		$I_{ij^0}^s$ ($I_{j^1j^0}^s$)		$X_{j^1i}^s$		$I_{j^1i}^s$		K_i^s ($K_{j^1}^s$) ($K_{j^0}^s$)	H_i^s
	e	f	e	f	a	b	a	b	—	—
a	90	0	9	0	—	—	—	—	75	0
b	0	200	0	20	—	—	—	—	400	0
c	30	0	3	0	70	0	7	0	0/100/200	—
d	0	0	0	0	0	400	0	40	0	—
e	—	—	—	—	—	—	—	—	20/-80/-180	—
f	—	—	—	—	—	—	—	—	0/-200/-400	—

本书对两个实验中各种情景发生时的需求满足率、回收满足率和调度总成本进行了比较。从表 5-7 可以看出：① 情景 S1 发生时，实验 1 和实验 2 的需求满足率相等；而情景 S2 和 S3 发生时，实验 1 的需求满足率均比实验 2 的高；② 三种情景下，实验 1 和实验 2 的回收满足率均相等；③ 情景 S3 发生时，实验 1 的调度总成本比实验 2 的调度总成本低；而情景 S1 发生时，实验 1 的调度总成本比实验 2 的调度总成本高。分析原因可知：

第5章 极端不确定条件下专业托盘共用系统调度优化模型

表5-7 实验1和实验2的比较分析

	需求满足率	回收满足率	调度总成本
C1-S1 实现	100%	100%	12 525
C1-S2 实现	100%	83.33%	10 130
C1-S3 实现	66.67%	71.43%	17 335
C2-S1 实现	100%	100%	6 725
C2-S2 实现	53.33%	83.33%	13 290
C2-S3 实现	35.56%	71.43%	20 495

（1）情景 S1 发生时的总需求（300）低于情景 S2 发生时的总需求（900），也低于情景 S3 发生时的总需求（1500）。由于实验1给情景 S2 和情景 S3 的权重明显比给情景 S1 的权重高，因此最终方案更适合于情景 S2 和情景 S3，即运输较多的托盘满足高需求。而由于实验2给情景 S1 和情景 S2 的权重明显比给情景 S3 的权重高，因此最终方案更适合于情景 S1 和情景 S2，即运输较少的托盘满足低需求。因此情景 S1 发生时，实验1和实验2的需求满足率相等（100%）；而情景 S2 和 S3 发生时，实验1的需求满足率均比实验2的高。

（2）由于约束条件限制富盘需求者期末的未回收托盘量只能为非负，且各种情景下决策变量的取值必须一致，所以供给者最多只能将情景 S1 发生时富盘需求者的全部待回收托盘回收（情景 S1 富盘需求者的总待回收托盘量小于情景 S2 和情景 S3 富盘需求者的总待回收托盘量）。因此三种情景下，实验1和实验2的回收满足率均相等。

（3）实验1给情景 S3 的权重明显比给情景 S1 的权重高，因此最终方案更适合于情景 S3；而实验2给情景 S1 的权重明显的比给情景 S3 的权重高，因此最终方案更适合于情景 S1。所以情景 S3 发生时，实验1的调度总成本比实验2的调度总成本低；而情景 S1 发生时，实验1的调度总成本比实验2的调度总成本高。

由以上分析可知，多情景规划模型基于分配给各个情景的权重制定方案，能较好地适应未来的极端不确定性。事实上如果假定 $w_1=1, w_2=0, w_3=0$，则多情景规划模型就等同于以情景 S1 为基础数据的确定性模型；如果假定

$w_1=0, w_2=1, w_3=0$，多情景规划模型就等同于以情景 S2 为基础数据的确定性模型；如果假定 $w_1=0, w_2=0, w_3=1$，多情景规划模型就等同于以情景 S3 为基础数据的确定性模型。

当然，分配给各个情景的权重直接影响着需求满足率、回收满足率以及调度总成本，因此托盘共用系统管理者必须合理地为各个情景分配权重才能得到最好的调度方案。如果托盘共用系统管理者可以估计各种情景发生的概率，就可以通过随机技术、统计方法给各个情景分派权重；否则托盘共用系统管理者可以利用头脑风暴法等主观权重分配方法来给各个情景分配权重。

总之，考虑单一型号托盘的专业托盘共用系统调度多情景规划模型基于分配给各个情景的权重制定方案，能较好地适应未来的不确定性，帮助仅有一种托盘型号的专业托盘共用系统的管理者在没有充足历史数据估计不确定未来的情况下制定有效的托盘调度方案。

5.2 考虑混合型号托盘的专业托盘共用系统调度多情景规划模型

5.2.1 问题描述

上一节对仅有单一型号托盘的专业托盘共用系统在极端不确定条件的调度优化问题进行了建模，模型能满足仅有一种型号托盘的专业托盘共用系统的运营管理的需求。但 3.2.1 节中已介绍，目前市场上还有很多专业托盘共用系统不仅只有一种托盘型号，仅考虑单一型号托盘的专业托盘共用系统调度多情景规划模型并不能满足这类专业托盘共用系统管理者在极端不确定条件下的决策需要，需要构建一个考虑混合型号托盘的专业托盘共用系统调度多情景规划模型。

同样，在构建考虑混合型号托盘的专业托盘共用系统调度多情景规划模型时，假设各种型号的托盘不能互相替代。

5.2.2　基本假设

（1）专业托盘共用系统中有多种型号的托盘，且各种型号的托盘不能互相替代。

（2）由于缺盘需求者的需求是极端不确定的，因此供给者可以不满足或超过缺盘需求者的需求，但必须支付惩罚成本，且前者的成本比后者低。因为如果供给者不能满足缺盘需求者的需求就可能失去该客户。

（3）供给者可以从系统外购买或租借托盘来满足缺盘需求者的需求，且购买或租借数量没有限制。

（4）由于富盘需求者处的待回收托盘是极端不确定的，因此供给者可以不将富盘需求者的待回收托盘全部收回，但需支付惩罚成本。

（5）供给者服务中心的各种型号托盘的可供给量、缺盘需求者对各种型号托盘的需求量、富盘需求者待回收的各种型号托盘的数量、富盘需求者待回收的各种型号托盘的毁坏率、供给者服务中心的库存能力、每条线路的运输能力、供给者服务中心的装卸能力、缺盘需求者的装卸能力、富盘需求者的装卸能力等均极端不确定。

（6）各种型号托盘的单位运输成本、单位库存成本、单位装卸成本、单位惩罚成本、单位购买（租借）成本均确定。

（7）托盘必须整车运输且整车车载量确定。

（8）各种型号托盘占用的库存能力、装卸能力、运输能力均确定。

（9）仅考虑在某一时间段内的最优化专业托盘共用系统调度方案。

5.2.3　模型构建

为了描述本问题，需要定义下述标量、变量和参数：

标　量

i（$i=1,2,\cdots,I$），j^0（$j^0=1,2,\cdots,J^0$）和 j^1（$j^1=1,2,\cdots J^1$，）分别代表供给者服务中心、缺盘需求者、富盘需求者。

p（$p=p1,p2,...,pn$）代表托盘型号。

s（$s=s1,s2,...,sn$）代表情景。

决策变量

$X_{ij^0p}^s$ 代表 s 情景发生时从 i 运到 j^0 的 p 种型号托盘的数量。

$X_{j^1j^0p}^s$ 代表 s 情景发生时从 j^1 运到 j^0 的 p 种型号托盘的数量。

$X_{j^1ip}^s$ 代表 s 情景发生时从 j^1 运到 i 的 p 种型号托盘的数量。

H_{ip}^s 代表 s 情景发生时 i 从系统外购买或租借的 p 种型号托盘的数量。

$I_{ij^0}^s$ 代表 s 情景发生时从 i 运多少车托盘到 j^0。

$I_{j^1j^0}^s$ 代表 s 情景发生时从 j^1 运多少车托盘到 j^0。

$I_{j^1i}^s$ 代表 s 情景发生时从 j^1 运多少车托盘到 i。

确定参数

w_s 代表分配给情景 s 的权重。

C_{ij^0p}，$C_{j^1j^0p}$，C_{j^1ip} 分别代表将 p 种型号托盘从 i 运到 j^0，从 j^1 运到 j^0，以及从 j^1 运到 i 的单位运输成本。

C_{hp} 代表从系统外购买（租借）p 种型号托盘的单位购买（租借）成本。

C_{Kip} 代表 p 种型号托盘在 i 的单位库存成本。

C_{lip}，C_{lj^1p}，C_{lj^0p} 分别代表 i，j^1，j^0 装卸 p 种型号托盘的单位装卸成本。

C_{Kj^1p} 代表未将 j^1 的待回收的 p 种型号托盘回收的单位惩罚成本。

MC_{Kj^0p} 代表 j^0 对 p 种型号托盘的需求未被满足的单位惩罚成本。

LC_{Kj^0p} 代表 j^0 对 p 种型号托盘的需求被过量满足的单位惩罚成本。

LA_{ij^0}，$LA_{j^1j^0}$，LA_{j^1i} 代表从 i 到 j^0，从 j^1 到 j^0，以及从 j^1 到 i 的整车车载量。

υ_p，υ'_p，υ''_p 分别代表一个 p 种型号托盘占用的库存能力、运输能力和装卸能力。

极端不确定参数

$\tau_{j^1p}^s$（$0 \leq \tau_{j^1p}^s \leq 1$）代表 s 情景发生时 j^1 待回收的 p 种型号托盘的毁坏率。

$D_{j^0p}^s$ 代表 s 情景发生时 j^0 对 p 种型号托盘的需求量。

S_{ip}^s 代表 s 情景发生时 i 的 p 种型号托盘的可供给量。

$S_{j^1p}^s$ 代表 s 情景发生时 j^1 待回收的 p 种型号托盘的数量。

K_{0i}^s 代表 s 情景发生时 i 的库存能力。

L_i^s，$L_{j^1}^s$，$L_{j^0}^s$ 分别代表 s 情景发生时 i，j^1，j^0 的装卸能力。

$MA_{ij^0}^s$，$MA_{j^1j^0}^s$，$MA_{j^1i}^s$ 分别代表 s 情景发生时从 i 到 j^0，从 j^1 到 j^0，以

及从 j^1 到 i 的运输能力。

其 他

K_{ip}^s 代表 s 情景发生时期末 i 的 p 种型号托盘的库存量。

$K_{j^1p}^s$ 代表 s 情景发生时 j^1 未被回收的 p 种型号托盘的数量。

$K_{j^0p}^s$ 代表 s 情景发生时未满足或超过 j^0 对 p 种型号托盘需求的数量。

$C_{Kj^0p}^s$ 代表 s 情景发生时未满足或超出 j^0 对 p 种型号托盘的需求量的单位惩罚成本，其取值为 MC_{Kj^0p} 或 LC_{Kj^0p}。

考虑混合型号托盘的专业托盘共用系统调度多情景规划模型 M-PPP-MSPM 可以表示为：

1. 目标函数

目标函数式（5-24）表示专业托盘共用系统所有情景下期望调度总成本（分配给每个情景的权重和每个情景下调度总成本乘积之和）最小。其中，每个情景下的调度总成本包括供给者服务中心向缺盘需求者分派所有型号托盘的运输成本和装卸成本、富盘需求者向缺盘需求者再分派所有型号托盘的运输成本和装卸成本、供给者服务中心向富盘需求者收回所有型号托盘的运输成本和装卸成本、向系统外购买（租借）所有型号托盘的成本、供给者服务中心未租出的所有型号托盘的库存成本、未满足或超过缺盘需求者对所有型号托盘需求的惩罚成本、未将富盘需求者待回收的所有型号托盘收回的惩罚成本。

$$\min f_6 = \sum_{s=s1}^{sn} w_s \times (\sum_{i=1}^{I} \sum_{j^0=1}^{J^0} \sum_{p=p1}^{pn} C_{ij^0p} X_{ij^0p}^s + \sum_{j^1=1}^{J^1} \sum_{j^0=1}^{J^0} \sum_{p=p1}^{pn} C_{j^1j^0p} X_{j^1j^0p}^s + \sum_{j^1=1}^{J^1} \sum_{i=1}^{I} \sum_{p=p1}^{pn} C_{j^1ip} X_{j^1ip}^s +$$

$$\sum_{i=1}^{I} \sum_{p=p1}^{pn} C_{hp} H_{ip}^s + \sum_{i=1}^{I} C_{li} \sum_{p=p1}^{pn} (\sum_{j^0=1}^{J^0} X_{ij^0p}^s + \sum_{j^1=1}^{J^1} X_{j^1ip}^s) +$$

$$\sum_{j^1=1}^{J^1} C_{lj^1} \sum_{p=p1}^{pn} (\sum_{j^0=1}^{J^0} X_{j^1j^0p}^s + \sum_{i=1}^{I} X_{j^1ip}^s) +$$

$$\sum_{j^0=1}^{J^0} \sum_{p=p1}^{pn} C_{lj^0p} (\sum_{i=1}^{I} X_{ij^0p}^s + \sum_{j^1=1}^{J^1} X_{j^1j^0p}^s) + \sum_{i=1}^{I} \sum_{p=p1}^{pn} C_{Kip} K_{ip}^s +$$

$$\sum_{j^0=1}^{J^0} \sum_{p=p1}^{pn} C_{Kj^0p}^s \left| K_{j^0p}^s \right| + \sum_{j^1=1}^{J^1} \sum_{p=p1}^{pn} C_{Kj^1p} K_{j^1p}^s) \quad （5-24）$$

2. 供给约束

约束条件式（5-25）表示某情景下从某供给者服务中心运输到所有缺盘需求者的某种型号托盘的数量不能超过其该种型号托盘可供给量和向系统外购买（租借）的该种型号托盘的数量的总和。

$$\sum_{j^0=1}^{j^0} X_{ij^0p}^s \leqslant S_{ip}^s + H_{ip}^s \qquad (5\text{-}25)$$

约束条件式（5-26）表示某情景下从某富盘需求者运输到所有缺盘需求者的某种型号托盘的数量不能超过其待回收的该种型号托盘的数量和该种型号托盘完好率（1-毁坏率）的乘积。如前所述，富盘需求者的待回收的所有型号托盘的数量和其占用的运输能力的乘积之和必须能被最小整车车载量整除。

$$\sum_{j^0=1}^{j^0} X_{j^1j^0p}^s \leqslant (1-\tau_{j^1p}^s) S_{j^1p}^s \qquad (5\text{-}26)$$

3. 库存约束

约束条件式（5-27）表示某情景下期末某供给者服务中心的某种型号托盘的库存量等于该情景下该供给者服务中心该种型号托盘的可供给量+向系统外购买（租借）该种型号托盘的数量-从该供给者服务中心运输到所有缺盘需求者的该种型号托盘的数量+从所有富盘需求者运输到该供给者服务中心的该种型号托盘的数量。

$$K_{ip}^s = S_{ip}^s + H_{ip}^s - \sum_{j^0=1}^{j^0} X_{ij^0p}^s + \sum_{j^1=1}^{j^1} X_{j^1ip}^s \qquad (5\text{-}27)$$

约束条件式（5-28）表示某情景下期末某供给者服务中心的所有型号托盘的库存量不能超过其库存能力。

$$\sum_{p=p1}^{pn} v_p K_{ip}^s \leqslant K_{0i}^s \qquad (5\text{-}28)$$

约束条件式（5-29）表示某情景下期末某富盘需求者未被回收的某种

型号托盘的数量等于该情景下该富盘需求者待回收的该种型号托盘的数量-从该富盘需求者运输到所有缺盘需求者的该种型号托盘的数量-从该富盘需求者运输到所有供给者服务中心的该种型号托盘的数量。

$$K_{j^1 p}^s = S_{j^1 p}^s - \sum_{j^0=1}^{j^0} X_{j^1 j^0 p}^s - \sum_{i=1}^{I} X_{j^1 i p}^s \quad (5\text{-}29)$$

约束条件式（5-30）表示某情景下期末某富盘需求者未被回收的托盘数量必须非负。

$$K_{j^1 p}^s \geqslant 0 \quad (5\text{-}30)$$

约束条件式（5-31）表示某情景下未满足或超出某缺盘需求者需求的某种型号托盘的数量等于从所有供给者服务中心运输到该缺盘需求者的该种型号托盘的数量+从所有富盘需求者运输到该缺盘需求者的该种型号托盘的数量-该缺盘需求者对该种型号托盘的需求量。如前所述，缺盘需求者对所有型号托盘的需求量和其占用的运输能力的乘积之和必须能被最小整车车载量整除。

$$K_{j^0 p}^s = \sum_{i=1}^{I} X_{i j^0 p}^s + \sum_{j^1=1}^{j^1} X_{j^1 j^0 p}^s - D_{j^0 p}^s \quad (5\text{-}31)$$

约束条件式（5-32）表示某情景下未满足或超出某缺盘需求者对某种型号托盘的需求的单位惩罚成本。

$$C_{K j^0 p}^s = \begin{cases} LC_{K j^0 p}, & K_{j^0 p}^s \geqslant 0 \\ MC_{K j^0 p}, & \text{else} \end{cases} \quad (5\text{-}32)$$

4. 运输能力约束

约束条件式（5-33）表示某情景下从某供给者服务中心运输到某缺盘需求者的所有型号的托盘的总运输量不能超过该情景下该线路的运输能力。约束条件式（5-34）表示某情景下从某富盘需求者运输到某缺盘需求者的所有型号的托盘的总运输量不能超过该情景下该线路的运输能力。约束条件式（5-35）表示某情景下从某富盘需求者运输到某供给者服务中心的所有型号的托盘的总运输量不能超过该情景下该线路的运输能力。

$$\sum_{p=p1}^{pn} v'_p X^s_{ij^0 p} \leqslant MA^s_{ij^0} \qquad (5\text{-}33)$$

$$\sum_{p=p1}^{pn} v'_p X^s_{j^1 j^0 p} \leqslant MA^s_{j^1 j^0} \qquad (5\text{-}34)$$

$$\sum_{p=p1}^{pn} v'_p X^s_{j^1 i p} \leqslant MA^s_{j^1 i} \qquad (5\text{-}35)$$

5. 整车约束

约束条件式（5-36）表示某情景下从某供给者服务中心运输到某缺盘需求者的所有型号的托盘的总运输量必须为该线路整车车载量的整数倍。约束条件式（5-37）表示某情景下从某富盘需求者运输到某缺盘需求者的所有型号的总运输量必须为该线路整车车载量的整数倍。约束条件式（5-38）表示某情景下从某富盘需求者运输到某供给者服务中心的所有型号的托盘的总运输量必须为该线路整车车载量的整数倍。

$$\sum_{p=p1}^{pn} v'_p X^s_{ij^0 p} = I^s_{ij^0} \times LA_{ij^0} \qquad (5\text{-}36)$$

$$\sum_{p=p1}^{pn} v'_p X^s_{j^1 j^0 p} = I^s_{j^1 j^0} \times LA_{j^1 j^0} \qquad (5\text{-}37)$$

$$\sum_{p=p1}^{pn} v'_p X^s_{j^1 i p} = I^s_{j^1 i} \times LA_{j^1 i} \qquad (5\text{-}38)$$

6. 装卸能力约束

约束条件式（5-39）表示某情景下某供给者服务中心的所有型号托盘的总装卸量不能超过其该情景下的装卸能力。约束条件式（5-40）表示某情景下某富盘需求者的所有型号托盘的总装卸量不能超过其该情景下的装卸能力。约束条件式（5-41）表示某情景下某缺盘需求者的所有型号托盘的总装卸量不能超过其该情景下的装卸能力。

$$\sum_{j^1=1}^{j^1} \sum_{p=p1}^{pn} v_p'' X_{j^1ip}^s + \sum_{j^0=1}^{j^0} \sum_{p=p1}^{pn} v_p'' X_{ij^0p}^s \leq L_i^s \quad (5\text{-}39)$$

$$\sum_{i=1}^{I} \sum_{p=p1}^{pn} v_p'' X_{j^1ip}^s + \sum_{j^0=1}^{j^0} \sum_{p=p1}^{pn} v_p'' X_{j^1j^0p}^s \leq L_{j^1}^s \quad (5\text{-}40)$$

$$\sum_{i=1}^{I} \sum_{p=p1}^{pn} v_p'' X_{ij^0p}^s + \sum_{j^1=1}^{j^1} \sum_{p=p1}^{pn} v_p'' X_{j^1j^0p}^s \leq L_{j^0}^s \quad (5\text{-}41)$$

7. 一致性约束

约束条件式（5-42）、（5-43）、（5-44）、（5-45）为一致性约束，表示所有情景下决策变量的取值均是一致的。

$$H_{ip}^{s1} = H_{ip}^{s2} = \cdots = H_{ip}^{sn} \quad (5\text{-}42)$$

$$X_{ij^0p}^{s1} = X_{ij^0p}^{s2} = \cdots = X_{ij^0p}^{sn} \quad (5\text{-}43)$$

$$X_{j^1j^0p}^{s1} = X_{j^1j^0p}^{s2} = \cdots = X_{j^1j^0p}^{sn} \quad (5\text{-}44)$$

$$X_{j^1ip}^{s1} = X_{j^1ip}^{s2} = \cdots = X_{j^1ip}^{sn} \quad (5\text{-}45)$$

8. 取值约束

约束条件式（5-46）表示决策变量均应为非负整数。

$$X_{ij^0p}^s, X_{j^1j^0p}^s, X_{j^1ip}^s, H_{ip}^s, I_{ij^0}^s, I_{j^1j^0}^s, I_{j^1i}^s \geq 0, \text{and int} \quad (5\text{-}46)$$

5.2.4 算　例

假定某专业托盘共用系统中有 2 个运营中心（$i=a,b$），2 个富盘需求者（$j^1=c,d$），2 个缺盘需求者（$j^0=e,f$），2 种托盘型号（$p=p1,p2$）。从系统外购买（租借）$p1$ 和 $p2$ 两种型号托盘的单位成本分别为 1 和 2。所有

富盘需求者的 $p1$ 型号托盘的毁坏率均为 0.5。$p1$ 和 $p2$ 两种型号托盘占用运输能力、库存能力、装卸能力的系数均分别为 1 和 1.1。所有线路整车车载量均为 10。其他参数如表 5-8~表 5-11 所示。

假定 a 的 $p1$ 型号托盘的可供给量、c 的 $p2$ 型号托盘的待回收量、e 和 f 对 $p1$ 型号托盘和 $p2$ 型号托盘的需求量、d 到 e 的运输能力、b 的库存能力、c 的装卸能力、c 和 d 的 $p2$ 型号托盘的毁坏率等均为极端不确定因素。如果假定每个极端不确定因素均有 3 种可能的实现值，则就有 $3^{11}=177\,147$ 种情景。本案例将分析三种重要的情景。

情景 S1：① a 的 $p1$ 型号托盘的可供给量比期望值低 5%；② c 需要回收的 $p2$ 型号托盘的数量比期望值低 50%；③ 所有缺盘需求者对 $p1$ 型号托盘的需求均比期望值低 50%；④ 所有缺盘需求者对 $p2$ 型号托盘的需求均比期望值低 100%；⑤ 从 d 到 e 的运输能力为期望值；⑥ b 的库存能力比期望值低 10%；⑦ c 的装卸能力比期望值低 20%；⑧ 所有富盘需求者的 $p2$ 型号托盘的毁坏率均为 0.5。

情景 S2：所有不确定参数均为期望值（所有富盘需求者的 $p2$ 型号托盘的毁坏率均为 0.1）。

情景 S3：① a 的 $p1$ 型号托盘的供给能力比期望值高 5%；② c 需要回收的 $p2$ 型号托盘的数量比期望值高 50%；③ 所有缺盘需求者对 $p1$ 型号托盘的需求均比期望值高 50%；④ 所有缺盘需求者对 $p2$ 型号托盘的需求均比期望值高 100%；⑤ 从 d 到 e 的运输能力为 0；⑥ b 的库存能力比期望值高 10%；⑦ c 的装卸能力比期望值低 20%；⑧ 所有富盘需求者的 $p2$ 型号托盘的毁坏率均为 0。

表 5-8 单位运输成本

$p1/p2$	a	b	c	d	e	f
a	—	—	3/5	4/5	5/7	6/7
b	—	—	∞/∞	2/3	4/5	5/7
c	3/5	∞/∞	—	—	7/8	8/8
d	4/5	2/3	—	—	2/4	∞/∞
e	5/7	4/5	7/8	2/4	—	—
f	6/7	5/7	8/8	∞/∞	—	—

表 5-9　运输能力

S1/S2/S3	a	b	c	d	e	f
a	-	-	1 000	1 000	400	500
b	-	-	0	700	300	500
c	1 000	0	-	-	400	700
d	1 000	700	-	-	300/300/0	0
e	400	300	400	300/300/0	-	-
f	500	500	700	0	-	-

表 5-10　需求和供给

	可供给量 （p1（S1/S2/S3）/p2 （S1/S2/S3））	待回收的托盘量 （p1（S1/S2/S3）/p2 （S1/S2/S3））	需求量 （p1（S1/S2/S3）/p2 （S1/S2/S3））
a	（95/100/105）/50	-	-
b	200/100	-	-
c	-	200/（100/200/300）	-
d	-	400/100	-
e	-	-	（100/200/300）/ （0/100/200）
f	-	-	（200/400/600）/ （0/200/400）

表 5-11　其他

	库存能力 （S1/S2/S3）	单位库存成本（单位 惩罚成本）（p1/p2）	装卸能力 （S1/S2/S3）	单位装卸成本 （p1/p2）
a	2 000	1/1	2 000	2/2
b	1 800/2 000/2 200	2/2	2 200	2/2
c	-	12/14	400/500/600	3/4
d	-	10/12	1 000	2/4
e	-	（12,20）/（13,22）	1 500	1/2
f	-	（12,20）/（14,23）	1 500	1/3

1. 数值求解

实验 1

假定 $w_1=0.2, w_2=0.4, w_3=0.4$，用 Lingo 编程求解模型得到最优方案，如表 5-12 所示。

表 5-12　实验 1 的最优方案

	$X_{ij^0p1}^s$ ($X_{j^1j^0p1}^s$) $X_{ij^0p2}^s$ ($X_{j^1j^0p2}^s$)		$I_{ij^0}^s$ ($I_{j^1j^0}^s$)		$X_{ij^0p1}^s$ $X_{ij^0p2}^s$		$I_{j^1i}^s$		K_{ip1}^s ($K_{j^1p1}^s$)($K_{j^0p1}^s$) K_{ip2}^s ($K_{j^1p2}^s$)($K_{j^0p2}^s$)	H_{ip1}^s H_{ip2}^s
	e	f	e	f	a	b	a	b	–	–
a	64 60	38 20	13	6	–	–	–	–	106/111/116 50	8 30
b	47 30	357 130	8	50	–	–	–	–	400 100	204 60
c	89 10	6 40	10	5	105 50	0 0	16	0	0 0/100/200	–
d	0 0	0 0	0	0	0 0	400 100	0	51	0 0	–
e	–	–	–	–	–	–	–	–	100/0/-100 100/0/-100	–
f	–	–	–	–	–	–	–	–	201/1/-199 190/-10/-210	–

实验 2

假定 $w_1=0.4, w_2=0.4, w_3=0.2$，用 Lingo 编程求解模型得到最优方案，如表 5-13 所示。

表 5-13　实验 2 的最优方案

	$X_{ij^0p1}^s$ ($X_{j^1j^0p1}^s$) $X_{ij^0p2}^s$ ($X_{j^1j^0p2}^s$)		$I_{ij^0}^s$ ($I_{j^1j^0}^s$)		$X_{j^1ip1}^s$ $X_{j^1ip2}^s$		$I_{j^1i}^s$		K_{ip1}^s ($K_{j^1p1}^s$)($K_{j^0p1}^s$) K_{ip2}^s ($K_{j^1p2}^s$)($K_{j^0p2}^s$)	H_{ip1}^s H_{ip2}^s
	e	f	e	f	a	b	a	b	–	–
a	10 0	80 0	1	8	–	–	–	–	110/115/120 100	0 0

续表

	$X^s_{ij^0p1}$ ($X^s_{j^1j^0p1}$) $X^s_{ij^0p2}$ ($X^s_{j^1j^0p2}$)		$I^s_{ij^0}$ ($I^s_{j^1j^0}$)		$X^s_{j^1ip1}$ $X^s_{j^1ip2}$		$I^s_{j^1i}$		K^s_{ip1} ($K^s_{j^1p1}$)(K_{j^0p1}) K^s_{ip2} ($K^s_{j^1p2}$)(K_{j^0p2})	H^s_{ip1} H^s_{ip2}
	e	f	e	f	a	b	a	b	—	—
b	160 100	40 0	27	4	—	—	—	—	400 100	0 0
c	10 0	85 50	1	14	105 50	0 0	16	0	0 0/100/200	—
d	0 0	0 0	0	0	0 0	400 100	0	51	0 0	—
e	—	—	—	—	—	—	—	—	80/-20/-120 100/0/-100	—
f	—	—	—	—	—	—	—	—	5/-195/-395 50/-150/-350	—

本书对两个实验中各个情景发生时的所有型号托盘的总需求满足率、$p1$ 型号托盘的需求满足率、$p2$ 型号托盘的需求满足率、所有型号托盘的总回收满足率、$p1$ 型号托盘的回收满足率、$p2$ 型号托盘的回收满足率、调度总成本进行了比较。从表 5-14 可以看出：① 情景 S1 发生时，实验 1 和实验 2 的需求满足率相等；而情景 S2 和 S3 发生时，实验 1 的需求满足率均比实验 2 的高；② 三种情景下，实验 1 和实验 2 的回收满足率均相等；③ 情景 S3 发生时，实验 1 的调度总成本比实验 2 的调度总成本低；而情景 S1 发生时，实验 1 的调度总成本比实验 2 的调度总成本高。分析原因可知：

表 5-14 实验 1 和实验 2 的比较分析

	总需求满足率	$p1$ 需求满足率	$p2$ 需求满足率	总回收满足率	$p1$ 回收满足率	$p2$ 回收满足率	调度总成本
C1-S1 实现	100%	100%	100%	100%	100%	100%	22 370
C1-S2 实现	98.89%	100%	96.67%	88.89%	100%	66.67%	16 445
C1-S3 实现	59.4%	66.78%	48.33%	80%	100%	50%	30 618
C2-S1 实现	100%	100%	100%	100%	100%	100%	13 940
C2-S2 实现	59.44%	64.17%	50%	88.89%	100%	66.67%	20 075
C2-S3 实现	35.67%	42.78%	25%	80%	100%	50%	34 280

（1）情景 S1 发生时的需求（所有型号托盘的总需求为 300、p1 型号托盘的需求为 300、p2 型号托盘的需求为 0）低于情景 S2 发生时的总需求（所有型号托盘的总需求为 900、p1 型号托盘的需求为 600、p2 型号托盘的需求为 300），也低于情景 S3 发生时的总需求（所有型号托盘的总需求为 1 500、p1 型号托盘的需求为 900、p2 型号托盘的需求为 600）。由于实验 1 给情景 S2 和 S3 的权重明显比给情景 S1 的权重高，因此最终方案更适合于情景 S2 和情景 S3，即运输较多的托盘满足高需求。而由于实验 2 给情景 S1 和情景 S2 的权重明显比给情景 S3 的权重高，因此最终方案更适合于情景 S1 和情景 S2，即运输较少的托盘满足低需求。因此情景 S1 发生时，实验 1 和实验 2 的需求满足率相等（所有型号托盘的总需求满足率、p1 型号托盘的需求满足率和 p2 型号托盘的需求满足率均为 100%）；而情景 S2 和 S3 发生时，实验 1 的需求满足率均比实验 2 的高。

（2）由于约束条件限制富盘需求者期末的未回收托盘量只能为非负，且各种情景下决策变量的取值必须一致，而情景 S1 发生时富盘需求者的待回收托盘量（所有型号待回收托盘的总量为 800、p1 型号待回收托盘的数量为 600、p2 型号待回收托盘的数量为 200）小于情景 S2 发生时富盘需求者的待回收托盘量（所有型号待回收托盘的总量为 900、p1 型号待回收托盘的数量为 600、p2 型号待回收托盘的数量为 300）和情景 S3 发生时富盘需求者的待回收托盘量（所有型号待回收托盘的总量为 1 000、p1 型号待回收托盘的数量为 600、p2 型号待回收托盘的数量为 400），因此供给者最多只能将情景 S1 发生时富盘需求者的全部待回收托盘回收。三种情景下，实验 1 和实验 2 的最终方案均是从富盘需求者处回收 800 个托盘，其中 p1 型号托盘 600、p2 型号托盘 200。因此，三种情景下实验 1 和实验 2 的回收满足率均相等。

（3）实验 1 给情景 S3 的权重明显的比给情景 S1 的权重高，因此最终方案更适合于情景 S3；而实验 2 给情景 S1 的权重明显的比给情景 S3 的权重高，因此最终方案更适合于情景 S1。所以情景 S3 发生时，实验 1 的调度总成本比实验 2 的调度总成本低；而情景 S1 发生时，实验 1 的调度总成本比实验 2 的调度总成本高。

由以上分析可知，考虑混合型号托盘的专业托盘共用系统调度多情景规划模型基于分配给各个情景的权重制定方案，能较好地适应未来的不确定性，帮助有多种托盘型号的专业托盘共用系统的管理者在没有充足历史数据估计不确定未来的情况下制定有效的托盘调度方案。

2. 托盘型号之间的关系分析

由于本模型假设了不同型号托盘间不能进行替代且可以拒绝需求者对任何型号托盘的需求，因此两种型号托盘互相影响的部分在于：当库存能力、运输能力、装卸能力等因素导致无法同时满足所有型号托盘的需求时，决策者必须以一定原则选择优先满足哪种型号托盘的需求。

假定 $w_1=0.2, w_2=0.4, w_3=0.4$，在其他条件不变的情况下，将缺盘需求者 e 的装卸能力分别设为[100 200 300 400]，分析装卸能力限制下模型将如何选择优先满足 e 对哪种型号托盘的需求。

表 5-15 缺盘需求者 e 各种装卸能力下的各种型号托盘的库存

缺盘需求者 e 的装卸能力	$p1$ 型号托盘库存（S1/S2/S3）	$p2$ 型号托盘库存（S1/S2/S3）
100	0/-100/-200	0/-100/-200
200	100/0/-100	0/-100/-200
300	90/-10/-110	100/0/-100
400	100/0/-100	100/0/-100

由表 5-15 分析可知，情景 S2 发生时（其他情景发生时得出的结论一样，不再赘述），当缺盘需求者 e 的装卸能力为 100 时，由于装卸能力限制，供给者不能满足 e 对 $p1$ 和 $p2$ 型号托盘的所有需求，以总成本最小为原则选择了满足 e 对 $p1$ 型号托盘的部分需求；当缺盘需求者 e 的装卸能力为 200 时，由于装卸能力限制，供给者不能满足 e 对 $p1$ 和 $p2$ 型号托盘的所有需求，同样以总成本最小为原则选择了满足 e 对 $p1$ 型号托盘的全部需求；当缺盘需求者 e 的装卸能力为 300 时，由于装卸能力限制，供给者不能满足 e 对 $p1$ 和 $p2$ 型号托盘的所有需求，在考虑整车约束的条件下以总成本最小为原则，满足了 e 对 $p1$ 型号托盘的部分需求和 $p2$ 型号托盘的全部需求（向 e 提供了 190 个 $p1$ 型号的托盘和 100 个 $p2$ 型号的托盘（共 20 车）。如果满足 $p1$ 型号托盘的所有需求，即 200 个托盘，在整车约束的限制下，就必须

拒绝 e 对 p2 型号托盘的所有需求，惩罚成本会非常大，导致调度总成本很大。）；当缺盘需求者 e 的装卸能力为 400 时，由于装卸能力足够，供给者可以满足 e 对 p1 和 p2 型号托盘的所有需求，因此满足了 e 对 p1 型号托盘和 p2 型号托盘的全部需求。

继续假定 $w_1 = 0.2, w_2 = 0.4, w_3 = 0.4$，在其他条件不变的情况下，将富盘需求者 d 的装卸能力分别设为[100 200 300 400 500 600]，分析装卸能力限制下模型如何选择优先回收 d 的哪种型号托盘时（如表 5-16 所示）可得出同样的结论。

表 5-16 富盘需求者 d 各种装卸能力下的各种型号托盘的库存

富盘需求者 d 的装卸能力	p1 型号托盘库存（S1/S2/S3）	p2 型号托盘库存（S1/S2/S3）
100	300	100
200	200	100
300	100	100
400	0	100
500	10	0
600	0	0

因此，可以得出下述结论：当因库存能力、运输能力、装卸能力等因素限制导致无法同时满足需求者对所有型号托盘的需求时，决策者应在考虑整车约束的条件下以总成本最小为原则来选择优先满足哪一种型号托盘的需求或满足多种型号托盘的部分需求。

5.3 本章小结

本章采用情景规划的方法构建了考虑单一型号托盘的专业托盘共用系统调度多情景规划模型和考虑混合型号托盘的专业托盘共用系统调度多情景规划模型，实验证明，这两个专业托盘共用系统调度多情景规划模型基于分配给各个情景的权重制定方案，能较好地适应未来的极端不确定性，帮助专业托盘共用系统管理者在没有充足历史数据估计不确定未来的情况下制定有效的托盘调度方案。当然实验也证明，分配给各个情景的权重直接影响着调度方案的优劣，因此托盘共用系统管理者必须合理地为各个情景分配权重才能得到最好的调度方案。如果托盘共用系统管理者可以估计各种情景发生的概率，就可以通过随机技术、统计方法给各个情景分派权重；否则托盘共用系统管理者可以利用头脑风暴法等主观权重分配方法来给各个情景分配权重。

本章还对托盘型号之间的关系进行了分析，得出以下结论：在本章模型的假设条件下，当因库存能力、运输能力、装卸能力等因素限制导致无法同时满足需求者对所有型号托盘的需求时，决策者应在考虑整车约束的条件下以总成本最小为原则来选择优先满足哪一种型号托盘的需求或满足多种型号托盘的部分需求。

本章的主要贡献为：研究了没有充足历史数据预测不确定未来情况下的专业托盘共用系统优化方案，考虑了运输能力极端不确定、装卸能力极端不确定、库存能力极端不确定、待回收托盘量极端不确定、待回收托盘的毁坏率极端不确定等现有调度文献尚未研究的极端不确定因素。

第6章　考虑可持续发展因子和客户优先级因子的专业托盘共用系统调度优化模型

6.1　问题描述

一个典型的托盘共用系统运作流程如图 6-1 所示：

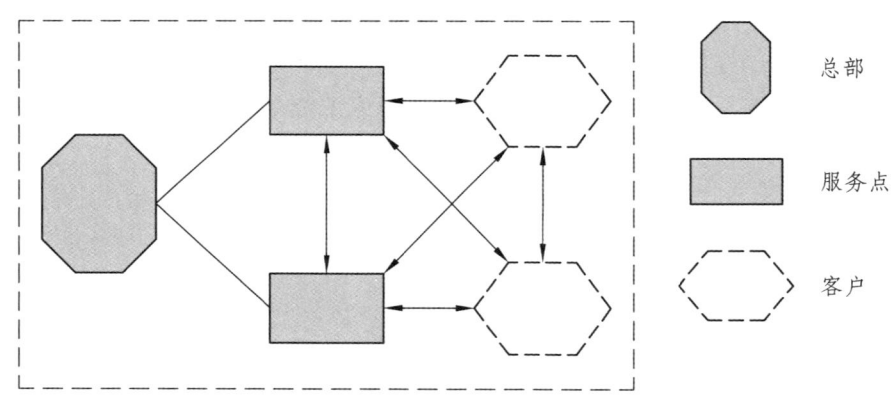

图 6-1　托盘共用系统运作流程图

（1）托盘共用系统总部负责整个托盘共用系统的运营和管理。

（2）客户与托盘共用系统签订合同。客户向托盘共用系统请求空托盘，托盘共用系统从最近的服务站点将托盘发送给客户。

（3）客户使用托盘运输货物到达供应链下游，供应链下游客户卸载货物后，将托盘存放到指定地点，并在托盘数量积累到一定程度时，请求托盘共用系统回收托盘。

（4）托盘共用系统派最近的服务站点回收托盘，并对托盘进行分类、检测、维修后重复使用。

托盘共用系统调度问题之所以难以解决,是因为托盘共用系统涉及区域广、行业多,具有跨企业调度的特点,许多因素很难预测或控制,比单个企业调度面临着更多的不确定性。目前关于托盘共用系统调度的研究仅就确定、随机和极端不确定等特殊情况的调度方法进行了研究[131,132,133,134,135],但在实际运作中,管理者面临的情况可能是:有些因素是确定的、有些因素是一般不确定的、有些因素是极端不确定的,对于这种复杂的情况,目前尚未有相关研究。所谓一般不确定和极端不确定是根据是否可采用统计的方法根据历史数据估计不确定参数来区分的,即如果可采用统计的方法根据历史数据估计不确定参数,则视为一般不确定,否则视为极端不确定[136]。

从可持续发展的视角来看,是重复使用旧托盘满足需求还是直接使用新托盘满足需求,对环境所产生的影响是完全不一样的,托盘共用系统管理者决策时必须考虑可持续发展成本,因此本书在托盘共用系统调度模型中引入可持续发展因子。

从客户战略的角度来看,为了最大化公司的经济效益,托盘共用系统管理者应采取差异化策略来满足客户的需求,因此本书在托盘共用系统调度模型中引入客户优先级因子。

综上所述,本书将考虑可持续发展因子和客户优先级因子,研究托盘共用系统管理者在同时面临确定、一般不确定和极端不确定因素的复杂情况时的调度优化方法。

6.2 模型构建

6.2.1 基本假设

(1)专业托盘共用系统中有多种型号的托盘,且各种型号的托盘不能互相替代。

(2)由于缺盘需求者的需求是极端不确定的,因此供给者可以不满足或超过缺盘需求者的需求，但必须支付惩罚成本，且前者的成本比后者低。因为如果供给者不能满足缺盘需求者的需求就可能失去该客户。惩罚成本是客户优先级、单位惩罚成本和未满足或超过需求的绝对数量的乘积，即客户优先级越高，惩罚成本越高。

（3）供给者可以从系统外购买托盘来满足缺盘需求者的需求，且购买数量没有限制，但购买新托盘除需付购买成本外，还必须支付较高的可持续发展成本，且不同材质的托盘可持续发展成本也不同。

（4）由于富盘需求者处的待回收托盘是极端不确定的，因此供给者可以不将富盘需求者的待回收托盘全部收回，但需支付惩罚成本。惩罚成本是客户优先级、单位惩罚成本和未回收托盘数量的乘积，即客户优先级越高，惩罚成本越高。

（5）供给者服务中心的各种型号托盘的可供给量、供给者服务中心的库存能力、供给者服务中心的装卸能力均有准确的历史数据可供参考，故分为确定和随机两部分（一般不确定），所有随机数均为独立的随机数，且已知其分布函数。

（6）缺盘需求者对各种型号托盘的需求量、富盘需求者待回收的各种型号托盘的数量、富盘需求者待回收的各种型号托盘的毁坏率、每条线路的运输能力、缺盘需求者的装卸能力、富盘需求者的装卸能力等无准确的历史数据可供参考，故均为极端不确定因素。

（7）各种型号托盘的单位运输成本、单位库存成本、单位装卸成本、单位惩罚成本、单位购买成本、单位可持续发展成本均确定。

（8）各种型号托盘占用的库存能力、装卸能力、运输能力均确定。

（9）仅考虑在某一时间段内的最优化专业托盘共用系统调度方案。

6.2.2 模型构建过程

$$\min f = \sum_{s=s1}^{sn} w_s \times (\sum_{i=1}^{I} \sum_{j^0=1}^{j^0} \sum_{p=p1}^{pn} C_{ij^0 p} X_{ij^0 p}^s + \sum_{j^1=1}^{j^1} \sum_{j^0=1}^{j^0} \sum_{p=p1}^{pn} C_{j^1 j^0 p} X_{j^1 j^0 p}^s + \sum_{j^1=1}^{j^1} \sum_{i=1}^{I} \sum_{p=p1}^{pn} C_{j^1 ip} X_{j^1 ip}^s +$$

$$\sum_{i=1}^{I} \sum_{p=p1}^{pn} C_{hp} H_{ip}^s + \sum_{p=p1}^{pn} \sum_{i=1}^{I} C_{lip} (\sum_{j^0=1}^{j^0} X_{ij^0 p}^s + \sum_{j^1=1}^{j^1} X_{j^1 ip}^s) +$$

第6章 考虑可持续发展因子和客户优先级因子的专业托盘共用系统调度优化模型

$$\sum_{j^1=1}^{J^1}\sum_{p=p1}^{pn} C_{lj^1p}(\sum_{j^0=1}^{J^0} X_{j^1j^0p}^s + \sum_{i=1}^{I} X_{j^1ip}^s) + \sum_{j^0=1}^{J^0}\sum_{p=p1}^{pn} C_{lj^0p}(\sum_{i=1}^{I} X_{ij^0p}^s + \sum_{j^1=1}^{J^1} X_{j^1j^0p}^s) +$$

$$\sum_{i=1}^{I}\sum_{p=p1}^{pn} C_{Kip}K_{ip}^s + \sum_{j^0=1}^{J^0}\sum_{p=p1}^{pn} C_{K_0j^0}C_{K_0p}^s \left| K_{j^0p}^s \right| + \sum_{j^1=1}^{J^1}\sum_{p=p1}^{pn} C_{K_1j^1}C_{K_1p}K_{j^1p}^s +$$

$$\sum_{i=1}^{I}\sum_{p=p1}^{pn} C_{dHp}h_{ip}^s + \sum_{p=p1}^{pn} C_{dOp}(\sum_{i=1}^{I}\sum_{j^0=1}^{J^0} X_{ij^0p} - \sum_{i=1}^{I} h_{ip}^s + \sum_{j^1=1}^{J^1}\sum_{j^0=1}^{J^0} X_{j^1j^0p})) \quad (6\text{-}1)$$

$$\Pr\left\{\sum_{j^0=1}^{J^0} X_{ij^0p}^s - S_{ip} - H_{ip}^s \leqslant \alpha_{ip}\right\} \geqslant \delta_{ip} \quad (6\text{-}2)$$

$$\sum_{j^0=1}^{J^0} X_{ij^0p}^s \geqslant H_{ip}^s \quad (6\text{-}3)$$

$$\Pr\left\{(\sum_{j^0=1}^{J^0} X_{j^1j^0p}^s)/(1-\tau_{j^1p}^s) - S_{j^1p} \leqslant \alpha_{j^1p}\right\} \geqslant \delta_{j^1p} \quad (6\text{-}4)$$

$$K_{ip}^s = S_{ip}^s + H_{ip}^s - \sum_{j^0=1}^{J^0} X_{ij^0p}^s + \sum_{j^1=1}^{J^1} X_{j^1ip}^s \quad (6\text{-}5)$$

$$\Pr\left\{\sum_{p=p1}^{pn} \upsilon_p K_{ip}^s - K_{0i} \leqslant \kappa_{0i}\right\} \geqslant \delta_{0i} \quad (6\text{-}6)$$

$$K_{j^1p}^s = S_{j^1p}^s - \sum_{j^0=1}^{J^0} X_{j^1j^0p}^s - \sum_{i=1}^{I} X_{j^1ip}^s \quad (6\text{-}7)$$

$$K_{j^1p}^s \geqslant 0 \quad (6\text{-}8)$$

$$K_{j^0p}^s = D_{j^0p}^s - \sum_{i=1}^{I} X_{ij^0p}^s - \sum_{j^1=1}^{J^1} X_{j^1j^0p}^s \quad (6\text{-}9)$$

$$C_{K_0p}^s = \begin{cases} LC_{K_0p}, & K_{j^0p}^s \geqslant 0 \\ MC_{K_0p}, & \text{else} \end{cases} \quad (6\text{-}10)$$

$$\sum_{p=p1}^{pn} v_p' X_{ij^0p}^s \leqslant MA_{ij^0}^s \quad (6\text{-}11)$$

$$\sum_{p=p1}^{pn} v_p' X_{j^1j^0}^s \leq MA_{j^1j^0}^s \tag{6-12}$$

$$\sum_{p=p1}^{pn} v_p' X_{j^1ip}^s \leq MA_{j^1i}^s \tag{6-13}$$

$$\Pr\left\{\sum_{j^1=1}^{J^1}\sum_{p=p1}^{pn} X_{j^1ip}^s + \sum_{j^0=1}^{J^0}\sum_{p=p1}^{pn} X_{ij^0p}^s - L_i \leq \hbar_i\right\} \geq \delta_i \tag{6-14}$$

$$\sum_{i=1}^{I}\sum_{p=p1}^{pn} v_p'' X_{j^1ip}^s + \sum_{j^0=1}^{J^0}\sum_{p=p1}^{pn} v_p'' X_{j^1j^0p}^s \leq L_{j^1}^s \tag{6-15}$$

$$\sum_{i=1}^{I}\sum_{p=p1}^{pn} v_p'' X_{ij^0p}^s + \sum_{j^1=1}^{J^1}\sum_{p=p1}^{pn} v_p'' X_{j^1j^0p}^s \leq L_{j^0}^s \tag{6-16}$$

$$H_{ip}^{s1} = H_{ip}^{s2} = \cdots = H_{ip}^{sn} \tag{6-17}$$

$$X_{ij^0p}^{s1} = X_{ij^0p}^{s2} = \cdots = X_{ij^0p}^{sn} \tag{6-18}$$

$$X_{j^1j^0p}^{s1} = X_{j^1j^0p}^{s2} = \cdots = X_{j^1j^0p}^{sn} \tag{6-19}$$

$$X_{j^1ip}^{s1} = X_{j^1ip}^{s2} = \cdots = X_{j^1ip}^{sn} \tag{6-20}$$

$$X_{ij^0p}^s, X_{j^1j^0p}^s, X_{j^1ip}^s, H_{ip}^s, I_i^s, I_{j^0}^s, I_{j^1i}^s \geq 0, \text{and int} \tag{6-21}$$

目标函数式（6-1）表示期望调度总成本最小，包括供给者服务中心向缺盘需求者分派托盘的运输成本和装卸成本、富盘需求者向缺盘需求者再分派托盘的运输成本和装卸成本、供给者服务中心向富盘需求者收回托盘的运输成本和装卸成本、向系统外购买托盘的成本、供给者服务中心未租出托盘的库存成本、未满足或超过缺盘需求者需求的惩罚成本、未将富盘需求者待回收托盘收回的惩罚成本、使用新托盘的可持续发展成本，以及重复使用旧托盘的可持续发展成本。

约束条件式（6-2）表示某情景下从某供给者服务中心运输到所有缺盘需求者的某种型号托盘的数量不能超过其该种型号托盘可供给量和向系统外购买的该种型号托盘的数量的总和。约束条件式（6-3）表示某情景下从某供给者服务中心运输到所有缺盘需求者的某种型号托盘的数量不能小于其向系统外购买的该种型号托盘的数量的总和。

约束条件式（6-4）表示某情景下从某富盘需求者运输到所有缺盘需求者的某种型号托盘的数量不能超过其待回收的该种型号托盘的数量和该种型号托盘完好率（1-毁坏率）的乘积。

约束条件式（6-5）表示某情景下期末某供给者服务中心的某种型号托盘的库存量等于该情景下该供给者服务中心该种型号托盘的可供给量+向系统外购买该种型号托盘的数量-从该供给者服务中心运输到所有缺盘需求者的该种型号托盘的数量+从所有富盘需求者运输到该供给者服务中心的该种型号托盘的数量。约束条件式（6-6）表示某情景下期末某供给者服务中心的所有型号托盘的库存量不能超过其库存能力。

约束条件式（6-7）表示某情景下期末某富盘需求者未被回收的某种型号托盘的数量等于该情景下该富盘需求者待回收的该种型号托盘的数量-从该富盘需求者运输到所有缺盘需求者的该种型号托盘的数量-从该富盘需求者运输到所有供给者服务中心的该种型号托盘的数量。约束条件式（6-8）表示某情景下期末某富盘需求者未被回收的托盘数量必须非负。

约束条件式（6-9）表示某情景下未满足或超出某缺盘需求者需求的某种型号托盘的数量等于从所有供给者服务中心运输到该缺盘需求者的该种型号托盘的数量+从所有富盘需求者运输到该缺盘需求者的该种型号托盘的数量-该缺盘需求者对该种型号托盘的需求量。约束条件式（6-10）表示某情景下未满足或超出某缺盘需求者对某种型号托盘的需求的单位惩罚成本。

约束条件式（6-11）示某情景下从某供给者服务中心运输到某缺盘需求者的所有型号的托盘的总运输量不能超过该情景下该线路的运输能力。约束条件式（6-12）表示某情景下从某富盘需求者运输到某缺盘需求者的所有型号的托盘的总运输量不能超过该情景下该线路的运输能力。约束条件式（6-13）表示某情景下从某富盘需求者运输到某供给者服务中心的所有型号的托盘的总运输量不能超过该情景下该线路的运输能力。

约束条件式（6-14）表示某情景下某供给者服务中心的所有型号托盘的总装卸量不能超过其该情景下的装卸能力。约束条件式（6-15）表示某情景下某富盘需求者的所有型号托盘的总装卸量不能超过其该情景下的装卸能力。约束条件式（6-16）表示某情景下某缺盘需求者的所有型号托盘的总装卸量不能超过其该情景下的装卸能力。

约束条件式（6-17）~（6-20）为一致性约束，表示所有情景下决策变量的取值均是一致的。约束条件式（6-21）表示决策变量均应为非负整数。

6.3 算　例

假定某专业托盘共用系统中有 2 个运营中心（$i=a,b$），2 个富盘需求者（$j^1=c,d$），2 个缺盘需求者（$j^0=e,f$），2 种托盘型号（$p=p1,p2$）。c 客户的优先级为 1.2，d 客户的优先级为 1，e 客户的优先级为 2，f 客户的优先级为 2。$p1$ 型号托盘新、旧托盘可持续发展因子分别为 1 和 0。$p2$ 型号托盘新、旧托盘可持续发展因子分别为 2 和 0。从系统外购买 $p1$ 和 $p2$ 两种型号托盘的单位成本分别为 1 和 2。所有富盘需求者的 $p1$ 型号托盘的毁坏率均为 0.5。$p1$ 和 $p2$ 两种型号托盘占用运输能力、库存能力、装卸能力的系数均分别为 1 和 1.1。所有机会约束的置信水平均为 0.95。其他参数如表 6-1~表 6-4 所示。

假定 c 的 $p2$ 型号托盘的待回收量、e 和 f 对 $p1$ 型号托盘和 $p2$ 型号托盘的需求量、d 到 e 的运输能力、b 的库存能力、c 的装卸能力、c 和 d 的 $p2$ 型号托盘的毁坏率等为极端不确定因素。假定 a 的 $p1$ 型号托盘的可供给量以及 a 的装卸能力为随机因素。所有机会约束的置信水平均为 0.95，

分析三种重要的情景。

情景 S1：① c 需要回收的 $p2$ 型号托盘的数量比期望值低 50%；② 所有缺盘需求者对 $p1$ 型号托盘的需求均比期望值低 50%；③ 所有缺盘需求者对 $p2$ 型号托盘的需求均比期望值低 100%；④ 从 d 到 e 的运输能力为期望值；⑤ b 的库存能力比期望值低 10%；⑥ 所有富盘需求者的 $p2$ 型号托盘的毁坏率均为 0.5。

情景 S2：所有不确定参数均为期望值（所有富盘需求者的 $p2$ 型号托盘的毁坏率均为 0.1）。

情景 S3：① c 需要回收的 $p2$ 型号托盘的数量比期望值高 50%；② 所有缺盘需求者对 $p1$ 型号托盘的需求均比期望值高 50%；③ 所有缺盘需求

者对 $p2$ 型号托盘的需求均比期望值高 100%；④ 从 d 到 e 的运输能力为 0；⑤ b 的库存能力比期望值高 10%；⑥ 所有富盘需求者的 $p2$ 型号托盘的毁坏率均为 0。

表 6-1 单位运输成本

$p1/p2$	a	b	c	d	e	f
a	—	3/5	4/5	5/7	6/7
b	—	—	∞/∞	2/3	4/5	5/7
c	3/5	∞/∞	—	—	7/8	8/8
d	4/5	2/3	—	—	2/4	∞/∞
e	5/7	4/5	7/8	2/4	—	—
f	6/7	5/7	8/8	∞/∞	—	—

表 6-2 运输能力

$S1/S2/S3$	a	b	c	d	e	f
a	—	—	1 000	1 000	400	500
b	—	—	0	700	300	500
c	1 000	0	—	—	400	700
d	1 000	700	—	—	300/300/0	0
e	400	300	400	300/300/0	—	—
f	500	500	700	0	—	—

表 6-3 需求和供给

	可供给量($p1(S1/S2/S3)$ $/p2(S1/S2/S3)$)	待回收的托盘量 ($p1(S1/S2/S3)/p2(S1/S2/S3)$)	需求量($p1(S1/S2/S3)/$ $p2(S1/S2/S3)$)
a	(105/ N(10,9))/50	—	—
b	200/100	—	—
c	—	200/(100/200/300)	—
d	—	400/100	—
e	—	—	(100/200/300)/(0/100/200)
f	—	—	(200/400/600)/(0/200/400)

表 6-4 其他

	库存能力($S1/S2/S3$)	单位库存成本(单位惩罚成本)($p1/p2$)	装卸能力($S1/S2/S3$)	单位装卸成本($p1/p2$)
a	2000	1/1	2 500/N(20,4)	2/2
b	1 800/2 000/2 200	2/2	2 200	2/2
c	-	10/12	500	3/4
d	-	10/12	1 000	2/4
e	-	(6,10)/(7,11)	1 500	1/2
f	-	(6,10)/(7,11)	1 500	1/3

6.3.1 数值求解

实验 1：假定 $w_1 = 0.2, w_2 = 0.4, w_3 = 0.4$，利用 Lingo 软件编写程序求解模型，得到全局最优解 21 583，最优调度方案如表 6-5 所示。

表 6-5 最优方案

$p1/p2$	a	b	c	d	e	f	购买
a					0/0	110/50	0/0
b					100/0	190/100	90/0
c	100/50	0/0			0/0	100/50	
d	0/0	400/100			0/0	0/0	
库存	95/50	400/100	0/(0/100/200)	0/(0/0/0)	(0/-100/-200)/(0/-100/-200)	(200/0/-200)/(200/0/-200)	

实验 2：假定 $w_1 = 0.4, w_2 = 0.4, w_3 = 0.2$，利用 Lingo 软件编写程序求解模型，得到全局最优解 18 777，最优调度方案如表 6-6 所示。

表 6-6 最优方案

$p1/p2$	a	b	c	d	e	f	购买
a					0/0	0/0	0/0
b					100/0	100/0	0/0
c	100/50	0/0			0/0	100/50	
d	0/0	400/100			0/0	0/0	
库存	205/100	400/200	0/(0/100/200)	0/(0/0/0)	(0/-100/-200)/(0/-100/-200)	(0/-200/-400)/(50/-150/-350)	

对比两个试验的结果（如表 6-7 所示），可以发现托盘共用系统调度多情景规划模型能较好地适应未来的复杂情况，帮助有多种托盘型号的专业托盘共用系统的管理者制定有效的托盘调度方案。

表 6-7　实验 1 和实验 2 的比较分析

	总需求满足率	$p1$ 需求满足率	$p2$ 需求满足率	总回收满足率	$p1$ 回收满足率	$p2$ 回收满足率	调度总成本
C1-S1 实现	100%	100%	100%	100%	100%	100%	18 135
C1-S2 实现	88.89%	83.33%	100%	88.89%	100%	66.67%	18 475
C1-S3 实现	53.34%	55.56%	50%	80%	100%	50%	28 415
C2-S1 实现	100%	100%	100%	100%	100%	100%	10 305
C2-S2 实现	38.89%	50%	16.67%	88.89%	100%	66.67%	20 445
C2-S3 实现	23.33%	33.33%	8.3%	80%	100%	50%	32 385

6.3.2　数值分析

1. 可持续发展因子对决策的影响

假定 $w_1=0, w_2=0, w_3=1$，在其他条件不变的情况下，将 $p1$ 型号新托盘的可持续发展因子设置为 [0 2 4 6 8 10 12]，计算最优调度方案，如表 6-8 所示。由结果可知，随着 $p1$ 型号新托盘的可持续发展因子的增大，购买 $p1$ 型号新托盘的数量减少，托盘共用系统管理者越应避免使用该种型号的托盘。

表 6-8　最优方案

$p1$ 型号新托盘可持续发展因子	购买 $p1$ 型号新托盘数量	总成本
0	490	24 525
2	190	25 505
4	190	25 885
6	190	26 265
8	190	26 645
10	190	27 025
12	0	27 215

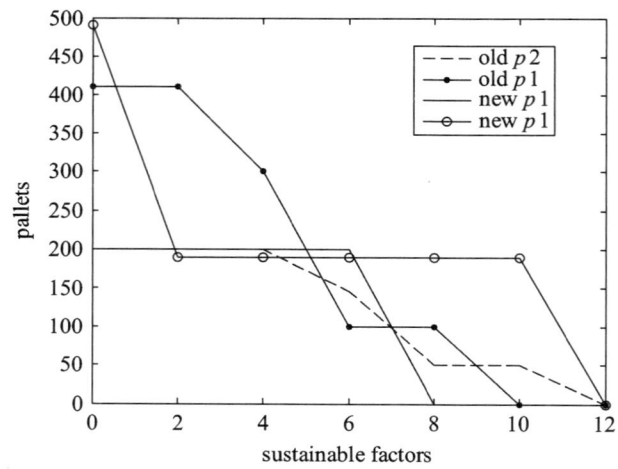

图 6-2 可持续发展因子对决策的影响

同理,对 $p1$ 型号旧托盘、$p2$ 型号新托盘、$p2$ 型号旧托盘可持续发展因子的敏感性分析可得出同样的结论,即某类托盘可持续发展因子越大,托盘共用系统管理者越应避免使用该种型号的托盘。

2. 客户优先级因子对决策的影响

假定 $w_1=0, w_2=0, w_3=1$,在其他条件不变的情况下,将客户 c 的优先级因子设置为[0.2 0.5 0.8 1 1.2],计算最优调度方案,如表 6-9 所示。由结果可知,随着 c 客户优先级因子的增大,其期末库存减少,即托盘共用系统管理者越应满足客户的需求。

表 6-9 最优方案

客户 c 的优先级因子	客户 c 期末库存($p1/p2$)	总成本
0.2	100/(50/150/250)	21 740
0.5	100/(50/150/250)	22 680
0.8	100/(50/150/250)	24 140
1	0/(0/100/200)	24 535
1.2	0/(0/100/200)	25 015

同理,对客户 d, e, f 客户优先级因子的敏感性分析可得出同样的结论,即客户优先级因子越大,托盘共用系统管理者越应满足客户的需求。

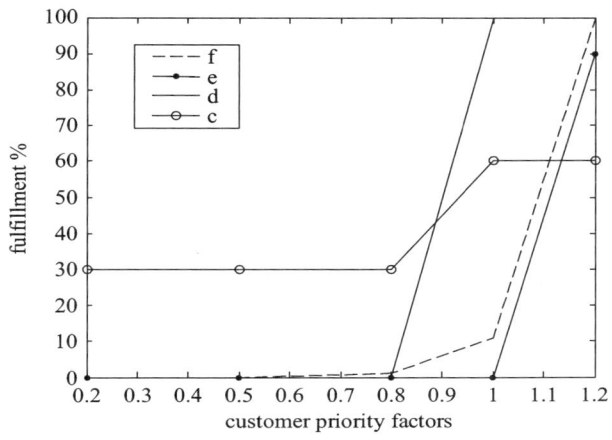

图 6-3　客户优先级因子对决策的影响

6.4　本章小结

本章研究了既有确定因素，又有一般不确定因素，还有极端不确定因素的复杂情况下的托盘共用系统调度优化方法，采用随机相关机会规划和情景分析相结合的技术，构建了考虑混合型号托盘的托盘共用系统随机多情景调度优化模型。模型引入了可持续发展因子和客户优先级因子，考虑了托盘完好率不确定、需求不确定、供给不确定、装卸能力不确定、运输能力不确定等一般不确定和极端不确定因素，以调度总成本（包括分派成本、回收成本、库存成本、装卸成本、未满足客户需求的惩罚成本和可持续发展成本）最小为目标，需求约束、供给约束、运输能力约束、装卸能力约束、库存能力约束等为约束条件。通过数值求解和数值分析验证了模型的有效性，并证明了可持续发展因子和客户优先级因子对决策的重要影响。研究结果表明：① 某类托盘可持续发展因子越大，说明其可持续发展成本越高，托盘共用系统管理者越应避免使用该种型号的托盘。② 客户优先级因子越高，托盘共用系统管理者越应满足客户的需求。

目前我国托盘共用系统的发展已获得国务院、各部委和地方政府的支持，但相关的理论研究依旧很少，希望有更多学者进行这方面的研究，为托盘共用系统的发展，尤其是我国托盘共用系统的发展贡献力量。

第7章 考虑 RFID 和非 RFID 托盘的专业托盘共用系统调度优化模型

托盘丢失和毁坏是托盘共用系统管理者面临的一个重要问题，因此 Radio Frequency Identification（RFID）技术越来越受到托盘共用企业的欢迎[137]。比如托盘共用行业的领导者 iGPS（Intelligent Global Pooling Systems）早在 2006 年就开始部署 RFID 系统，而 CHEP（Commonwealth Handling Equipment Pool）随后也开发了自己的 RFID 系统。目前 iGPS 已成为世界上第一个所有托盘都嵌入 RFID 标签的托盘租赁服务商，而 CHEP 则既提供嵌入 RFID 的托盘也提供非 RFID 托盘。事实上，目前大部分托盘共用系统都提供非 RFID 和 RFID 两种托盘。但到目前为止，尚没有研究托盘共用系统内既有 RFID 托盘，又有非 RFID 托盘时的托盘调度问题。由于应用 RFID 需要耗巨额的成本，而目前尚没有科学的方法能够解释 RFID 技术的使用如何影响托盘调度决策的准确性，带来的效益是否足以涵盖其需要付出的成本。而在这些重要的问题没有解决之前，很多托盘服务商无法决定是否投资应用 RFID。这也是为什么现在很多托盘共用服务商尚没有应用 RFID 技术的原因。本部分研究将解决这两个问题。

7.1 问题描述

如图 7-1 所示，托盘共用系统的空盘调度过程非常复杂，主要包括分派、再分派、回收、购买（租赁）、维修等环节[138,139]。在这些过程中托盘可能被丢失和毁坏。如 Baker 所描述，托盘丢失问题是目前全世界各大托盘共用服务商面临的重要问题,当服务商把托盘租赁给客户后,它很难知道客户最终能返还给它多少托盘。且由于目前大部分托盘都是木质托盘,较易损坏,因此托盘的毁坏率也是一个困扰托盘共用服务商的难题,如加拿大最大的托盘共用服务商 CPC 就把托盘毁坏率列为困扰 CPC 运营管理的第一大难题,而美国 PECO 公司也把托盘毁坏率列为其重点关注的因素之一。

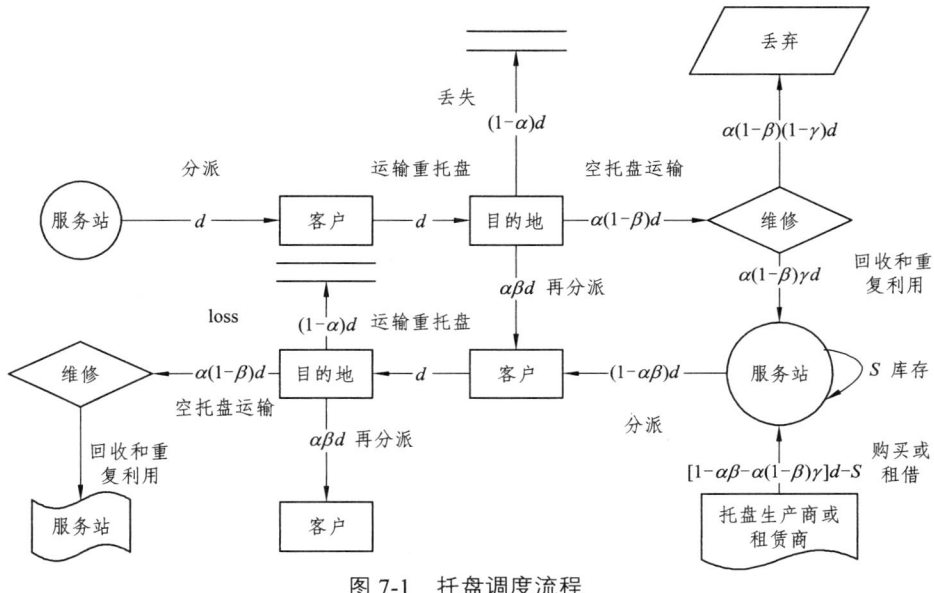

图 7-1　托盘调度流程

(1) 客户向服务站租赁 d 个托盘。服务站准时准量地将托盘运给客户(分派)。

(2) 客户使用托盘运输货物到目的地,并请求服务站将托盘回收。

(3) 服务站(或者合作的第三方托盘回收企业)对托盘进行检查。$(1-\alpha)d$ 个托盘丢失,其中 $1-\alpha$ 是丢失率。$\alpha\beta d$ 个托盘完好,$1-\beta$ 为托盘毁坏率。服务站(或者合作的第三方托盘回收企业)将 $\alpha\beta d$ 个托盘运给其他需要托盘的客户(再分派)。

(4) 服务站(或者合作的第三方托盘回收企业)将 $\alpha(1-\beta)d$ 个托盘运给维修站。$\alpha(1-\beta)(1-\gamma)d$ 个托盘因为无法维修好而被丢弃,其中 γ 是托盘可被修好的概率。$\alpha(1-\beta)\gamma d$ 个托盘被回收到服务站进行重复利用(回收)。

(5) 如果没有足够的托盘满足客户的需求($\alpha(1-\beta)\gamma d+S+\alpha\beta d \leqslant d$),

则服务站需要向系统外的托盘制造商（租赁公司）购买（租赁） $(1-\alpha\beta-\alpha(1-\beta)\gamma)d-S$ 个托盘（购买或租赁）。S 是服务站的托盘库存量。

（6）客户使用托盘将货物运输到目的地，并在使用完后请求服务站回收托盘。

（7）重复步骤（3）~（5）。

根据 Deloitte 的研究，托盘丢失率约为 15%~20%。根据我国的研究，木托盘的毁坏率约为 22%。实际上托盘共用系统运营的环境面临着很大的不确定性，RFID 技术的使用可以一定程度上解决这两个难题，即提高估计托盘丢失率 α 和托盘毁坏率 β 这两个参数的准确性。因为 RFID 技术的应用可以显著地提高供应链的可视性，使得托盘共用系统服务商能够更精确地跟踪托盘，提高托盘共用服务商对回收托盘数量和质量的可知性，包括有多少托盘可以回收、回收的托盘是否完好。这也是越来越多的托盘共用服务商开始应用 RFID 技术的原因之一。

7.2 模型的构建

1. 目标函数

模型的目标函数为期望成本最低，包括分派成本、再分派成本、回收成本、维修成本、购买（租赁）成本、库存成本、装卸成本、丢失成本、惩罚成本等。

$$\min f = \sum_{t'=t1}^{t} \sum_{t=t'}^{T} \sum_{i=1}^{I} \sum_{j^0=1}^{j^0} C_{ij^0} X_{ij^0}^{t't} + \sum_{t'=t1}^{t} \sum_{t=t'}^{T} \sum_{j^1=1}^{j^1} \sum_{j^0=1}^{j^0} C_{j^1 j^0} X_{j^1 j^0}^{t't} + \sum_{t'=t1}^{t} \sum_{t=t'}^{T} \sum_{j^1=1}^{j^1} \sum_{i=1}^{I} C_{j^1 i} X_{j^1 i}^{t't} +$$

$$\sum_{t'=t1}^{t} \sum_{t=t'}^{T} \sum_{i=1}^{I} \sum_{j^0=1}^{j^0} C_{ij^0} XR_{ij^0}^{t't} + \sum_{t'=t1}^{t} \sum_{t=t'}^{T} \sum_{j^1=1}^{j^1} \sum_{j^0=1}^{j^0} C_{j^1 j^0} XR_{j^1 j^0}^{t't} + \sum_{t'=t1}^{t} \sum_{t=t'}^{T} \sum_{j^1=1}^{j^1} \sum_{i=1}^{I} C_{j^1 i} XR_{j^1 i}^{t't} +$$

$$\sum_{t=t1}^{T} \sum_{i=1}^{I} C_h H_i^t + \sum_{t=t1}^{T} \sum_{i=1}^{I} CR_h HR_i^t +$$

$$\sum_{t=t1}^{T} \sum_{j^1=1}^{j^1} C_l (1-L_{j^1}) S_{j^1}^t + \sum_{t=t1}^{T} \sum_{j^1=1}^{j^1} CR_l (1-LR_{j^1}) SR_{j^1}^t +$$

$$\sum_{t'=t1}^{t}\sum_{t=t'}^{T}\sum_{i=1}^{I}\sum_{j^1=1}^{J^1}C_m P(1-M)X_{j^1 i}^{t't} + \sum_{t'=t1}^{t}\sum_{t=t'}^{T}\sum_{i=1}^{I}\sum_{j^1=1}^{J^1}CR_m PR(1-MR)XR_{j^1 i}^{t't} +$$

$$\sum_{t'=t1}^{t}\sum_{t=t'}^{T}\sum_{i=1}^{I}\sum_{j^1=1}^{J^1}C_{mp}(1-P)(1-M)X_{j^1 i}^{t't} + \sum_{t'=t1}^{t}\sum_{t=t'}^{T}\sum_{i=1}^{I}\sum_{j^1=1}^{J^1}CR_{mp}(1-PR)(1-MR)XR_{j^1 i}^{t't} +$$

$$\sum_{t'=t1}^{t}\sum_{t=t'}^{T}\sum_{i=1}^{I}C_{li}(\sum_{j^0=1}^{J^0}X_{ij^0}^{t't} + \sum_{j^0=1}^{J^0}XR_{ij^0}^{t't} + \sum_{j^1=1}^{J^1}X_{j^1 i}^{t't} + \sum_{j^1=1}^{J^1}XR_{j^1 i}^{t't}) +$$

$$\sum_{t'=t1}^{t}\sum_{t=t'}^{T}\sum_{j^1=1}^{J^1}C_{lj^1}(\sum_{j^0=1}^{J^0}X_{j^1 j^0}^{t't} + \sum_{i=1}^{I}X_{j^1 i}^{t't} + \sum_{j^0=1}^{J^0}XR_{j^1 j^0}^{t't} + \sum_{i=1}^{I}XR_{j^1 i}^{t't}) +$$

$$\sum_{t'=t1}^{t}\sum_{t=t'}^{T}\sum_{j^0=1}^{J^0}C_{lj^0}(\sum_{i=1}^{I}X_{ij^0}^{t't} + \sum_{j^1=1}^{J^1}X_{j^1 j^0}^{t't} \sum_{i=1}^{I}XR_{ij^0}^{t't} + \sum_{j^1=1}^{J^1}XR_{j^1 j^0}^{t't}) +$$

$$\sum_{t=t1}^{T}\sum_{i=1}^{I}C_{Ki}(K_i^t + KR_i^t) + \sum_{t=t1}^{T}\sum_{j^1=1}^{J^1}C_{Kj^1}(K_{j^1}^t + KR_{j^1}^t) + \sum_{t=t1}^{T}\sum_{j^0=1}^{J^0}C_{Kj^0}(K_{j^0}^t + KR_{j^0}^t)$$

（7-1）

2. 约束条件

（1）分派约束。

从服务站运到缺盘需求者的非 RFID 和 RFID 托盘不能超过其可供给量。

$$\sum_{t''=t}^{T}\sum_{j^0=1}^{j^0}X_{ij^0}^{tt''} \leqslant K_i^{t-1} + \sum_{t'=t1}^{t}H_i^{t't} + \sum_{t'=t1}^{t}\sum_{j^1=1}^{J^1}MX_{j^1 i}^{t't} + (\sum_{t'''=t1}^{t'}\sum_{t'=t'''}^{t}\sum_{j^1=1}^{J^1}P(1-M)X_{j^1 i}^{t'''t'})^t$$

（7-2）

$$\sum_{t''=t}^{T}\sum_{j^0=1}^{j^0}XR_{ij^0}^{tt''} \leqslant KR_i^{t-1} + \sum_{t'=t1}^{t}HR_i^{t't} + \sum_{t'=t1}^{t}\sum_{j^1=1}^{J^1}MXR_{j^1 i}^{t't} + (\sum_{t'''=t1}^{t'}\sum_{t'=t'''}^{t}\sum_{j^1=1}^{J^1}PR(1-MR)XR_{j^1 i}^{t'''t'})^t$$

（7-3）

（2）再分派约束。

从富盘需求者运到缺盘需求者的非 RFID 和 RFID 托盘不能超过其待回收的完好托盘。

$$\sum_{t''=t}^{T}\sum_{j^0=1}^{j^0} X_{j^1 j^0}^{tt''} \leq L_{j^1}(M) S_{j^1}^{t} \tag{7-4}$$

$$\sum_{t''=t}^{T}\sum_{j^0=1}^{j^0} XR_{j^1 j^0}^{tt''} \leq LR_{j^1}(MR) SR_{j^1}^{t} \tag{7-5}$$

（3）需求约束。

客户的所有需求必须被满足。

$$\sum_{t'=t1}^{t}\sum_{i=1}^{I} X_{ij^0}^{t't} + \sum_{t'=t1}^{t}\sum_{j^1=1}^{j^1} X_{j^1 j^0}^{t't} + \sum_{t'=t1}^{t}\sum_{i=1}^{I} XR_{ij^0}^{t't} + \sum_{t'=t1}^{t}\sum_{j^1=1}^{j^1} XR_{j^1 j^0}^{t't} \geq D_{j^0}^{t} \tag{7-6}$$

（4）回收约束。

从富盘需求者运到服务站的非 RFID 和 RFID 托盘量不能超过其剩余的托盘量。

$$\sum_{t''=t}^{T}\sum_{i=1}^{I} X_{j^1 i}^{tt''} \leq L_{j^1} S_{j^1}^{t} - \sum_{t''=t}^{T}\sum_{j^0=1}^{j^0} X_{j^1 j^0}^{tt''} \tag{7-7}$$

$$\sum_{t''=t}^{T}\sum_{i=1}^{I} XR_{j^1 i}^{tt''} \leq LR_{j^1} SR_{j^1}^{t} - \sum_{t''=t}^{T}\sum_{j^0=1}^{j^0} XR_{j^1 j^0}^{tt''} \tag{7-8}$$

（5）库存约束。

式（7-9）和（7-10）用于计算服务站的非 RFID 和 RFID 托盘的库存量。

$$K_{i}^{t} = K_{i}^{t-1} + \sum_{t'=t1}^{t} H_{i}^{t't} + \sum_{t'=t1}^{t}\sum_{j^1=1}^{j^1} M X_{j^1 i}^{t't} + \\ (\sum_{t'''=t1}^{t'}\sum_{t'=t''}^{t}\sum_{j^1=1}^{j^1} P(1-M) X_{j^1 i}^{t'''t'})^{t} - \sum_{t''=t}^{T}\sum_{j^0=1}^{j^0} X_{ij^0}^{tt''} \tag{7-9}$$

$$KR_{i}^{t} = KR_{i}^{t-1} + \sum_{t'=t1}^{t} HR_{i}^{t't} + \sum_{t'=t1}^{t}\sum_{j^1=1}^{j^1} MXR_{j^1 i}^{t't} \\ + (\sum_{t'''=t1}^{t'}\sum_{t'=t''}^{t}\sum_{j^1=1}^{j^1} PR(1-MR) XR_{j^1 i}^{t'''t'})^{t} - \sum_{t''=t}^{T}\sum_{j^0=1}^{j^0} XR_{ij^0}^{tt''} \tag{7-10}$$

在服务站存储的非 RFID 和 RFID 托盘的总量不能超过其库存能力。

$$K_{i}^{t} + KR_{i}^{t} \leq K_{0i}^{t} \tag{7-11}$$

式（7-12）和（7-13）用于计算富盘需求者的非 RFID 和 RFID 托盘的剩余量。

$$K_{j^1}^t = K_{j^1}^{t-1} + S_{j^1}^t - (1-L_{j^1})(S_{j^1}^t) - \sum_{t''=t}^{T}\sum_{j^0=1}^{J^0} X_{j^1j^0}^{tt''} - \sum_{t''=t}^{T}\sum_{i=1}^{I} X_{j^1i}^{tt''} \quad (7\text{-}12)$$

$$KR_{j^1}^t = KR_{j^1}^{t-1} + SR_{j^1}^t - (1-LR_{j^1})(SR_{j^1}^t) - \sum_{t''=t}^{T}\sum_{j^0=1}^{J^0} XR_{j^1j^0}^{tt''} - \sum_{t''=t}^{T}\sum_{i=1}^{I} XR_{j^1i}^{tt''} \quad (7\text{-}13)$$

富盘需求者剩余的托盘必须为非负。

$$K_{j^1}^t \geqslant 0 \quad (7\text{-}14)$$

$$KR_{j^1}^t \geqslant 0 \quad (7\text{-}15)$$

式（7-16）用于计算超过缺盘需求者需求的托盘量。

$$K_{j^0}^t = \sum_{t'=t1}^{t}\sum_{i=1}^{I} X_{ij^0}^{t't} + \sum_{t'=t1}^{t}\sum_{j^1=1}^{J^1} X_{j^1j^0}^{t't} + \sum_{t'=t1}^{t}\sum_{i=1}^{I} XR_{ij^0}^{t't} + \sum_{t'=t1}^{t}\sum_{j^1=1}^{J^1} XR_{j^1j^0}^{t't} - D_{j^0}^t \quad (7\text{-}16)$$

（6）运输能力约束。

$$X_{ij^0}^{t't} + XR_{ij^0}^{t't} \leqslant MA_{ij^0}^{t't} \quad (7\text{-}17)$$

$$X_{j^1j^0}^{t't} + XR_{j^1j^0}^{t't} \leqslant MA_{j^1j^0}^{t't} \quad (7\text{-}18)$$

$$X_{j^1i}^{t't} + XR_{j^1i}^{t't} \leqslant MA_{j^1i}^{t't} \quad (7\text{-}19)$$

（7）装卸能力约束。

$$\sum_{t'=t1}^{t}\sum_{j^1=1}^{J^1} X_{j^1i}^{t't} + \sum_{t''=t}^{T}\sum_{j^0=1}^{J^0} X_{ij^0}^{tt''} + \sum_{t'=t1}^{t}\sum_{j^1=1}^{J^1} XR_{j^1i}^{t't} + \sum_{t''=t}^{T}\sum_{j^0=1}^{J^0} XR_{ij^0}^{tt''} \leqslant L_i^t \quad (7\text{-}20)$$

$$\sum_{t''=t}^{T}\sum_{i=1}^{I} X_{j^1i}^{tt''} + \sum_{t''=t}^{T}\sum_{j^0=1}^{J^0} X_{j^1j^0}^{tt''} + \sum_{t''=t}^{T}\sum_{i=1}^{I} XR_{j^1i}^{tt''} + \sum_{t''=t}^{T}\sum_{j^0=1}^{J^0} XR_{j^1j^0}^{tt''} \leqslant L_{j^1}^t \quad (7\text{-}21)$$

$$\sum_{t'=t1}^{t}\sum_{i=1}^{I}X_{ij^0}^{t't} + \sum_{t'=t1}^{t}\sum_{j^1=1}^{j^1}X_{j^1j^0}^{t't} + \sum_{t'=t1}^{t}\sum_{i=1}^{I}XR_{ij^0}^{t't} + \sum_{t'=t1}^{t}\sum_{j^1=1}^{j^1}XR_{j^1j^0}^{t't} \leqslant L_{j^0}^{t} \quad （7-22）$$

（8）决策变量约束。

$$X_{ij^0}^{t't}, X_{j^1j^0}^{t't}, X_{j^1i}^{t't}, H_i^t, XR_{ij^0}^{t't}, XR_{j^1j^0}^{t't}, XR_{j^1i}^{t't}, HR_i^t \geqslant 0, \text{and int} \quad （7-23）$$

7.3 数值实验及分析

7.3.1 数值实验

托盘共用系统中有 2 个服务站（$i=a,b$），2 个富盘需求者（$j^1=c,d$）和 2 个缺盘需求者（$j^0=e,f$）。托盘的规格为 1 000 mm×1 200 mm。所有托盘均为木托盘，但有的托盘上嵌入了 RFID（RFID-tagged），有的托盘上则没有嵌入 RFID（非 RFID，non-tagged）。从系统外购买非 RFID 和 RFID 托盘的价格分别为 100 和 102。托盘的丢失成本和购买价格相同。托盘的维修成本为 1，但如果托盘维修不好，则维修成本为 110。非 RFID 和 RFID 托盘的毁坏率分别为 0.1 和 0.01，能维修好的概率分别为 0.9 和 0.99。服务站 c 非 RFID 托盘的丢失率是[0, 0.3]的随机数，RFID 托盘的丢失率是[0, 0.1]的随机数。服务站 d 非 RFID 和 RFID 托盘的丢失率均为 0。所有服务站在期初都没有新托盘进入。其他参数如表 7-1 ~ 表 7-4 所示。

表 7-1 运输能力

	a	b	c	d	e	f
a	–	–	1 000	1 000	400	500
b	–	–	0	700	300	500
c	1 000	0	–	–	400	700
d	1 000	700	–	–	250	0
e	400	300	400	250	–	–
f	500	500	700	0	–	–

表7-2 单位运输成本

	a	b	c	d	e	f
a	–	–	3	4	5	6
b	–	–	∞	2	4	5
c	3	∞	–	–	7	8
d	4	2	–	–	2	∞
e	5	4	7	2	–	–
f	6	5	8	∞	–	–

表7-3 需求和供给

	服务站期初库存（non-tagged/RFID-tagged）	富盘需求者待回收托盘（non-tagged/RFID-tagged）	缺盘需求者需求
a	95/ 105	–	–
b	150/200	–	–
c	–	100/120	–
d	–	390/420	–
e	–	–	700
f	–	–	800

表7-4 其他参数

	库存能力	单位库存成本（单位惩罚成本）	装卸能力	单位装卸成本
a	2 000	1	8 000	1
b	1 800	2	7 000	1
c	–	10	5 000	1
d	–	10	4 000	1
e	–	6	2 000	1
f	–	6	2 000	1

7.3.2 PSO算法和实验结果

粒子群算法（PSO）是由 Kennedy 和 Eberhart 提出的[140,141]，已被广泛应用于各类优化问题[142,143,144,145,146,147]。

托盘共用调度是 NP 难题，传统的方法很难求解，Zhou 开发了克隆免疫算法（ICA）求解托盘共用调度问题，并证明其比遗传算法（GA）有效[148]。与 ICA 和 GA 相比，PSO 具有需要调节的参数少等优点[149]。但目前尚无使用 PSO 求解托盘共用调度问题的文献。本书基于 Microsoft Visual Basic 6.0 开发了带压缩因子的 PSO 算法求解模型①，最优成本为 66 577，最优方案如表 7-5 所示。

表 7-5　最优方案

	a	b	e	f	购买	丢失	回收满足率
a	-	-	79/96	231/9	215/0	-	-
b	-	-	61/131	390/69	301/0	-	-
c	8/2	0/0	46/37	26/75	-	20/6	100%
d	0/0	140/420	250/0	0/0	-	0/0	100%
需求满足率	-	-	100%	100%	-	-	-

7.4　评估实施 RFID 系统的经济性

本书提出的优化模型和 PSO 算法可以用于评估实施 RFID 系统的经济性。第一步：计算仅有非 RFID 托盘时的调度成本。第二步：计算实施 RFID 后的调度成本。第三步：计算实施 RFID 后能节约的调度成本。第四步：计算节约的调度成本能否涵盖投资 RFID 的费用。例如：

步骤 1：假设托盘共用系统中仅有非 RFID 托盘。需求和供给如表 7-6 所示。将购买 RFID 托盘的价格设置为 1 020，因为我们期望最优方案中永不购置 RFID 托盘。其他参数如 7.3.1 节中所示。如表 7-7 所示，最优调度成本为 74 007。

步骤 2：假设系统中仅有 RFID 托盘。需求和供给如表 7-8 所示。将购买非 RFID 托盘的价格设置为 1 000，因为我们期望最优方案中永不购置非 RFID 托盘。其他参数如 7.3.1 节中所示。如表 7-9 所示，最优调度成本为 68 587。

---

① 详见 Jianwei Ren, Chunhua Chen, Hao Xu, Qingqing Zhao. An optimization model for the operations of a pallet pool with both radio-frequency identification-tagged pallets and non-tagged pallets [J]. Advances in Mechanical Engineering, 2018, 10（1）: 1-13.

第7章 考虑 RFID 和非 RFID 托盘的专业托盘共用系统调度优化模型

表 7-6 仅有非 RFID 托盘的需求和供给

	期初服务站库存（non-tagged）	富盘需求者待回收托盘量（non-tagged）	缺盘需求者需求
a	200	–	–
b	350	–	–
c	–	220	–
d	–	810	–
e	–	–	700
f	–	–	800

表 7-7 仅有非 RFID 托盘的最优调度方案

	a	B	e	f	购买	丢失	回收满足率
a	–	–	139	500	439	–	–
b	–	–	173	300	123	–	–
c	16	–	138	0	–	66	100%
d	–	560	250	0	–	0	100%
需求满足率	–	–	100%	100%	–	–	–

表 7-8 仅有 RFID 托盘的需求和供给

	期初服务站库存（RFID-tagged）	富盘需求者待回收托盘量（RFID-tagged）	缺盘需求者需求
a	200	–	–
b	350	–	–
c	–	220	–
d	–	810	–
e	–	–	700
f	–	–	800

表 7-9 仅有 RFID 托盘的最优调度方案

	a	B	e	f	购买	丢失	回收满足率
a	–	–	251	319	370	–	–
b	–	–	187	297	154	–	–
c	2	–	12	184	–	2	100%
d	–	560	250	0	–	0	100%
需求满足率	–	–	100%	100%	–	–	–

步骤3：显然，通过实施RFID系统可节约的调度成本为5 420。

步骤4：如果投资RFID系统的费用为50 000，系统每年的运营成本为50，则只要决策周期不小于18期，节约的调度成本就能够涵盖投资RFID系统的费用（使用NPV（净现值）方法计算）。RFID系统的运营成本（cost）和节约的调度成本（income）之间的关系如图7-2所示。图7-3为收益的累积函数（节约的调度成本减去RFID系统的运营成本）。图7-4为NPV净现值。

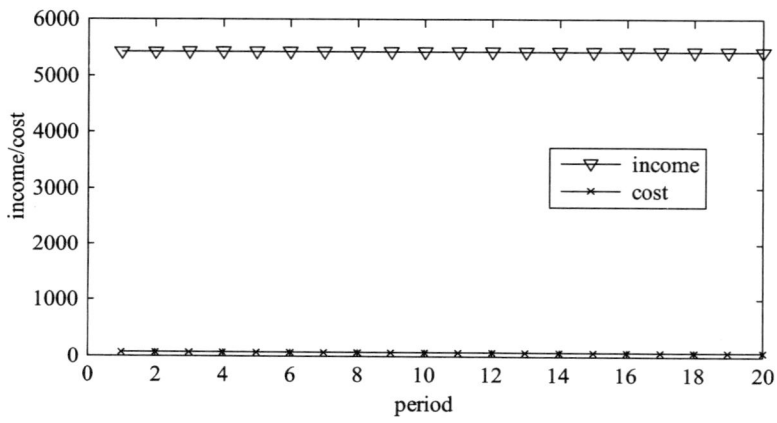

图7-2　RFID系统的运营成本（cost）和节约的调度成本（income）的关系图

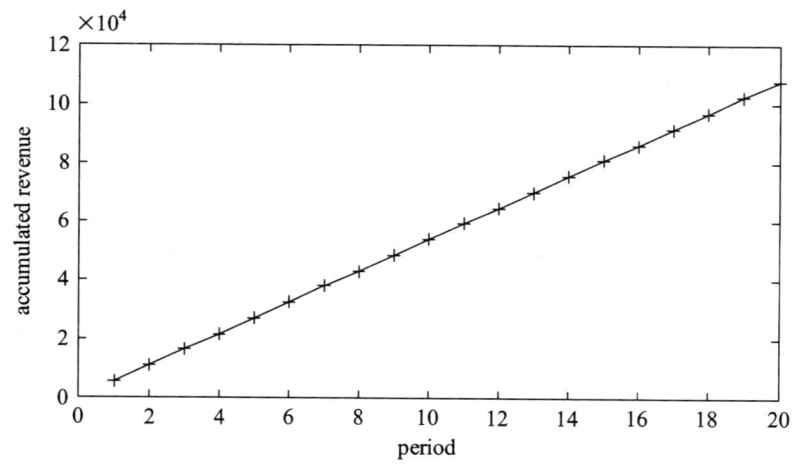

图7-3　累积收益

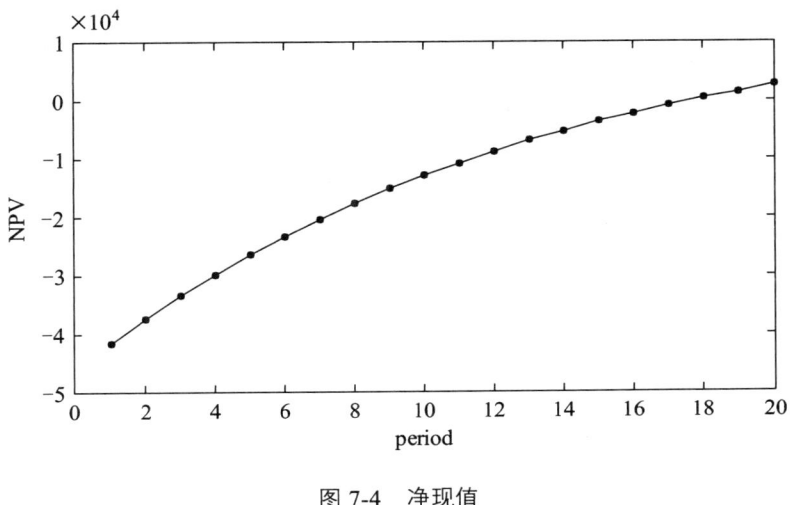

图 7-4 净现值

7.5 本章小结

托盘是一种重要的资产，托盘丢失问题和毁坏问题已成为托盘共用系统管理者面临的两大重要难题。使用 RFID 能够显著地降低托盘丢失率和毁坏率。

本章构建了一个同时考虑 RFID 和非 RFID 托盘的调度模型，模型以成本最小化为目标，考虑了丢失率和毁坏率不确定，基于 VB 开发了 PSO 算法求解模型。在此基础上，提供了评估实施 RFID 系统经济性的方法，并提出了相关建议。

第8章　城市共同配送系统中的专业托盘共用系统调度优化模型

目前由商务部、财政部联合推行的城市共同配送项目受到了社会各界的广泛关注。所谓城市共同配送，是指外来商品进入一个城市后，经过同城化统一配送送达用户手中，可以解决"最后一公里"的问题。城市共同配送是一个复杂的系统，需要以托盘为基础，实现物品包装的单元化、规范化和标准化，然而"托盘共用"这一关系城市共同配送能否高效运行的基础如何实现却仍未解决。

8.1　城市共同配送系统中的托盘共用调度确定规划模型

8.1.1　问题描述及假设

在城市共同配送中，托盘共用服务者通过建立托盘服务站就近向需求者提供托盘共用服务，托盘服务站之间则通过统一调度实现托盘的最优化配备，如图8-1所示。

不失一般性，本书考虑的正是这一标准的城市共用托盘共用系统，并做出以下假设：① 有多种托盘型号，且各种型号的托盘之间不能互相替代；② 所有客户的需求都应该被满足，若系统内可使用的空托盘不能满足需求时，服务站可以向系统外购买或租借托盘；③ 各服务站的各种型号托盘的可供给量均确定；④ 各客户对各种型号托盘的需求量均确定；⑤ 各种型号托盘的单位运输成本、单位库存成本、单位购买（租借）成本均确定；⑥各种型号托盘占用的运输能力均确定；⑦各种型号托盘的购买（租借）价格确定；⑧服务站之间的运输时间确定。

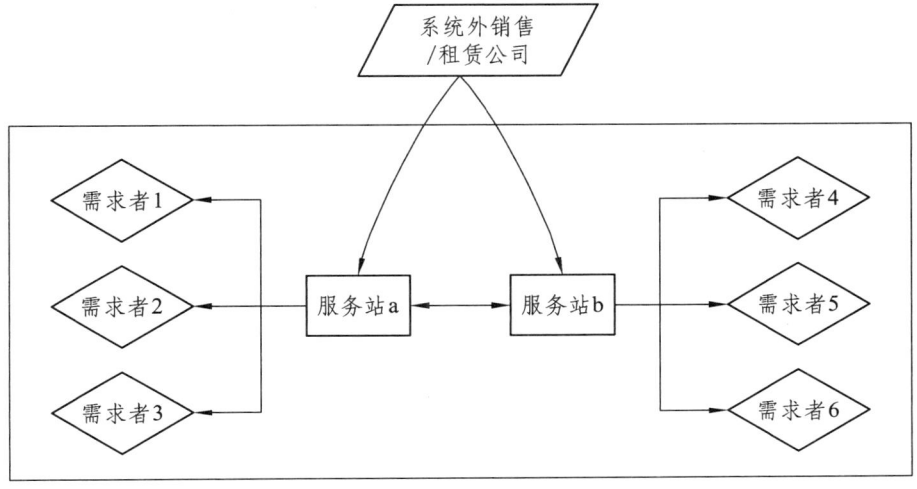

图 8-1　城市共同配送托盘共用调度机制

8.1.2　标量、变量和参数定义

标　量

I 代表托盘服务站的集合。

T 代表运营周期的集合。

P 代表托盘型号的集合。

决策变量

X_{ijp}^t 代表在 t 期从服务站 i 运到服务站 j 的 p 种型号托盘的数量。

Y_{ip}^t 代表在 t 期服务站 i 用来满足需求的 p 种型号托盘的数量。

H_{ip}^t 代表 t 期服务站 i 从系统外购买或租借的 p 种型号托盘的数量。

K_{ip}^t 代表 t 期末服务站 i 的 p 种型号托盘的库存量。

参　数

C_{ijp} 代表将 p 种型号托盘从服务站 i 运到服务站 j 的单位运输成本.

C_{hp} 代表从系统外购买（租借）p 种型号托盘的单位购买（租借）成本。
C_{Kip} 代表 p 种型号托盘在服务站 i 的单位库存成本。
S_{ip}^{t} 代表 t 期服务站 i 新进的 p 种型号托盘的数量。
D_{ip}^{t} 代表 t 期服务站 i 对 p 种型号托盘的需求量。
$\Re_{ij}^{t}$ 代表 t 期服务站 i 运到服务站 j 的运输能力。
$\mathfrak{T}_{p}$ 代表一个 p 种型号托盘占据的运输能力。

8.1.3 模型构建过程

模型的目标函数式（8-1）表示调度总成本最小，包括运输成本、购买（租借）成本和库存成本。

$$\min f = \sum_{t \in T}\sum_{i \in I}\sum_{j \in I-\{i\}}\sum_{p \in P} C_{ijp} X_{ijp}^{t} + \sum_{t \in T}\sum_{i \in I}\sum_{p \in P} C_{hp} H_{ip}^{t}$$
$$+ \sum_{t \in T}\sum_{i \in I}\sum_{p \in P} C_{Kip} K_{ip}^{t} \qquad (8\text{-}1)$$

模型的约束条件可以表示为式（8-2）~（8-5）。约束条件式（8-2）表示所有客户的所有型号托盘的需求都应该被满足。

$$Y_{ip}^{t} = D_{ip} \quad \forall i \in I, t \in T, p \in P \qquad (8\text{-}2)$$

约束条件式（8-3）表示 Y_{ip}^{t} 不能超过服务站 $i \in I$ 在 $t \in T$ 时所能够使用的 $p \in P$ 种型号托盘的数量。该数量等于上期末服务站 $i \in I$ 的库存+服务站 $i \in I$ 在 $t \in T$ 时新进的托盘量+从其他服务站运来的在 $t \in T$ 时到达服务站 $i \in I$ 的托盘数量+服务站 $i \in I$ 在 $t \in T$ 时从系统外购买或租借的托盘量-服务站 $i \in I$ 在 $t \in T$ 时再分派到其他服务站的托盘数量-服务站 $i \in I$ 在 $t \in T$ 期末库存。

$$K_{ip}^{t-1} + S_{ip}^{t} + \sum_{j \in I-\{i\}, \hbar_{ji} < t} f_{jip}^{t-\hbar_{ji}} + H_{ip}^{t} = K_{ip}^{t}$$
$$+ \sum_{j \in I-\{i\}} X_{ijp}^{t} + Y_{ip}^{t} \quad \forall i \in I, t \in T, p \in P \qquad (8\text{-}3)$$

约束条件式（8-4）表示从服务站 $i \in I$ 运到服务站 $j \in I-\{i\}$ 的所有型号托盘所占用的运输能力不能超过最大运输能力限制。

$$\sum_{p \in P} \mathfrak{T}_p X_{ijp}^t \leqslant \mathfrak{R}_{ij}^t \quad \forall i \in I, t \in T, j \in I - \{i\} \qquad (8\text{-}4)$$

约束条件式（8-5）表示决策变量必须为非负整数。

$$X_{ijp}^t \geqslant 0, \text{ and int} \qquad (8\text{-}5)$$

8.1.4 算　例

假定某城市共同配送系统中有 5 个托盘共用服务站（$a,b,c,d,e,f \in I$），2 种型号的托盘（$p1, p2 \in P$），决策期长度为 4 期（$t = t1, t2, t3, t4$）。从系统外购买（租借）$p1$ 和 $p2$ 两种型号托盘的单位成本分别为 1 和 1.1。各服务站 $p1$ 和 $p2$ 两种型号托盘的初始库存均为 0。$p1$ 和 $p2$ 两种型号托盘占用的运输能力分别为 1 和 1.1。$p1$ 和 $p2$ 两种型号托盘在所有服务站的库存成本均分别为 1、2、3、4。其他参数如表 8-1~8-4 所示。

表 8-1　单位运输成本

$p1/p2$	a	b	c	d	e	f
a	−	−	3/5	4/5	5/7	6/7
b	−	−	∞/∞	2/3	4/5	5/7
c	3/5	∞/∞	−	−	7/8	8/8
d	4/5	2/3	−	−	2/4	1/1
e	5/7	4/5	7/8	2/4	−	−
f	6/7	5/7	8/8	∞/∞	−	−

表 8-2　运输能力

	a	b	c	d	e	f
a	−	−	1 000	1 000	400	500
b	−	−	0	700	300	500
c	1 000	0	−	−	400	700
d	1 000	700	−	−	250	0
e	400	300	400	250	−	−
f	500	500	700	0	−	−

表 8-3 供给和需求（负数表示需求）

	p1（t1/t2/t3/t4）	p2（t1/t2/t3/t4）
a	95/100/105/-	45/50/55/-
b	150/200/200/-	90/100/110/-
c	100/200/300/-	100/200/300/-
d	400/400/400/-	100/100/100/-
e	-/-100/-200/-300	-/0/-100/-200
f	-/-200/-400/-600	-/0/-200/-400

表 8-4 作业时间

	a	b	c	d	e	f
a	-	-	1	2	1	2
b	-	-	∞	1	2	1
c	1	∞	-	-	2	1
d	2	1	-	-	1	1
e	1	2	2	1	-	-
f	2	1	1	∞	-	-

1. 数值求解

利用 Matlab 软件编写程序求解模型，得到全局最优解 24 620，最优调度方案如图 8-2 所示。

即最低调度成本为 24 620，在不从系统外购买（租借）托盘的情况下可以满足所有客户的需求。进一步分析可知，模型的解满足算例的所有要求，证明了模型的有效性。

2. 数值分析

运输能力是影响决策的一个重要因素，如本例中尽管 d 到 f 的运输成本最低，但因为运输能力为 0，所以整个决策周期内，最优方案中都没有从 d 运输托盘到 f。当将该能力放大到 700 时，则最优方案的总调度成本大幅降低到 14 341，调度方案如图 8-3 所示。分析可知，由于 d 到 f 的运价比 d 到 e 的运价低，所以 d 将所有的可用托盘调运到 f，且在第 2 期时向外购买（租借）了 170 个托盘。

第 8 章　城市共同配送系统中的专业托盘共用系统调度优化模型

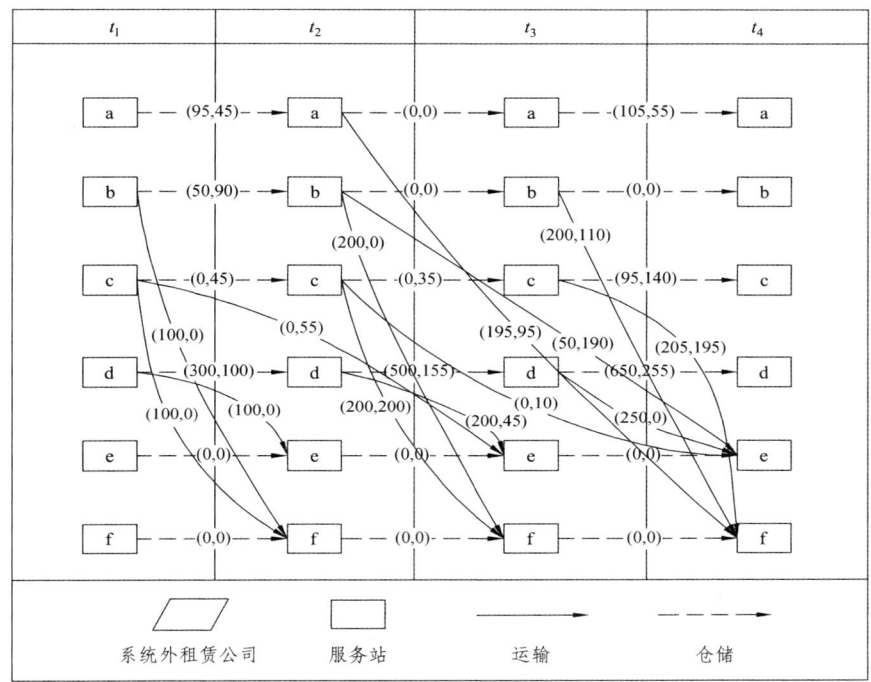

图 8-2　最优调度方案

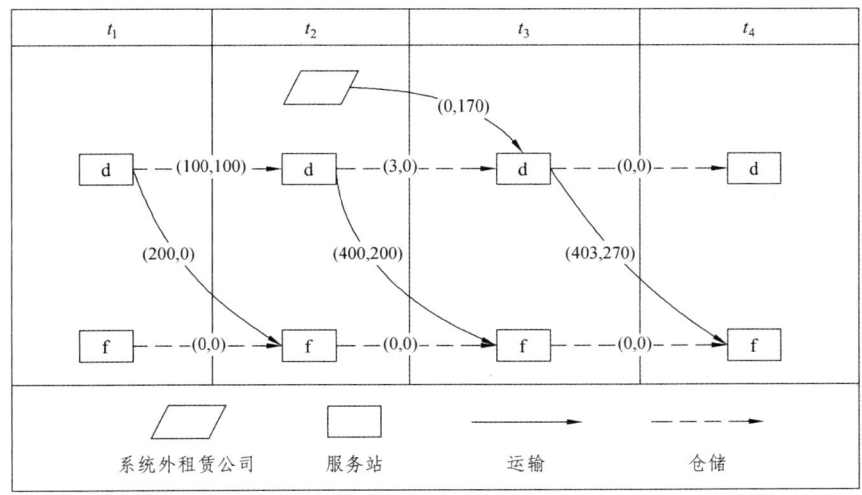

图 8-3　运输能力提高后的最优调度方案

本例中，决策者可以通过提高运输能力的方法来达到降低调度成本的目的，但提高能力就意味着需要耗费额外成本，这就是所谓的"效益递减"。因此决策者需要更科学的方法来降低运作成本，具体的方法是：根据需求的历史数据预测未来需求，并提供能满足未来预测需求的运输能力，当未来实际需求大于预测需求时，可通过向外租赁能力的方式满足需求，反之当未来实际需求小于预测需求时，可将剩余的能力出租给其他需要能力的公司，以降低运作成本。

8.2 城市共同配送系统中的托盘共用调度多情景规划模型

8.2.1 假　设

（1）有多种托盘型号，且各种型号的托盘之间不能互相替代。

（2）所有客户的需求都应该被满足，若系统内可使用的空托盘不能满足需求时，服务站可以向系统外购买或租借托盘。

（3）各服务站的各种型号托盘的可供给量均确定。

（4）各客户对各种型号托盘的需求量均确定。

（5）各种型号托盘的单位运输成本、单位库存成本、单位购买（租借）成本均确定。

（6）各种型号托盘占用的运输能力均极端确定。

（7）各种型号托盘的购买（租借）价格确定。

（8）服务站之间的运输时间确定。

8.2.2 模型构建

目标函数（8-6）表示总成本最小.

$$\min f = \sum_{s \in S} w_s \times (\sum_{t \in T} \sum_{i \in I} \sum_{j \in I-\{i\}} \sum_{p \in P} C_{ijp} X_{ijp}^{ts} + \sum_{t \in T} \sum_{i \in I} \sum_{p \in P} C_{hp} H_{ip}^{ts}$$

$$+ \sum_{t \in T} \sum_{i \in I} \sum_{p \in P} C_{\xi ip}^{ts} \left| \xi_{ip}^{ts} \right| + \sum_{t \in T} \sum_{i \in I} \sum_{p \in P} C_{Kip}^{s} K_{ip}^{ts}) \quad (8-6)$$

约束条件式（8-7）为需求约束。

$$\xi_{ip}^{ts} = Y_{ip}^{ts} - D_{ip}^{ts} \quad \forall i \in I, t \in T, p \in P \tag{8-7}$$

约束条件式（8-8）为惩罚成本。

$$C_{\xi j^0 p}^{ts} = \begin{cases} LC_{\xi ip}, & \xi_{ip}^{ts} \geq 0 \\ MC_{\xi ip}, & \text{else} \end{cases} \tag{8-8}$$

约束条件式（8-9）为库存约束。

$$K_{ip}^{t-1} + S_{ip}^{ts} + H_{ip}^{ts} + \sum_{j \in I-\{i\}, \hbar_{ji} \prec t} f_{jip}^{t-\hbar_{ji}} = K_{ip}^{ts} + \sum_{j \in I-\{i\}} X_{ijp}^{ts} + Y_{ip}^{ts}$$

$$\forall i \in I, t \in T, p \in P, s \in S \tag{8-9}$$

约束条件式（8-10）表示库存能力上限。

$$\sum_{p \in P} \mathfrak{I}_p X_{ijp}^{ts} \leq \mathfrak{R}_{ij}^{ts} \quad \forall i \in I, t \in T, j \in I-\{i\}, s \in S \tag{8-10}$$

约束条件式（8-11），（8-12）和（8-13）为一致性约束。

$$H_{ip}^{s1} = H_{ip}^{s2} = \cdots = H_{ip}^{sn} \tag{8-11}$$

$$X_{ijp}^{s1} = X_{ijp}^{s2} = \cdots = X_{ijp}^{sn} \tag{8-12}$$

$$Y_{ip}^{s1} = Y_{ip}^{s2} = \cdots = Y_{ip}^{sn} \tag{8-13}$$

约束条件式（8-14）为取值约束。

$$X_{ijp}^{ts}, Y_{ip}^{ts}, H_{ip}^{ts}, K_{ip}^{ts} \geq 0, \text{ and int} \tag{8-14}$$

8.2.3 算 例

本算例在 8.1.4 节的基础上提出，进行了必要的修改。假设 e 的 $t4$ *需求*、d 到 e 在 $t4$ 的运输能力不确定。超出 e 和 f 的 $p1$ 型号的托盘的需求的惩罚成本为 12，$p2$ 的分别为 13 和 14，未满足 e 和 f 的 $p1$ 型号的托盘的需求的惩罚成本为 20，$p2$ 的分别为 22 和 23。

假设 $w1=0.2$，$w2=0.4$ and $w3=0.4$，最优方案如图 8-4 所示。

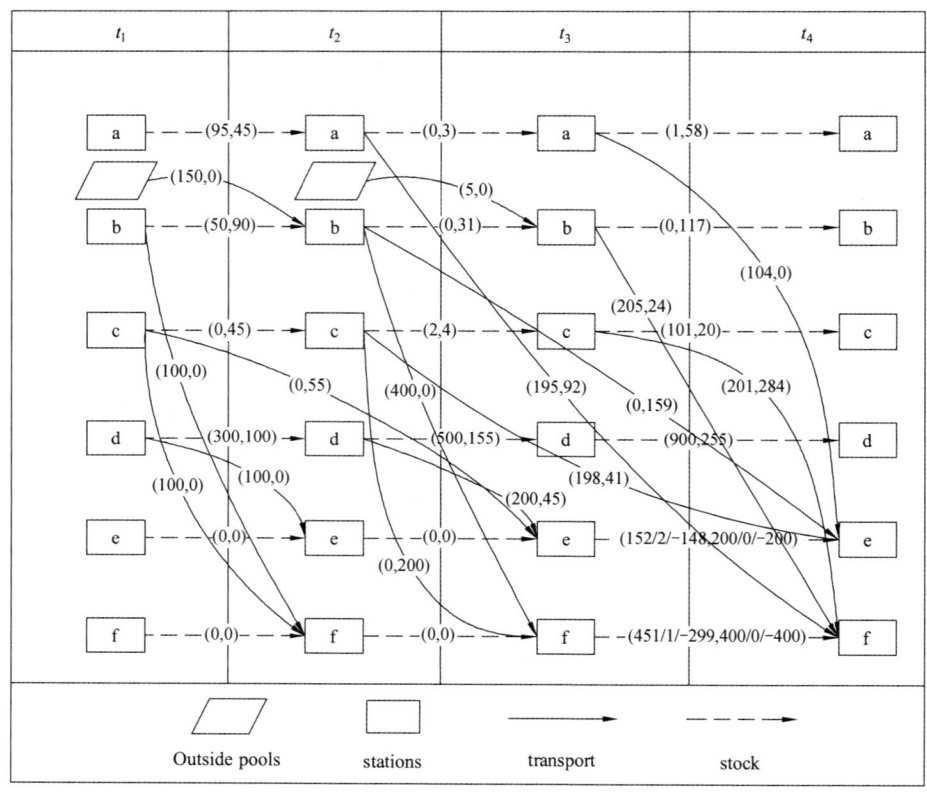

图 8-4 最优方案

确定模型和多情景模型的比较如表 8-5 所示。分析可知，多情景规划模型比确定性模型更加有效。

表 8-5 分析

cost	确定模型	多情景模型
S1	40 020	41 761
S2	24 620	26 361
S3	50 220	39 889
总期望成本（$w1=0.2,w2=0.4,w3=0.4$）	37 940	34 852.2

8.3 本章小结

托盘共用是实现城市共同配送的基础，城市共同配送中的托盘共用调度问题是关系其成败的关键问题。本章研究了一个多托盘服务站、多周期、多托盘型号的城市共同配送中的托盘共用调度问题。首先构建了托盘共用系统管理者可以获得充足信息的条件下的最优化调度模型，通过算例证明了该模型能帮助决策者制定出科学的决策。然后利用 Matlab 软件，通过数值分析研究了运输能力对决策的影响，并提出决策者可以采取科学预测和租赁/出租策略相结合的方法来使运输能力得到充分利用，从而降低运作成本。最后基于情景分析的方法，对托盘共用系统管理者在决策时尚有一些不确定不能通过历史数据进行预测时的情况下的最优化调度模型进行了研究，并证明了在存在不确定因素时，多情景规划模型比确定性模型更加有效。

第9章 非专业托盘共用系统调度优化模型

本书在第 3~8 章对专业托盘共用系统的调度优化问题进行了研究，为专业托盘共用系统管理者制定调度方案提供了帮助。非专业托盘共用系统能否得到良好的推广，取决于其是否能为系统内成员带来效益，而调度方案的优劣直接影响着效益的高低，因此本章将对非专业托盘共用系统调度优化进行研究，为非专业托盘共用系统管理者制定调度方案提供帮助。

9.1 考虑单一型号托盘的非专业托盘共用系统调度混合整数规划模型

9.1.1 问题描述

非专业托盘共用系统——松散式托盘共用系统的业务流程是拥有托盘的单位或个人（供给者）在公共信息平台发布出租托盘信息（包括托盘型号、托盘数量、托盘单位时间租赁价格等），需要托盘的单位或个人（需求者）看到该信息后与供给者联系，并提供具体的需求信息（包括托盘型号、托盘数量、需要租赁的时间等），供给者经过分析后制定合理的调度方案，以实现利润最大化（与传统托盘共用系统中供给者可以只满足部分或全部客户的部分需求，只需支付惩罚成本不同，非专业托盘共用系统中供给者只能选择满足某些客户的全部需求或者全部客户的全部需求，对于未满足的客户无须支付惩罚成本，因此调度的目标函数需是利润最大化而非成本最小化。）。供给者在制定调度方案时除需考虑传统的需求约束、供给约束、运输能力约束、库存能力约束、装卸能力约束外，还需重点考虑客户选择

第9章 非专业托盘共用系统调度优化模型

和回收时间约束。

（1）所谓客户选择是指供给者如果选择向某个客户供应托盘，就必须满足该客户对所有型号托盘的全部需求。因为与传统的托盘共用系统主要满足老客户的需求不同，非专业托盘共用系统面临的基本都是新客户，这些客户一般不会接受只满足其部分需求的供给者。

（2）所谓回收时间约束是指（传统托盘共用系统的托盘专门提供给客户服务，并不规定托盘的回收时间，因为客户租赁时间越长越好；但非专业托盘共用系统的托盘主要是为自己服务，仅是为了获得额外收益而出租，因此会规定一个托盘的回收时间，以保证供给者自己需要托盘时有托盘可用。）如果供给者规定托盘需在 t 前收回托盘，则供给者和客户之间托盘的处理时间 TH（包括分派运输时间、回收运输时间、装卸时间等）和在客户处停留的时间（租赁时间）TL 之和必须小于 t，否则就不能用于满足该客户的需求。如果 $t > TH + TL$，即托盘早于规定的时间返回时，则需要支付 $t - TH - TL$ 这段时间的惩罚成本，如 9-1 所示。

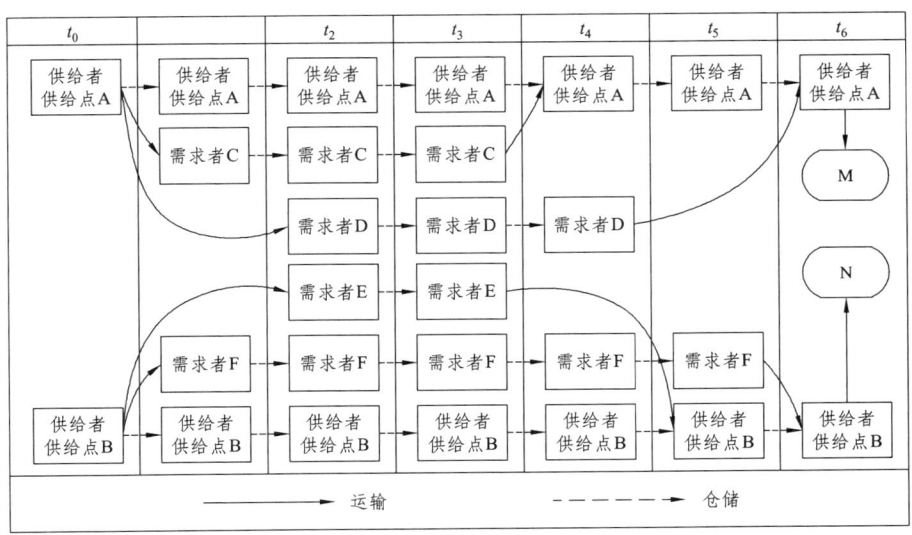

图 9-1 非专业托盘共用系统调度

（1）供给者规定所有托盘必须在 $t6$ 前返回。

（2）供给者将供给点 A 的托盘在 $t0$ 出租给需求者 C，并经过 $t1-t0$ 段时间运输后，在 $t1$ 运达需求者 C，需求者 C 使用 $t3-t1$ 段时间后，在 $t3$ 把

托盘返还供给点 A，并经过 $t4$-$t3$ 段时间运输后，在 $t4$ 运达供给点 A。由于这些托盘早于供给者规定的 $t6$ 前返回，所以供给者需付 $t6$-$t4$ 这段时间的惩罚成本（在模型中称 $t6$-$t4$ 这段时间为"惩罚时间"）。

（3）供给者将供给点 A 的托盘在 $t0$ 出租给需求者 D，并经过 $t2$-$t0$ 段时间运输后，在 $t2$ 运达需求者 D，需求者 D 使用 $t4$-$t2$ 段时间后，在 $t4$ 把托盘返还供给点 A，并经过 $t6$-$t4$ 段时间运输后，在 $t6$ 运达供给点 A。由于这些托盘正好在供给者规定的 $t6$ 返回，所以供给者无需付惩罚成本。

（4）供给者将供给点 B 的托盘在 $t0$ 出租给需求者 E，并经过 $t2$-$t0$ 段时间运输后，在 $t2$ 运达需求者 E，需求者 E 使用 $t3$-$t2$ 段时间后，在 $t3$ 把托盘返还供给点 B，并经过 $t5$-$t3$ 段时间运输后，在 $t5$ 运达供给点 B。由于这些托盘早于供给者规定的 $t6$ 前返回，所以供给者需付 $t6$-$t5$ 这段时间的惩罚成本。

（5）供给者将供给点 B 的托盘在 $t0$ 出租给需求者 F，并经过 $t1$-$t0$ 段时间运输后，在 $t1$ 运达需求者 F，需求者 F 使用 $t5$-$t1$ 段时间后，在 $t5$ 把托盘返还供给点 B，并经过 $t6$-$t5$ 段时间运输后，在 $t6$ 运达供给点 B。由于这些托盘正好在供给者规定的 $t6$ 返回，所以供给者无须支付惩罚成本。

（6）在 $t6$ 供给点 A 将所有托盘用于 M，供给点 B 将这些托盘用于 N。

（7）在 $t6$ 到 $t1$ 阶段供给者供给点 A 和供给点 B 均有不同程度的库存。如：在 $t1$，$t2$，$t3$ 时，供给点 A 的库存均为其在 $t0$ 时的库存减去运送到需求者 C 和需求者 D 的托盘量；在 $t4$、$t5$ 时的库存则为其在 $t3$ 时的库存量加上从需求者 C 回收的托盘量；在 $t6$ 时的库存为其在 $t5$ 时的库存量加上从需求者 D 回收的托盘量，也等于 $t0$ 时的库存量。但事实上，这些库存将立即用于 M，所以实际库存为 0。

非专业托盘共用系统的供给者可能提供一种或者多种型号的托盘，本节将研究仅有一种型号托盘的非专业托盘共用系统调度优化模型。

9.1.2 基本假设

（1）非专业托盘共用系统中的托盘均为同一型号。

（2）供给者向需求者供应的托盘量不能超过需求者的需求量。供给者如若选择某个需求者的需求，则必须满足该需求者的所有需求。如果在此决策后还有剩余托盘，则必须与其他需求者进一步协商后才能决定如何分派剩余托盘。

（3）供给者需在规定时间内将托盘回收回来以满足自己的需要，如若比规定时间提前收回，则需要支付惩罚成本。

（4）托盘无须整车运输，因为非专业托盘共用系统中的托盘租赁数量通常很小，运算距离也很短。

（5）供给者各供给点的可供给量、需求者的需求量、库存能力、运输能力、装卸能力等均确定。

（6）单位运输成本、单位库存成本、单位装卸成本、单位惩罚成本均确定。

（7）托盘的单位时间租赁价格确定。

（8）分派运输时间、回收运输时间、需求者租赁时间、供给者规定的回收时间均确定。

9.1.3 模型构建

标　量

i（$i=1,2,\cdots I$）和 j^0（$j^0=1,2,\cdots,J^0$）分别代表供给者供给点和需求者。

决策变量

X_{ij^0} 代表从 i 运到 j^0 的托盘的数量。

$X_{j^0 i}$ 代表从 j^0 回收到 i 的托盘的数量。

Y_{j^0} 为 0-1 变量，代表是否满足 j^0 的需求，0 表示不满足，1 表示满足。

参数和其他

R_{ij^0} 表示 i 向 j^0 供应的托盘的单位时间租赁价格。

C_{ij^0} 代表将托盘从 i 运到 j^0 的单位运输成本。

$C_{j^0 i}$ 代表将托盘从 j^0 运到 i 的单位运输成本。

C_{Ki} 代表托盘在 i 的单位库存成本。

C_{Ti} 代表 i 的托盘在规定时间前返回的单位惩罚成本。

C_{li} 和 C_{ij^0} 分别代表 i 和 j^0 单位装卸成本。

D_{j^0} 代表 j^0 的需求量。

S_i 代表 i 的可供给量。

K_{0i} 代表 i 的库存能力。

K_i 代表期末 i 的库存量。

L_i 和 L_{j^0} 分别代表分派时 i 和 j^0 的装卸能力。

L'_i 和 L'_{j^0} 分别代表回收时 i 和 j^0 的装卸能力。

MA_{ij^0} 和 $MA_{j^0 i}$ 分别代表从 i 到 j^0 的运输能力和从 j^0 到 i 的运输能力。

T_{0i} 表示 i 要求归还托盘的时间。

T_{ij^0} 表示将托盘从 i 运到 j^0 的运输时间。

$T_{j^0 i}$ 表示将托盘从 j^0 运到 i 的运输时间。

T_{j^0} 表示 j^0 租赁托盘的时间。

T_{0ij^0} 表示 i 供应给 j^0 的托盘提前收回的惩罚时间。

考虑单一型号托盘的非专业托盘共用系统调度混合整数规划模型 S-NPPP-MIPM 可以表示为：

1. 目标函数

模型的目标函数式（9-1）表示模型的目标函数为总利润（总收入减去总成本）最大，其中总收入为托盘的单位时间租赁价格和供给者出租出去的托盘量以及需求者租赁时间三者的乘积；总成本包括：供给者向需求者分派托盘的运输成本和装卸成本、从需求者向供给者回收托盘的运输成本和装卸成本、未租出托盘的库存成本、在规定时间前收回托盘的惩罚成本。其中，T'_{j^0} 为 T_{j^0} 的扩展矩阵，其维数与 X_{ij^0} 相同；$X_{j^0 i}^T$ 表示 $X_{j^0 i}$ 的转置矩阵。

$$\max f_7 = \sum_{i=1}^{I}\sum_{j^0=1}^{J^0} R_{ij^0} T'_{j^0} X_{ij^0} - (\sum_{i=1}^{I}\sum_{j^0=1}^{J^0} C_{ij^0} X_{ij^0} + \sum_{i=1}^{I}\sum_{j^0=1}^{J^0} C_{li} X_{ij^0}$$

$$+ \sum_{j^0=1}^{J^0}\sum_{i=1}^{I} C_{lj^0} X_{ij^0} + \sum_{i=1}^{I}\sum_{j^0=1}^{J^0} C_{j^0 i} X_{j^0 i} + \sum_{i=1}^{I}\sum_{j^0=1}^{J^0} C_{li} X_{j^0 i} + \sum_{j^0=1}^{J^0}\sum_{i=1}^{I} C_{lj^0} X_{j^0 i}$$

$$+ \sum_{i=1}^{I} C_{Ki} K_i T_{0i} + \sum_{i=1}^{I}\sum_{j^0=1}^{J^0} C_{Ti} T_{0ij^0} X_{j^0 i}^T) \qquad (9\text{-}1)$$

2. 需求约束

约束条件式（9-2）确定供给者是否选择满足某个需求者的需求，需要注意的是，如果选择某个需求者，就必须满足该需求者的所有需求（如果需求者愿意接受只满足其部分需求，则该约束可以放松为 $\sum_{i=1}^{I} X_{ij^0} \leqslant D_{j^0}$，但根据现实一般情况，本书不考虑这种情况）。

$$\sum_{i=1}^{I} X_{ij^0} = Y_{j^0} D_{j^0} \tag{9-2}$$

3. 供给约束

约束条件式（9-3）保证某供给者供给点向所有需求者供给的托盘不能超过其可供给量。

$$\sum_{j^0=1}^{j^0} X_{ij^0} \leqslant S_i \tag{9-3}$$

4. 回收时间约束

约束条件式（9-4）表示某供给者供给点供应给某需求者的托盘提前收回的惩罚时间等于该供给点要求的回收时间减去分派运输时间、回收运输时间以及该需求者租赁时间。其中，$T_{j^0i}^{T}$ 为 T_{j^0i} 的转置矩阵；$T_{0i}^{'}$ 为 T_{0i} 的扩展矩阵，其维数与 T_{ij^0} 相同。

$$T_{0i}^{'} - T_{ij^0} - T_{j^0i}^{T} - T_{j^0}^{'} = T_{0ij^0} \tag{9-4}$$

约束条件式（9-5）表示某供给者供给点供应给某需求者的托盘提前收回的惩罚时间必须大于等于 0，即分派运输时间、回收运输时间以及需求者租赁时间之和小于等于供给者供给点规定的回收时间。

$$T_{0ij^0} \geqslant 0 \tag{9-5}$$

5. 库存约束

约束条件式（9-6）表示期末某供给者供给点托盘的库存等于其可供给量减去分派出去的托盘的数量。

$$K_i = S_i - \sum_{j^0=1}^{j^0} X_{ij^0} \tag{9-6}$$

约束条件式（9-7）表示期末某供给者供给点的库存量不能超过其库存

能力。

$$K_i \leqslant K_{0i} \quad (9\text{-}7)$$

6. 运输能力约束

约束条件式（9-8）表示从某供给者供给点运输到某需求者的托盘的总量不能超过该线路的运输能力。约束条件式（9-9）表示从某需求者运输到某供给者供给点的托盘的总量不能超过该线路的运输能力。

$$X_{ij^0} \leqslant MA_{ij^0} \quad (9\text{-}8)$$

$$X_{j^0 i} \leqslant MA_{j^0 i} \quad (9\text{-}9)$$

7. 装卸能力约束

约束条件式（9-10）表示分派时某供给者供给点的总装卸量不能超过其装卸能力。约束条件式（9-11）表示分派时某需求者的总装卸量不能超过其装卸能力。

$$\sum_{j^0=1}^{j^0} X_{ij^0} \leqslant L_i \quad (9\text{-}10)$$

$$\sum_{i=1}^{I} X_{ij^0} \leqslant L_{j^0} \quad (9\text{-}11)$$

约束条件式（9-12）表示回收时某供给者供给点的总装卸量不能超过其装卸能力。约束条件式（9-13）表示回收时某需求者的总装卸量不能超过其装卸能力。

$$\sum_{j^0=1}^{j^0} X_{j^0 i} \leqslant L_i' \quad (9\text{-}12)$$

$$\sum_{i=1}^{I} X_{j^0 i} \leqslant L_{j^0}' \quad (9\text{-}13)$$

8. 平衡约束

约束条件式（9-14）表示某供给者供给点分派给某需求者的托盘，也必须等量的由该需求者返回给该供给点。这是因为不同的供给点对托盘的时间限制不同，因此只能将托盘返回给原供给点。

$$X_{ij^0} = X_{j^0 i} \qquad (9\text{-}14)$$

9. 取值约束

约束条件式（9-15）表示某供给者供给点到某需求者间的运输量只能为非负整数。

$$X_{ij^0} \geqslant 0, \text{and int} \qquad (9\text{-}15)$$

约束条件式（9-16）表示决策变量只能取 0 或 1。

$$Y_{j^0} = 0 \text{ or } 1 \qquad (9\text{-}16)$$

如果假设 $T_{ij^0} = T_{j^0 i}$，即将托盘从某供给者供给点运输到某需求者的时间（分派运输时间）和将托盘从该需求者运输到该供给点的时间（回收运输时间）相等，则约束式（9-4）简化为（9-17）：

$$T_{0i}^{'} - 2T_{ij^0} - T_{j^0}^{'} = T_{0ij^0} \qquad (9\text{-}17)$$

如果假设 $MA_{ij^0} = MA_{j^0 i}$，即从 i 到 j^0 和从 j^0 到 i 的运输能力是相同的，则约束（9-9）可以略去。

如果假设 $L_i = L_i^{'}$ 且 $L_{j^0} = L_{j^0}^{'}$，即分派和回收时 i 的装卸能力是相同的且 j^0 的装卸能力也是相同的，则约束式（9-12）和（9-13）可以略去。

因为约束式（9-14），目标函数式（9-1）可以简化为式（9-9）：

$$\max f_7 = \sum_{i=1}^{I}\sum_{j^0=1}^{j^0} R_{ij^0} T_{j^0}^{'} X_{ij^0} - (2\sum_{i=1}^{I}\sum_{j^0=1}^{j^0} C_{ij^0} X_{ij^0} + 2\sum_{i=1}^{I}\sum_{j^0=1}^{j^0} C_{li} X_{ij^0} + \\ 2\sum_{j^0=1}^{j^0}\sum_{i=1}^{I} C_{lj^0} X_{ij^0} + \sum_{i=1}^{I} C_{Ki} K_i T_{0i} + \sum_{i=1}^{I}\sum_{j^0=1}^{j^0} C_{Ti} T_{0ij^0} X_{ij^0}) \qquad (9\text{-}18)$$

因此，考虑单一型号托盘的非专业托盘共用系统调度混合整数规划模型 S-NPPP-MIPM 可简化为：

$$\max f_7 = \sum_{i=1}^{I}\sum_{j^0=1}^{j^0} R_{ij^0} T_{j^0}^{'} X_{ij^0} - (2\sum_{i=1}^{I}\sum_{j^0=1}^{j^0} C_{ij^0} X_{ij^0} + 2\sum_{i=1}^{I}\sum_{j^0=1}^{j^0} C_{li} X_{ij^0} + \\ 2\sum_{j^0=1}^{j^0}\sum_{i=1}^{I} C_{lj^0} X_{ij^0} + \sum_{i=1}^{I} C_{Ki} K_i T_{0i} + \sum_{i=1}^{I}\sum_{j^0=1}^{j^0} C_{Ti} T_{0ij^0} X_{ij^0})$$

s.t.

$$\sum_{i=1}^{I} X_{xj^0} = Y_{j^0} D_{j^0}$$

$$\sum_{j^0=1}^{j^0} X_{xj^0} \leqslant S_i$$

$$T_{0i}^{'} - 2T_{ij^0}^{'} - T_{j^0}^{'} = T_{0ij^0}$$

$$T_{0ij^0} \geqslant 0$$

$$K_i = S_i - \sum_{j^0=1}^{j^0} X_{ij^0}$$

$$K_i \leqslant K_{0i}$$

$$X_{ij^0} \leqslant MA_{ij^0}$$

$$\sum_{j^0=1}^{j^0} X_{ij^0} \leqslant L_i$$

$$\sum_{i=1}^{I} X_{ij^0} \leqslant L_{j^0}$$

$$X_{ij^0} \geqslant 0, \text{and int}$$

$$Y_{j^0} = 0 \text{ or } 1$$

9.1.4 算　例

假定某公司在 a、b 两地（$i=a,b$）有一种型号的闲置托盘欲出租，于是在公共信息平台发布出租托盘信息。目前已经有 4 个需求者（$j^0 = c,d,e,f$）表示愿意租赁托盘。该公司需要根据已获得数据，制定最优调度方案，以实现利润的最大化。同时根据一般情况，假定在规定时间前收回托盘的惩罚成本就是库存成本。其他数据如表 9-1~表 9-4 所示。

表 9-1　供给和需求

	可供给量	单位时间租赁价格	回收时间	需求量	需求时间
a	150	5	8	−	−
b	200	5	6	−	−
c	−	−	−	50	2
d	−	−	−	40	3
e	−	−	−	200	2
f	−	−	−	100	4

表 9-2　库存和装卸

	库存能力	单位库存成本	装卸能力	单位装卸成本
a	2 000	1	2 000	2
b	2 000	2	2 200	2
c	−	−	500	3
d	−	−	1 000	2
e	−	−	1 500	1
f	−	−	1 500	1

表 9-3　单位运输成本

	c	d	e	f
a	3	4	5	6
b	∞	2	4	5

表 9-4　运输能力和运输时间

运输能力/运输时间	c	d	e	f
a	1 000/2	1 000/2	400/1	500/2
b	0/∞	600/1	500/2	500/1

1. 数值求解

根据以上数据，用 Lingo 11 编程求解模型，得到全局最优解为-760，最优调度方案如图 1-2 所示。

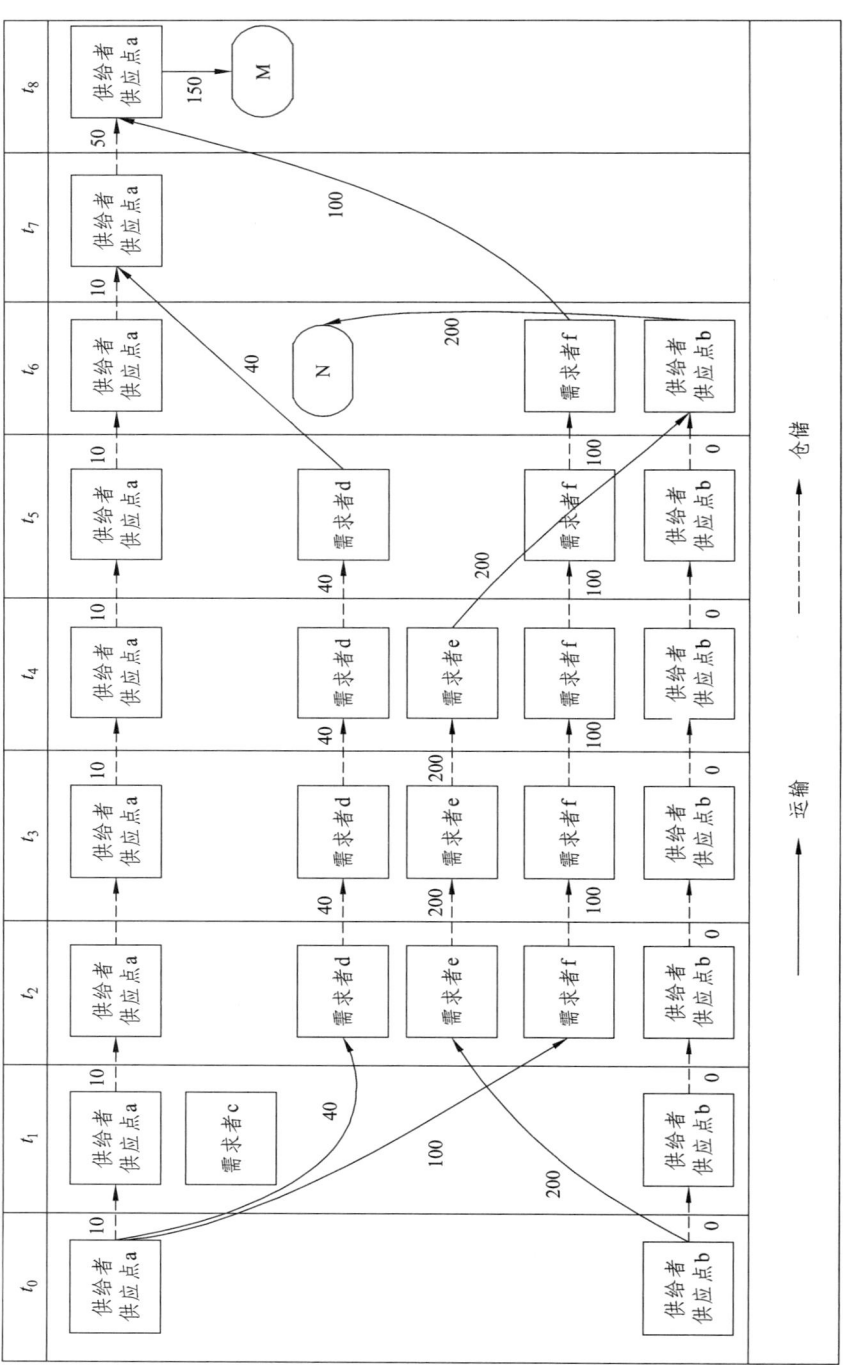

图 9-2 最优调度方案

分析结果可知最大利润为-760，最优调度方案为：

（1）a 向 d 供应 40 个单位的托盘，这些托盘将比规定的回收时间提前 1 个单位时间返回。

（2）a 向 f 供应 100 个单位的托盘，这些托盘将在规定的时间返回。

（3）b 向 e 供应 200 个单位的托盘，这些托盘将在规定的时间返回。

a 有 10 个单位的托盘没有租出，而 c 的需求未被满足，因此 a 可以与 c 进行谈判，如果 c 愿意接受这些托盘，则将这些托盘租给 c，否则 a 可以继续在公共信息平台上发布出租托盘信息，直至找到需求者。当然，a 早于规定时间收回的托盘也可以继续在公共信息平台上发布出租信息，以最大化托盘的使用效率，并获得一定的收益。

2. 数值分析

（1）单位时间租赁价格对决策的影响。

① 非差异定价。

算例中假定供给者已经确定了统一的单位时间租赁价格，并未考虑差异定价。那么这个统一的单位时间租赁价格的变动会如何影响决策呢？

分析可知，当 $RXT = C1 - C2$（单位时间租赁价格×出租数量×出租时间=出租产生的成本-节约的库存费用，其中出租产生的成本为装卸成本+运输成本+惩罚成本）时单位时间租赁价格达到临界点，即高于此定价则出租托盘，低于此定价不出租托盘。对于本例来说，其临界点为 $R = \dfrac{560-480}{40 \times 3} = 0.6$，当 $R = 0.667$ 时，最优决策应是出租托盘（从 b 运输 40 个单位的托盘到 d），出租比不出租节约 0.04(0.04=(480-80)-480+80.04)。

当然，此处所分析的单位时间租赁价格临界点仅是出租与不出租的临界点，当定价增加到最优决策应出租更多托盘时，就又可以达到另外的临界点。这样的临界点非常多，需要针对具体问题具体分析。决策者在决策时无须知道临界点，只需将变化后的单价代入模型即可得到新的最优调度方案和最大利润。

在上述算例中，供给者最大利润仅为-760，也即供给者仅是比不出租托盘少亏损（如果不出租托盘，供给者必须付出库存费用，将亏 3 600）。

供给者要想真正获得利润，必须提高托盘的单位时间租赁价格。供给者将单价代入模型经过测试后发现，托盘的单位时间租赁价格高于 5.83 时即可获得利润 3.6，最优调度方案和原方案一样。

② 差异定价。

将供给者向 c 收取的单位时间租赁价格分别设为 5~15，其他条件不变，然后分析向 c 收取的单位时间租赁价格变动对决策的影响，其最大利润如图 9-3 所示，相应的调度方案如表 9-5~表 9-6 所示。

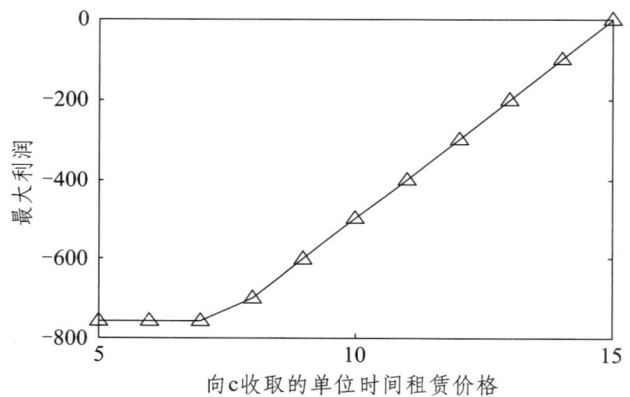

图 9-3　向 c 收取的单位时间租赁价格和最大利润的关系

表 9-5　向 c 收取的单位时间租赁价格取 5~7 时的最优调度方案

	c	d	e	f	库存
a	0	40	0	100	10
b	0	0	200	0	0

表 9-6　向 c 收取的单位时间租赁价格取 8~15 时的最优调度方案

	c	d	e	f	库存
a	50	0	0	100	0
b	0	0	200	0	0

分析上述方案可知，当供给者向 c 收取的单位时间租赁价格提高到 8 时，供给者不再选择满足 d 的需求，转而选择满足 c 的需求，这是因为如

果继续维持原方案,供给者的总利润仍将只有-760,但改变方案后,可获得总利润-700。当向 c 收取的单位时间租赁价格从 8 往上继续提高时,最优方案将保持不变,但向 c 收取的单位时间租赁价格每增高 1,总利润以 $1\times50\times2=100$ 等量增长。

分析图 9-3、表 9-5 和表 9-6 可得出如下结论:

(1) 在其他条件不变的情况下,随着供给者向需求者收取的单位时间租赁价格的升高,最大利润总体上呈上升趋势。

(2) 当供给者不能满足所有需求者的需求时,在其他条件不变的情况下,只要能在供给者规定的时间前将托盘返回,随着某需求者愿意支付的单位时间租赁价格的提高,供给者更倾向于选择该需求者。

(2) 需求者租赁时间对决策的影响。

假定需求者 d 的租赁时间为[0 1 2 3 4 5 6],其他条件不变,然后分析需求者租赁时间变动对决策的影响,其最大利润如图 9-4 所示,相应的调度方案如表 9-7 和表 9-8 所示。

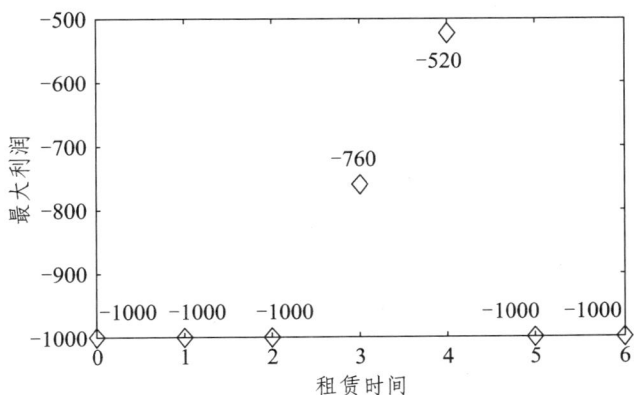

图 9-4 需求者 d 租赁时间和最大利润的关系

表 9-7 需求者 d 租赁时间取 0,1,2,5,6 时的最优调度方案

	c	d	e	f	库存
a	0	0	0	100	50
b	0	0	200	0	0

表 9-8 需求者 d 租赁时间取 3，4 时的最优调度方案

	c	d	e	f	库存
a	0	40	0	100	10
b	0	0	200	0	0

分析上述方案可知：

需求者 d 租赁时间取 0 时，事实上需求者 d 不需要托盘，因此最优方案中取消了对 d 的托盘的供应。

需求者 d 租赁时间取 5 和 6 时，由于需求者需要的时间过长，供给者不能按时取回托盘，因此取消了对 d 的供应。

需求者 d 租赁时间取 1 和 2 时，需求者使用的时间过短，获得的总收入不能抵消需要花费的总成本（出租 1 天，供给者可获得 40×5×1=200 的总收入，节约库存成本 40×1×2=80，但会产生作业成本 760；出租 2 天，供给者可获得 40×5×2=400 的总收入，节约库存成本 40×1×1=40，但会产生作业成本 720），因此供给者不对 d 供应托盘。

需求者 d 租赁时间取 3 和 4 时，供给者可以在规定的时间前收回托盘，因此最优决策是满足 d 的所有需求，由于需求者租赁时间增加一天，供给者就可以获得一天的租金收入（40×5×1=200），并且可以节约一天的库存成本（40×1×1=40），因此需求者 d 租赁时间取 4 时的利润比取 3 时的利润高 240（在托盘租赁时间取 0，1，2，5，6 时的最优方案中，a 有 50 个托盘的库存，本可用于满足 c 的需求，但由于从需求者 c 获得的总收入不大于需要花费的总成本（如果满足 c 的需求可获得总收入 500，节约库存成本 400，但也会产生成本 900），因此最优决策是不向 c 供给托盘。）。

分析图 9-4、表 9-7 和表 9-8 可得出如下结论：

✓ 在其他条件不变的情况下，只要能在供给者规定的时间前将托盘返回，随着需求者租赁时间的增加，最大利润总体上呈上升趋势。

✓ 当供给者不能满足所有需求者的需求时，在其他条件不变的情况下，只要能在供给者规定的时间前将托盘返回，随着某需求者租赁时间的增加，供给者更倾向于选择该需求者。

9.2 考虑混合型号托盘的非专业托盘共用系统调度混合整数规划模型

9.2.1 问题描述

上一节对仅有单一型号托盘的非专业托盘共用系统调度优化问题进行了建模，模型能满足仅有一种型号托盘的非专业托盘共用系统的运营管理的需求。但还有一些企业或个人可能有多种型号的托盘可用于出租，仅考虑单一型号托盘的非专业托盘共用系统调度混合整数规划模型并不能满足这类非专业托盘共用系统的决策需要，需要构建一个考虑混合型号托盘的非专业托盘共用系统调度混合整数规划模型。

同样，在构建考虑混合型号托盘的非专业托盘共用系统调度混合整数规划模型时，假设各种型号的托盘不能互相替代。

9.2.2 基本假设

（1）有多种托盘型号，且各种型号的托盘不能互相替代。

（2）供给者向需求者供应的某种型号托盘的数量不能超过需求者对该种型号托盘的需求量。供给者如若选择某个需求者的需求，则必须满足该需求者对所有型号托盘的全部需求。如果在此决策后供给者还有剩余托盘，则必须与其他需求者进一步协商后才能决定如何分派剩余托盘。

（3）供给者需在规定时间内将托盘回收回来以满足自己的需要，如若比规定时间提前收回，则需要支付惩罚成本。

（4）托盘无须整车运输，因为非专业托盘共用系统中的托盘租赁数量通常很小，运算距离也很短。

（5）供给者各供给点的各种型号托盘的可供给量、需求者对各种型号托盘的需求量、库存能力、运输能力、装卸能力均确定。

（6）各种型号托盘的单位运输成本、单位库存成本、单位装卸成本、单位惩罚成本均确定。

（7）各种型号托盘占用的库存能力、装卸能力、运输能力均确定。

（8）各种型号托盘的单位时间租赁价格确定。

（9）各种型号托盘的分派运输时间、回收运输时间、需求者租赁时间、供给者规定的回收时间均确定。

9.2.3 模型构建

标　量

i（$i=1,2,\cdots,I$）和 j^0（$j^0=1,2,\cdots,J^0$）分别代表供给者供给点和需求者。p（$p=p1,p2,\ldots,pn$）代表托盘型号。

决策变量

X_{ij^0p} 代表从 i 运到 j^0 的 p 种型号托盘的数量。

X_{j^0ip} 代表从 j^0 回收到 i 的 p 种型号托盘的数量。

Y_{j^0p} 为 0-1 变量，代表是否满足 j^0 对 p 种型号托盘的需求，0 表示不满足，1 表示满足。

Y_{j^0} 为 0-1 变量，代表是否满足 j^0 对所有型号托盘的需求，0 表示不满足，1 表示满足。

参数和其他

R_{ij^0p} 表示 i 向 j^0 供应的 p 种型号托盘单位时间租赁价格。

C_{ij^0p} 代表将 p 种型号托盘从 i 运到 j^0 的单位运输成本。

C_{j^0ip} 代表将 p 种型号托盘从 j^0 运到 i 的单位运输成本。

C_{Kip} 代表 p 种型号托盘在 i 的单位库存成本。

C_{Tip} 代表 i 的 p 种型号托盘在规定时间前返回的单位惩罚成本。

C_{Iip} 和 C_{Ij^0p} 分别代表 i 和 j^0 装卸 p 种型号托盘的单位装卸成本。

D_{j^0p} 代表 j^0 对 p 种型号托盘的需求量。

S_{ip} 代表 i 的 p 种型号托盘的可供给量。

K_{0i} 代表 i 的库存能力。

K_{ip} 代表 i 的 p 种型号托盘的库存量。

L_i 和 L_{j^0} 分别代表分派时 i 和 j^0 的装卸能力。

L'_i 和 L'_{j^0} 分别代表回收时 i 和 j^0 的装卸能力。

MA_{ij^0} 和 MA_{j^0i} 分别代表从 i 到 j^0 的运输能力和从 j^0 到 i 的运输能力。

T_{0ip} 表示 i 要求归还 p 种型号托盘的时间。

T_{j^0i} 表示将托盘从 i 运到 j^0 的运输时间。

T_{j^0i} 表示将托盘从 j^0 运到 i 的运输时间。

T_{j^0p} 表示 j^0 对 p 种型号托盘的租赁时间。

T_{ij^0p} 表示 i 供应给 j^0 的 p 种型号托盘提前收回的惩罚时间。

υ_t，υ_t'，υ_t'' 分别代表一个 p 种型号托盘占用的库存能力、运输能力和装卸能力。

考虑混合型号托盘的非专业托盘共用系统调度混合整数规划模型 M-NPPP-MIPM 可表示为：

1. 目标函数

模型的目标函数式（9-19）表示模型的目标函数为总利润（总收入减去总成本）最大，其中总收入为每种型号托盘的单位时间租赁价格和供给者出租出去的每种型号托盘的数量以及需求者对每种型号托盘的租赁时间三者的乘积之和；总成本包括：供给者供给点向需求者分派所有型号托盘的运输成本和装卸成本、从需求者向供给者供给点回收所有型号托盘的运输成本和装卸成本、未租出的所有型号托盘的库存成本、在规定时间前收回的所有型号托盘的惩罚成本。其中，T_{j^0p}' 为 T_{j^0p} 的扩展矩阵，其维数与 X_{ij^0p} 相同；$X_{j^0ip}^T$ 表示 X_{j^0ip} 的转置矩阵。

$$\max f_8 = \sum_{p=p1}^{pn}\sum_{i=1}^{I}\sum_{j^0=1}^{J^0} R_{ij^0p} T_{j^0p}' X_{ij^0p} - (\sum_{p=p1}^{pn}\sum_{i=1}^{I}\sum_{j^0=1}^{J^0} C_{ij^0p} X_{ij^0p} + \sum_{p=p1}^{pn}\sum_{i=1}^{I}\sum_{j^0=1}^{J^0} C_{lip} X_{ij^0p}$$

$$+ \sum_{p=p1}^{pn}\sum_{j^0=1}^{J^0}\sum_{i=1}^{I} C_{lj^0p} X_{ij^0p} + \sum_{p=p1}^{pn}\sum_{i=1}^{I}\sum_{j^0=1}^{J^0} C_{j^0ip} X_{j^0ip} + \sum_{p=p1}^{pn}\sum_{i=1}^{I}\sum_{j^0=1}^{J^0} C_{lip} X_{j^0ip}$$

$$+ \sum_{p=p1}^{pn}\sum_{j^0=1}^{J^0}\sum_{i=1}^{I} C_{lj^0p} X_{j^0ip} + \sum_{p=p1}^{pn}\sum_{i=1}^{I} C_{Kip} K_{ip} T_{0ip} + \sum_{p=p1}^{pn}\sum_{i=1}^{I}\sum_{j^0=1}^{J^0} C_{Tip} T_{ij^0p} X_{j^0ip}^T) \quad (9-19)$$

2. 需求约束

约束条件式（9-20）确定供给者是否选择满足某需求者对某种型号托

盘的需求。约束条件式（9-21）确定供给者是否选择满足某需求者对所有型号托盘的需求。通过这两个约束供给者即可选择需求者（如果需求者愿意接受只满足其部分需求，则这两个约束可以放松为 $\sum_{i=1}^{I} X_{ij^0 p} \leqslant D_{j^0 p}$，但同样根据现实一般情况，本书不考虑这种情况）。

$$\sum_{i=1}^{I} X_{ij^0 p} = Y_{j^0 p} D_{j^0 p} \qquad （9-20）$$

$$\sum_{p=p1}^{pn} \sum_{i=1}^{I} X_{ij^0 p} = Y_{j^0} \sum_{p=p1}^{pn} D_{j^0 p} \qquad （9-21）$$

3. 供给约束

约束条件式（9-22）保证某供给者供给点向所有需求者供给的某种型号托盘的数量不能超过其可供给量。

$$\sum_{j^0=1}^{j^0} X_{ij^0 p} \leqslant S_{ip} \qquad （9-22）$$

4. 回收时间约束

约束条件式（9-23）表示某供给者供给点供应给某需求者的某种型号托盘提前收回的惩罚时间等于该供给点要求的回收时间减去分派运输时间、回收运输时间以及该需求者租赁时间。其中，$T_{j^0 i}^{T}$ 为 $T_{j^0 i}$ 的转置矩阵；T'_{0ip} 为 T_{0ip} 的扩展矩阵，其维数与 $T_{ij^0 p}$ 相同。约束条件式（9-24）表示某供给者供给点供应给某需求者的某种型号托盘提前收回的惩罚时间必须大于等于0，即分派运输时间、回收运输时间以及需求者租赁时间之和小于等于供给点规定的回收时间。

$$T'_{0ip} - T_{ij^0} - T_{j^0 i}^{T} - T'_{j^0 p} = T_{ij^0 p} \qquad （9-23）$$

$$T_{ij^0 p} \geqslant 0 \qquad （9-24）$$

5. 库存约束

约束条件式（9-25）表示某供给者供给点的某种型号托盘的库存等于

该型号托盘的可供给量减去分派出去的该型号托盘的数量。约束条件式（9-26）表示某供给者供给点所有型号托盘的库存量总和不能超过其库存能力。

$$K_{ip} = S_{ip} - \sum_{j^0=1}^{j^0} X_{ij^0 p} \tag{9-25}$$

$$\sum_{p=p1}^{pn} \upsilon_p K_{ip} \leqslant K_{0i} \tag{9-26}$$

6. 运输能力约束

约束条件式（9-27）表示从某供给者供给点运输到某需求者的所有型号托盘的总运输量不能超过该线路的运输能力。约束条件式（9-28）表示从某需求者运输到某供给者供给点的所有型号托盘的总运输量不能超过该线路的运输能力。

$$\sum_{p=p1}^{pn} \upsilon_p' X_{ij^0 p} \leqslant MA_{ij^0} \tag{9-27}$$

$$\sum_{p=p1}^{pn} \upsilon_p' X_{j^0 ip} \leqslant MA_{j^0 i} \tag{9-28}$$

7. 装卸能力约束

约束条件式（9-29）表示分派时某供给者供给点的所有型号托盘的总装卸量不能超过其装卸能力。约束条件式（9-30）表示分派时某需求者的所有型号托盘的总装卸量不能超过其装卸能力。约束条件式（9-31）表示回收时某供给者供给点的所有型号托盘的总装卸量不能超过其装卸能力。约束条件式（9-32）表示回收时某需求者的所有型号托盘的总装卸量不能超过其装卸能力。

$$\sum_{p=p1}^{pn} \sum_{j^0=1}^{j^0} \upsilon_p'' X_{ij^0 p} \leqslant L_i \tag{9-29}$$

$$\sum_{p=p1}^{pn} \sum_{i=1}^{I} \upsilon_p'' X_{ij^0 p} \leqslant L_{j^0} \tag{9-30}$$

$$\sum_{p=p1}^{pn} \sum_{j^0=1}^{j^0} \upsilon_p'' X_{j^0 ip} \leqslant L_i' \tag{9-31}$$

$$\sum_{p=p1}^{pn}\sum_{i=1}^{I} v_p^* X_{j^0 ip} \leqslant L_{j^0}' \tag{9-32}$$

8. 平衡约束

约束条件式（9-33）表示某供给者供给点分派给某需求者的某种型号的托盘必须等量的由该需求者返回给该供给者供给点。这是因为不同的供给点对不同型号托盘的时间限制不同，因此只能将托盘返回给原供给点。

$$X_{ij^0 p} = X_{j^0 ip} \tag{9-33}$$

9. 取值约束

约束条件式（9-34）表示某供给者到某需求者间的运输量只能为非负整数。

$$X_{ij^0 p} \geqslant 0, \text{ and int} \tag{9-34}$$

约束条件式（9-35）和（9-36）表示决策变量只能取 0 或 1。

$$Y_{j^0 p} = 0 \text{ or } 1 \tag{9-35}$$

$$Y_{j^0} = 0 \text{ or } 1 \tag{9-36}$$

如果假设 $T_{ij^0} = T_{j^0 i}$，即将托盘从某供给者供给点运输到某需求者的时间（分派运输时间）和将托盘从该需求者运输到该供给点的时间（回收运输时间）相等，则约束式（9-23）简化为（9-37）：

$$T_{0ip}' - 2T_{ij^0}' - T_{j^0 p}' = T_{ij^0 p} \tag{9-37}$$

如果假设 $MA_{ij^0} = MA_{j^0 i}$，即从 i 到 j^0 和从 j^0 到 i 的运输能力是相同的，则约束式（9-28）可以略去。

如果假设 $L_i = L_i'$ 且 $L_{j^0} = L_{j^0}'$，即分派和回收时 i 的装卸能力是相同的且 j^0 的装卸能力也是相同的，则约束式（9-31）和（9-32）可以略去。

因为约束式（9-33），目标函数（9-19）可以简化为（9-38）：

$$\max f_8 = \sum_{p=p1}^{pn}\sum_{i=1}^{I}\sum_{j^0=1}^{j^0} R_{ij^0 p} T_{j^0 p}' X_{ij^0 p} - (2\sum_{p=p1}^{pn}\sum_{i=1}^{I}\sum_{j^0=1}^{j^0} C_{ij^0 p} X_{ij^0 p} + 2\sum_{p=p1}^{pn}\sum_{i=1}^{I}\sum_{j^0=1}^{j^0} C_{lip} X_{ij^0 p} +$$

$$2\sum_{p=p1}^{pn}\sum_{j^0=1}^{J^0}\sum_{i=1}^{I}C_{lj^0p}X_{ij^0p} + \sum_{p=p1}^{pn}\sum_{i=1}^{I}C_{Kip}K_{ip}T_{0ip} + \sum_{p=p1}^{pn}\sum_{i=1}^{I}\sum_{j^0=1}^{J^0}C_{Tip}T_{ij^0p}X_{ij^0p}) \quad (9\text{-}38)$$

因此，考虑混合型号托盘的非专业托盘共用系统调度混合整数规划模型 M-NPPP-MIPM 可简化为：

$$\max f_8 = \sum_{p=p1}^{pn}\sum_{i=1}^{I}\sum_{j^0=1}^{J^0}R_{ij^0p}T'_{j^0p}X_{ij^0p} - (2\sum_{p=p1}^{pn}\sum_{i=1}^{I}\sum_{j^0=1}^{J^0}C_{ij^0p}X_{ij^0p} + 2\sum_{p=p1}^{pn}\sum_{j^0=1}^{J^0}\sum_{i=1}^{I}C_{lip}X_{ij^0p} + 2\sum_{p=p1}^{pn}\sum_{j^0=1}^{J^0}\sum_{i=1}^{I}C_{lj^0p}X_{ij^0p} + \sum_{p=p1}^{pn}\sum_{i=1}^{I}C_{Kip}K_{ip}T_{0ip} + \sum_{p=p1}^{pn}\sum_{i=1}^{I}\sum_{j^0=1}^{J^0}C_{Tip}T_{ij^0p}X_{ij^0p})$$

s.t.

$$\sum_{i=1}^{I}X_{ij^0p} = Y_{j^0p}D_{j^0p}$$

$$\sum_{p=p1}^{pn}\sum_{i=1}^{I}X_{ij^0p} = Y_{j^0}\sum_{p=p1}^{pn}D_{j^0p}$$

$$\sum_{j^0=1}^{J^0}X_{ij^0p} \leqslant S_{ip}$$

$$T'_{0ip} - 2T_{ij^0} - T'_{j^0p} = T_{ij^0p}$$

$$T_{ij^0p} \geqslant 0$$

$$K_{ip} = S_{ip} - \sum_{j^0=1}^{J^0}X_{ij^0p}$$

$$\sum_{p=p1}^{pn}\upsilon_p K_{ip} \leqslant K_{0i}$$

$$\sum_{p=p1}^{pn}\upsilon'_p X_{ij^0p} \leqslant MA_{ij^0}$$

$$\sum_{p=p1}^{pn}\sum_{j^0=1}^{J^0}\upsilon^*_p X_{ij^0p} \leqslant L_i$$

$$\sum_{p=p1}^{pn}\sum_{i=1}^{I}\upsilon^*_p X_{ij^0p} \leqslant L_{j^0}$$

$X_{ij^0p} \geq 0$，and int

$Y_{j^0p} = 0$ or 1

$Y_{j^0} = 0$ or 1

9.2.4 算 例

假定某公司在 a、b 两地（$i=a,b$）有两种型号（$p=p1,p2$）的闲置托盘欲出租，于是在公共信息平台发布出租托盘信息。目前已经有 4 个需求者（$j^0=c,d,e,f$）表示愿意租赁托盘。该公司需要根据已获得数据，制定最优调度方案，以实现利润的最大化。同样根据一般情况，假定在规定时间前收回托盘的惩罚成本就是库存成本。$p1$ 型托盘和 $p2$ 型托盘占据库存能力、运输能力、装卸能力的比重均分别为 1 和 1.1，其他数据如表 9-9~表 9-12 所示。

表 9-9 供给和需求

	可供给量（$p1/p2$）	单位时间租赁价格（$p1/p2$）	回收时间（$p1/p2$）	需求量（$p1/p2$）	需求时间（$p1/p2$）
a	150/200	5/10	8/8	—	—
b	200/200	5/10	6/7	—	—
c	—	—	—	50/50	2/1
d	—	—	—	40/50	3/2
e	—	—	—	200/100	2/3
f	—	—	—	100/200	4/4

表 9-10 库存和装卸

	库存能力	单位库存成本（$p1/p2$）	装卸能力	单位装卸成本（$p1/p2$）
a	2 000	1/1	2 000	2/2
b	2 000	2/2	2 200	2/2
c	—	—	500	3/4
d	—	—	1 000	2/4
e	—	—	1 500	1/2
f	—	—	1 500	1/3

表 9-11　单位运输成本

$p1/p2$	c	d	e	f
a	3/5	4/5	5/7	6/7
b	∞/∞	2/3	4/5	5/7

表 9-12　运输能力和运输时间

运输能力/运输时间	c	d	e	f
a	1 000/2	1 000/2	400/1	500/2
b	0/∞	600/1	500/2	500/1

1. 数值求解

根据以上数据，用 Lingo 11 编程求解模型，得到全局最优解 2 940，最优调度方案如图 9-5 所示。

分析结果可知最大利润为 2 940，最优调度方案为：

（1）a 向 d 供应 40 个单位的 $p1$ 型号的托盘，这些托盘将比规定的回收时间提前 1 个单位时间返回。

（2）a 向 f 供应 100 个单位的 $p1$ 型号的托盘和 150 个单位的 $p2$ 型号托盘，这些托盘将在规定的时间返回。

（3）b 向 d 供应 50 个单位的 $p2$ 型号托盘，这些托盘将比规定的回收时间提前 3 个单位时间返回。

（4）b 向 e 供应 200 个单位的 $p1$ 型号的托盘和 100 个单位的 $p2$ 型号的托盘，这些托盘将在规定的时间返回。

（5）b 向 f 供应 50 个单位的 $p2$ 型号的托盘，这些托盘将比规定的回收时间提前 1 个单位时间返回。

a 有 10 个单位的 $p1$ 型号的托盘和 50 个单位的 $p2$ 型号的托盘没有租出，而 c 的需求未被满足。如 6.1.4 节所述，a 可以与 c 进行谈判，如果 c 愿意接受这些托盘，则将这些托盘租给 c，否则 a 可以继续在公共信息平台上发布出租托盘信息，直至找到需求者。同样，a 和 b 早于规定时间收回的托盘也可以继续在公共信息平台上发布出租信息，以最大化托盘的使用效率，并获得一定的收益。

基于托盘共用系统的空调调度优化研究

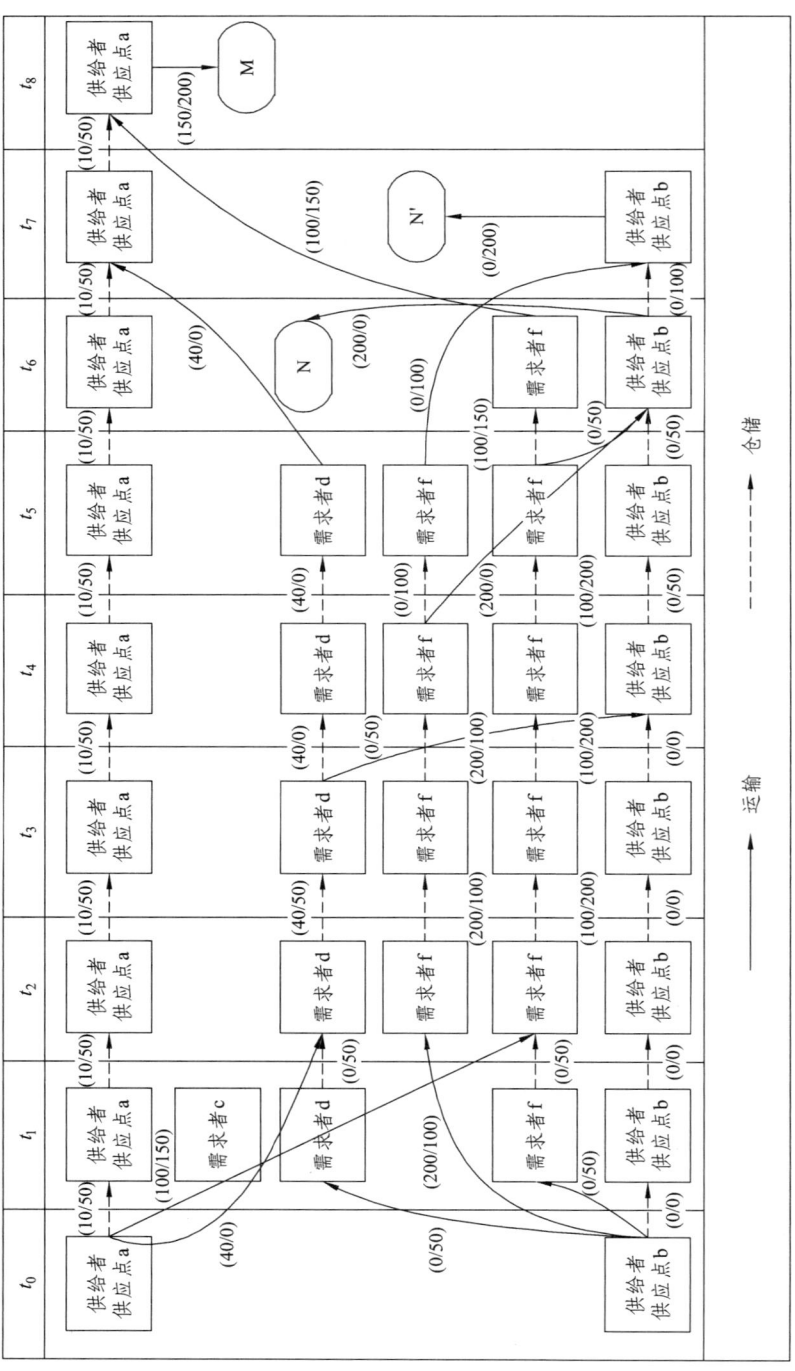

图 9-5 最优调度方案

2. 数值分析

（1）单位时间租赁价格变化对决策的影响。

6.1.4 节中分析了单一型号托盘租赁价格的变动对决策的影响，并找出一个出租还是不出租托盘的单位时间租赁价格临界点。但对于混合型号托盘的调度，单位时间租赁价格临界点的确定较为复杂，因为各托盘定价的变化都会影响到最优决策，其临界点不是唯一的，只要各种型号托盘的定价满足 $\sum_{p=1}^{P} R_p X_p T_p = \sum_{p=1}^{P}(C_p1 - C_p2)$（所有型号托盘的总收入=所有型号托盘出租产生的成本-所有型号托盘节约的库存费用）即达到临界点。如 $R_{p1}=2$，$R_{p2}=0$ 就是一个临界点，因为此时满足 $2 \times 200 \times 2 + 0 \times 100 \times 3 = (2\,800 - 2\,400) + (1\,800 - 1\,400) = 800$。

（2）托盘型号之间的关系。

由于本模型假设了不同型号托盘间不能进行替代，而且假设供给者若选择某个需求者的需求，则必须满足该需求者对所有型号托盘的全部需求。因此，当因库存能力、运输能力、装卸能力等因素限制导致无法同时满足某需求者对所有型号托盘的需求时，供给者就不得不放弃这个客户（如果假定 e 的装卸能力为 200 时，尽管在装卸能力限制下可以满足 e 对 $p1$ 型号或 $p2$ 型号托盘的需求，但无法同时满足 e 对所有型号托盘的需求，最优方案为不向 e 供应任何型号的托盘，即供给者不得不放弃客户 e，如表 9-13 所示。）。

表 9-13　e 装卸能力限制下的最优调度方案

	c（$p1/p2$）	d（$p1/p2$）	e（$p1/p2$）	f（$p1/p2$）
a	0/0	0/0	0/0	0/50
b	0/0	40/50	0/0	100/150

9.3　本章小结

本章采用整数规划和 0-1 规划的方法构建了考虑单一型号托盘的非专

业托盘共用系统调度混合整数规划模型和考虑混合型号托盘的非专业托盘共用系统调度混合整数规划模型，实验证明，这两个非专业托盘共用系统调度混合整数规划模型能帮助拥有托盘的企业或个人综合考虑各种因素，选择合适的客户，制定合理的调度方案，达到利润最大化。

本章构建的非专业托盘共用系统调度优化模型不仅可供拥有托盘的企业或个人用于制定企业或个人的最优调度方案，也可用于公共信息平台的管理者为平台内的所有的拥有托盘的企业或个人提供一个全局的最优调度方案。

本章还对单位时间租赁价格、需求者租赁时间对决策的影响、托盘型号之间的关系进行了研究，得出了如下结论：

（1）对于仅有单一型号托盘的非专业托盘共用系统调度来说，可以找出一个出租还是不出租托盘的单位时间租赁价格临界点。但对于混合型号托盘的非专业托盘共用系统调度来说，临界点不是唯一的，各种型号托盘单位时间租赁价格能满足 $\sum_{p=1}^{P} R_p X_p T_p = \sum_{p=1}^{P}(C_p 1 - C_p 2)$ 这个等式的点都是临界点。

（2）在其他条件不变的情况下，随着供给者向需求者收取的单位时间租赁价格的升高，最大利润总体上呈上升趋势。

（3）当供给者不能满足所有需求者的需求时，在其他条件不变的情况下，随着某需求者愿意支付的单位时间租赁价格的提高，供给者更倾向于选择该需求者。

（4）在其他条件不变的情况下，只要能在供给者规定的时间前将托盘返回，随着需求者租赁时间的增加，最大利润总体上呈上升趋势。

（5）当供给者不能满足所有需求者的需求时，在其他条件不变的情况下，只要能在供给者规定的时间前将托盘返回，随着某需求者租赁时间的增加，供给者更倾向于选择该需求者。

（6）在本章模型的假设条件下，当因库存能力、运输能力、装卸能力等因素限制导致无法同时满足某需求者对所有型号托盘的需求时，供给者就不得不放弃这个客户。

本章的主要贡献为：对非专业托盘共用系统的调度优化进行了研究，考虑了客户选择、回收时间约束这两个专业托盘共用系统调度模型无须考虑的因素。

结　论

"如何更有效地调度托盘？"这一问题困扰着诸如 CHEP，iGPS，PECO，PLUS 等全世界最大的托盘共用系统的管理者以及我国托盘共用系统的管理者。本书在对托盘共用系统进行详细分析的基础上，重点对托盘共用系统调度优化进行了深入研究，为解决目前困扰托盘共用系统管理者的这一问题贡献了力量，为托盘共用系统尤其是我国托盘共用系统的运营管理提供了理论指导。

对托盘共用系统的研究才刚刚开始，尚有很多问题值得研究。仅就托盘共用系统调度这一问题来讲，本人认为以下几个问题有待进一步研究。

1. 托盘共用系统调度可视化管理研究。可视化管理是现代管理技术的一个基本要求。共用系统内的托盘要在不同企业间进行流转，时间长，过程复杂，采用先进技术实现托盘共用系统调度可视化管理可以大大提高调度的效率，减少不必要的麻烦。

2. 托盘共用系统调度模型的进一步优化。由于本人水平有限，托盘生命周期、托盘价值等很多因素都未考虑到模型中，有待进一步深入研究。

3. 托盘共用系统调度管理软件开发。综合利用托盘共用系统调度模型、算法、可视化管理等的研究成果，开发出一套托盘共用系统调度管理软件，能更好地为托盘共用系统管理者服务。

参考文献

[1] Rogers, L. K.. Build strong, stable pallet loads [J]. Modern Materials Handling, 2011(6): 30-34.

[2] 物流技术与应用编辑部. 2009 年中国托盘行业市场现状分析[J]. 物流技术与应用, 2009(9): 27-33.

[3] 第一机械工业部洛阳设计院《托盘作业》编译小组. 托盘作业[M]. 人民铁道出版社, 1978.

[4] 靳伟. 2010 年中国托盘行业发展回顾及 2011 年展望[EB/OL]. 中国物流与采购联合会托盘专业委员会. http: //www. 56808. com/zxzx/ newscontent. asp?classid=1116 &newsid=2011630135742, 2011.

[5] Buehlmann, U.. Pallet re-use and recycling saves high value material from landfills [J]. Engagement Matters, 2010, 2(1): 8, 10.

[6] 吴清一. 论中国托盘共用系统的建立[J]. 物流技术与应用, 2003, 8(12): 1-4.

[7] 国家发展改革委, 国家统计局, 中国物流与采购联合会. 2010 年全国物流运行情况通报[EB/OL]. http: //www. chinawuliu. com. cn/lhhkx/ 201103/ 01/ 128728. shtml, 2010.

[8] Baker, D. S.. 2011 Annual state of logistics review: Lack of recovery leads to tightening trucking capacity [J]. Pallet Enterprise, 2011(8): 8-9.

[9] Adam, S.. China to exceed U. S. by 2020, Standard Chartered says [EB/OL]. http: // www. businessweek. com/news/2010-11-14/china-to-exceed-u-s- by-2020- standard-chartered-says. html, 2010.

[10] The Freedonia Group. Pallets: US industry study with forecasts for 2015 & 2020 [R]. The Freedonia Group, 2011.

[11] 中国物流与采购联合会托盘专业委员会. 第二次全国托盘现状调研报告[J]. 物流技术与应用, 2009, 14(1): 31-32.

[12] Harris, J. S., Worrell, J. S.. Pallet management system: a study of the implementation of UID/RFID technology for tracking shipping materials within the department of defense distribution network [R]. NAVAL Postgraduate School. Monterey, CA, 2008, 12-13.

[13] 国务院. 物流业调整和振兴规划[EB/OL]. http: //www. gov. cn/zwgk/2009-03/13/conte nt _ 1259194. htm, 2009.

[14] Brindley, C.. Position is everything: rising transport costs make pallet logistics more critical for success [J]. Pallet Enterpsie, 2011(6): 24-28.

[15] Ansoff, H. I.. Corporate strategy [M]. McGraw-Hill Book Company, New York, 1965.

[16] Tonawanda. Pallet Services, Inc. continues expansion of pallet recycling business: don matre turns to smart products machinery for pallet prepping [J]. Pallet Enterprise, 2011(7): 14-16, 18-20, 23.

[17] LeBlanc, R.. Markets in transition: Amos pinky and the inflatipal: lightweight pallets revisited [J]. Pallet Enterprise, 2011(6): 56-57, 59.

[18] Arvis, J. F., Mustra, M. A., Ojala, L., etc. Connecting to compete: trade logistics in the global economy [R]. http: //siteresources. worldbank. org/INTTLF/Resources/ LPI 2010_for_web. pdf, 2010.

[19] Trebilcock, B.. Pallet survey: What moves our readers? [J]. Modern Materials Handling, 2010(9): 24-29.

[20] Food and Agriculture Organization of the United Nations. Global forest resources assessment 2010(main report)[R]. Food and Agriculture Organization of the United Nations, 2010.

[21] Stephens, D.. The west looks to the east: Exports to china play key role in western forest products industry [J]. Pallet Enterprise, 2011(3): 20-23, 27.

[22] Baker, D. S.. Penn pallet completes recycling circle: invests in a biomass system to heat its pallet treatment kiln [J]. Pallet Enterprise, 2011(7): 26-29.

[23] Murray, J.. Pallet pool is key to Swedish cargo handling efficiency [J]. The Journal of ICHCA, 1967, 3(3): 27-29.

[24] [ ] Anon. Pallet pool: the hauliers speak out [J]. Materials Handling & Management, 1969, 20(11): 30-32.

[25] 吴清一. 再论我国托盘共用系统的建立[J]. 物流技术与应用, 2004, 9(1): 14-19.

[26] Mosqueda, A.. Pallet user education series: Red, white & blue: a cost analysis of rental vs. white wood pallets [J]. Pallet Enterprise, 2009(7): 32-35, 38.

[27] LeBlanc, R.. Effective pallet management = data management: CPC embraces data- centric approach, third party certification as keys to success [J]. Pallet Enterprise, 2010(11): 21-23.

[28] Jouglard, M., Spink, P.. Pallet pools pump up productivity [J]. Manufacturing Engineering, 2004, 132(2): 71.

[29] Auguston, K. A.. Is the U. S. ready for pallet pooling [J]. Modern Materials Handling, 1991, 46(8): 76.

[30] Don, M.. What makes reusable packaging systems work [J]. Logistics Information Management, 1996, 9(4): 39-42.

[31] Witt, C. E.. Economics of pallet rental [J]. Material Handling Engineering, 1999, 54(9): 47 -48.

[32] Raballand, G., Carroll, E. A.. How do differing standards increase trade costs? The case of pallets [J]. The World Economy, 2007, 30(4): 685-702.

[33] Ray, C. D., Michael, J. H., Scholnick, B. N.. Supply-chain system costs of alternative grocery industry pallet systems [J]. Forest Products Journal, 2006, 56(10): 52-57.

[34] Lacefield, S.. What's more "palatable" -renting or owning? [J]. Logistics Management, 2004, 43(4): 63-66.

[35] Mosqueda, A.. Pallet user education series: Negotiating the pitfalls of rental pallet contracts [J]. Pallet Enterprise, 2009(9): 42-46.

[36] Brindley, C.. A look into china's expanding logistical framework and its

path toward palletization [J]. Pallet Enterprise, 2010(11): 44-47.

[37] Brindley, C.. Pallet math = profit$ for all: experts study the economic feasibility of an industry cooperative pool [J]. Pallet Enterprise, 2010(4): 22-26.

[38] Brindley, C.. Story of the year: How will the costco mandate impact the future of stringer pallets? [J]. Pallet Enterprise, 2010(1): 21.

[39] Brindley, E. C.. Pallet industry remains dynamic-excitement comes center stage [J]. Pallet Enterprise, 2011(4): 10, 12.

[40] Brindley, E. C.. The future-looking for certainty in uncertain times [J]. Pallet Enterprise, 2011(8): 10, 12.

[41] Brindley, C.. Brambles begins integration of IFCO, ramifications spark industry concern [J]. Pallet Enterprise, 2011(6): 60-61.

[42] McBee, J.. Market update: Recycled pallet market buzz [J]. Pallet Enterprise, 2011(7): 66-67.

[43] Baker, D. S.. Proprietary pallets continue to plague recyclers, proposed arizona law raises legal liability issue [J]. Pallet Enterprise, 2011(4): 38-45.

[44] Brindley, C. M. A true gold standard: Lessons from the first fifty years of the europallet [J]. Pallet Enterprise, 2011(7): 10, 12.

[45] 孟国强, 孙珂. 我国托盘应用现状与发展建议[J]. 中国物流与采购, 2004(23): 12-16.

[46] 李太平. 建立我国物流托盘共用系统面临的问题与对策[J]. 华东经济管理, 2006, 20(5): 58-98.

[47] 李太平. 国外物流托盘的主要流通模式及其启示[J]. 物流科技, 2008, 31(6): 73-75.

[48] 葛海青. 中国托盘联营系统及关键技术研究[D]. 杭州, 浙江工业大学, 2008.

[49] 喻乐. 铁路托盘运输发展政策措施的研究[D]. 北京, 北京交通大学, 2008.

[50] 金寿松, 熊秋香, 蒋美仙等. 中国托盘联营公司及其建设策略的研究[J]. 工业工程, 2008, 11(4): 19-23.

[51] 陈晓贞, 傅培华, 吕高峰等. 基于RFID技术的托盘租赁系统研究与开发[J]. 中国物流与采购, 2009(18): 70-71.

[52] Johnson, S.. Optimal two-and-three stage production schedules with setup time include [J]. Naval Research Logistics Quarterly, 1954(1): 61-68.

[53] Conway, R. N., Maxwell, W. L., Miller, L. W.. Theory of scheduling [M]. Reading, MA: Addison Wesley, 1967.

[54] 蔡兰, 郭顺生. 智能调度问题的综述和方法研究[J]. 科技进步与对策, 2004(10): 170-171.

[55] Sehuster, E. W., Allen, S. J.. Raw material management at Welch's Inc. [J]. Interface, 1998, 28(5): 13-24.

[56] 孙在冠, 苏东卫, 李树荣, 闫伟. 不确定市场下的炼厂生产非线性规划模型与调度优化[J]. 合肥工业大学学报(自然科学版), 2009, 32(11): 1740-1743, 1759.

[57] 沈吟东, 倪郁东. 基于整数规划的驾驶员调度系统—TRACS II [J]. 运筹与管理, 2005, 14(3): 76-80.

[58] Repoussis, Tarantilis, Ioannou. The open vehicle routing problem with time windows [J]. Journal of the Operational Research Society, 2007, 58(13): 355-367.

[59] 马志鹏, 陈守伦. 水库预报调度的灰色动态规划模型[J]. 水力发电学报, 2007, 26(5): 7-9, 20.

[60] 舒海生, 李庆芬, 颜声远, 宋本. FMS动态调度仿真模型的研究[J]. 哈尔滨工程大学学报, 2005, 26(2): 192-196.

[61] 路辉, 李昕. 一种基于分枝定界法的串行测试任务调度算法[J]. 航空学报, 2008, 29(1): 131-135.

[62] Santos, A., Dourado, A.. Global optimization of energy and production in process industries: a genetic algorithm application [J]. Control Engineering Practice, 1999, 7(4): 549-554.

[63] Foo, Y. S., Takefuji, Y.. Stochastic neural networks for solving job-shop scheduling [C]. In: Proceedings of IEEE International Joint Conference on Neural Networks, 1988: 275-282.

[64] 张长胜, 孙吉贵, 欧阳丹彤, 张永刚. 求解车间调度问题的自适应混合粒子群算法[J]. 计算机学报, 2009, 32(11): 2137-2146.

[65] Sridhar, J., Rajendran, C.. Scheduling in a cellular manufacturing system: a simulated annealing approach [J]. International Journal of Production Research, 1993, 31(12): 2927-2946.

[66] Zuo, X. Q., Mo, H. W., Wu, J. P.. A robust scheduling method based on a multi-objective immune algorithm [J]. Information Science, 2009, 179(19): 3359-3369.

[67] 张超勇, 高亮, 李新宇, 邵新宇. 基于进化禁忌算法的 Job-Shop 调度问题研究[J]. 华中科技大学学报(自然科学版), 2009, 37(8): 80-84, 95.

[68] Kouissk, Pierrevalh, Mebarkin. Using multi-agent architecture in FMS for dynamic scheduling [J]. Journal of Intelligent Manufacturing, 1997(8): 41-47.

[69] Crainic, T. G.. Service network design in freight transportation [J]. European Journal of Operational Research, 2000, 122(2): 272-288.

[70] Powell, W. B.. Dynamic models of transportation operations [M]. Handbooks in Operations Research and Management Science, 2003, 11: 677-756.

[71] Cimino, A., Diaz, R., Longo, F., Mirabelli, G.. Empty containers repositioning: a state of the art overview [C]. In: Proceedings of the Spring Simulation Multi-Conference. Orlando, SAN DIEGO: SCS, 2010: 11-15.

[72] Ermol, Y. M., Krivets, T. A., Petvkhov, V. S.. Planning of shipping empty seaborne containers [J]. Cybernetics, 1976, 12(4): 644-646.

[73] Florez, H.. Empty container repositioning and leasing: An optimization model [D]. Polytechnic Institute of New York, New York, 1986.

[74] Crainic, T. G., Gendreau, M., Dejax, P.. Dynamic and stochastic models for the allocation of empty container [J]. Operations Research, 1993, 41(1): 102-126.

[75] Shen, W. S., Khoong, C. M.. A DSS for empty container distribution planning [J]. Decision Support Systems, 1995, 15(1): 75-82.

[76] Holmberg, K., Joborn, M., Lundgren, J. T.. Improved empty freight car distribution [J], Transportation Science, 1998, 32(2): 163-173.

[77] Abrache, J., Crainic, T. G., Gendreau, M.. A new decomposition algorithm for the deterministic dynamic allocation of empty containers [R]. Publication CRT-99-49, Centre de recherche sur les transports, Université de Montréal, Montréal, Canada, 1999.

[78] Choong, S. T., Cole, M. H., Kutanoglu, E.. Empty container management for intermodal transportation networks [J]. Transportation Research Part E, 2002, 38(6): 423-438.

[79] Erera, A. L., Morales, J. C., Savelsbergh, M. W. P.. Global intermodal tank container management for the chemical industry [J]. Transportation Research Part E, 2005, 41(6): 551-566.

[80] Olivo, A., Zuddas, P., Francesco, M. D., Manca, A.. An operational model for empty container management [J]. Maritime Economics & Logistics, 2005, 7(3): 199-222.

[81] Jula, H., Chassiakos, A., Ioannou, P.. Port dynamic empty container reuse [J]. Transpor- tation Research Part E, 2006, 42(1): 43-60.

[82] Shintani, K., Imai, A., Nishimura, E., Papadimitriou, S.. The container shipping network design problem with empty container repositioning [J]. Transportation Research Part E, 2007, 43(1): 39-59.

[83] Chang, H., Jula, H., Chassiakos, A., Ioannou P.. A heuristic solution for the empty container substitution problem [J]. Transportation Research Part E, 2008, 44(2): 203-216.

[84] Feng, C. M., Chang, C. H.. Empty container reposition planning for intra-Asia liner shipping [J]. Maritime Policy & Management, 2008, 35(5): 469-489.

[85] 闫海峰, 董守清. 铁路集装箱结点站间空箱调配的优化[J]. 中国铁道科学, 2009, 30(1): 131-135.

[86] Imai, A., Shintani, K., Papadimitriou, S.. Multi-port versus hub-and-spoke port calls by containerships [J]. Transportation Research Part E, 2009, 45(5): 740-757.

[87] Lu, H. A., Chu, C. W., Che, P. Y.. Seasonal slot allocation planning for a container liner shipping service [J]. Journal of Marine Science and Technology, 2010, 18(1): 84-92.

[88] Moon, I. K., Do Ngoc, A. D., Hur, Y. S.. Positioning empty containers among multiple ports with leasing and purchasing considerations [J]. OR Spectrum, 2010, 32(3): 765-786.

[89] Wong, E. Y. C., Lau, H. Y. K., Mak, K. L.. Immunity-based evolutionary algorithm for optimal global container repositioning in liner shipping [J]. OR Spectrum, 2010, 32(3): 739-763.

[90] Løfstedt, B., Pisinger, D., Spoorendonk, S. Liner shipping cargo allocation with reposi-tioning of empty containers [J]. Infor, 2011, 49(2): 109-124.

[91] Beaujon, G. J., Tumguist, M. A.. A model for fleet sizing and vehicle allocation [J]. Transportation Science, 1991, 25(1): 19-45.

[92] Cheung, R. K., Chen, C.. A two stage stochastic network model and solution methods for the dynamic empty container allocation problem [J]. Transportation Science, 1998, 32(2): 142-162.

[93] 刘大镕, 贺斌, 蒋良奎等. 随机(单箱种)陆上空箱调运模型[J]. 上海海运学院学报, 2000, 21(3): 8-18.

[94] Li, J., Liu, K., Leung, S. C. H., Lai, K. K.. Empty container management in a port with long-run average criterion [J]. Mathematical and Computer Modelling, 2004, 40(1-2): 85-100.

[95] Lam, S., Lee, L. H., Tang, L. C.. An approximate dynamic programming approach for the empty container allocation problem [J]. Transportation Research Part C, 2007, 15(4): 265-277.

[96] Dong, J X, Song, D P.. Container fleet sizing and empty repositioning in liner shipping systems [J]. Transportation Research Part E, 2009, 45(6): 860-877.

[97] Bean, W. L., Joubert, J. W.. Planning empty container relocations under uncertainty [J]. South African Journal of Industrial Engineering, 2010, 21(1): 113-122.

[98] Song, D. P., Dong, J. X.. Effectiveness of an empty container repositioning policy with flexible destination ports [J]. Transport Policy, 2011, 18(1): 92-101.

[99] Yun, W. Y., Lee, Y. M., Choi, Y. S.. Optimal inventory control of empty containers in inland transportation system [J]. Int. J. Production Economics, 2011, 133(1): 451-457.

[100] Francesco, M. D., Crainic, T. G., Zuddas P.. The effect of multi-scenario policies on empty container repositioning [J]. Transportation Research Part E, 2009, 45(5): 758-770.

[101] 张建城. 收益管理预测系统的研究和开发[D]. 南京航空航天大学, 2005.

[102] 陈欣. 航空客运收益管理中座位容量控制的模型与估算方法[D]. 中国民用航空学院, 2005.

[103] 任建伟. 基于收益管理的铁路集装箱运输定价研究[D]. 西南交通大学, 2007.

[104] Naval Inventory Control Point. Investigation of non-wood pallets for use in Navy supply: Phase 1 report(Code M0772 Publication)[R]. Mechanicsburg, PA, 2006.

[105] 郭耀煌. 运筹学原理与方法[M]. 西南交通大学出版社, 成都, 1994.

[106] 顾巧论, 陈秋双. 再制造/制造系统集成物流网络及信息网络研究[J]. 计算机集成制造系统, 2004, 10(7): 721-726, 731.

[107] 彭锦, 刘宝碇. 不确定规划的研究现状及其发展前景[J]. 运筹与管理, 2002, 11(2): 1-10.

[108] Sengupta, J. K.. Stochastic programming: Methods and applacations [M]. NorthHol- land, Amsterdam, 1972.

[109] Kolbin, V. V., Stochastic programming [M]. D. Reidel, Dordrecht, 1977.

[110] Ruszczyński, A., Shapiro, A.. Stochastic programming models [M]. Handbooks in Operations Research and Management Science, 2003, 10: 1-64.

[111] Higle, J. L., Kempf, K. G.. Production planning under supply and demand uncertainty: A stochastic programming approach [J]. International

Series in Operations Research & Management Science, 2011, 150: 297-315.

[112] Dantzig, G. B., Infanger, G.. A probabilistic lower bound for two-stage stochastic programs [J]. International Series in Operations Research & Management Science, 2011, 150: 13-35.

[113] Al-Khamis, T., M'Hallah, R.. A two-stage stochastic programming model for the parallel machine scheduling problem with machine capacity [J]. Computers & Operations Research, 2011, 38(12): 1747-1759.

[114] Charnes, A., Cooper, W. W.. Chance-constrained programming [J]. Management Science, 1959, 6(1): 73-79.

[115] Charnes, A., Cooper, W. W., Thompson, G. L.. Critical path analyses via chance constrained and stochastic programming [J]. Operations Research, 1964, 12(3): 460-470.

[116] 刘宝碇, 赵瑞清. 随机规划与模糊规划[M]. 北京: 清华大学出版社, 1998.

[117] Liu, B. D., Iwamura, K.. A note on chance constrained programming with fuzzy coefficients [J]. Fuzzy Sets and Systems, 1998, 100(1-3): 229-233.

[118] Liu, B. D., Iwamura, K.. Chance constrained programming with fuzzy parameters [J]. Fuzzy Sets and Systems, 1998, 94(2): 227-237.

[119] Miller, B. L., Wagnert, H. M.. Chance constrained programming with joint constraints [J]. Operations Research, 1965, 13(6): 930-945.

[120] 李天柱, 银路. 情景规划应对不确定性的思路研究[J]. 技术经济, 2009, 28(6): 52-55, 91.

[121] 肖磊, 李仕明, 张晓军. 新兴技术下的情景规划法及其应用[J]. 技术经济, 2009, 28(1): 19- 22, 47.

[122] Rockafellar, R. T., Wets, R. J. B.. Scenarios and policy aggregation in optimization under uncertainty [J]. Mathematics of Operations Research, 1991, 16(1): 119-147.

[123] Pallottino, S, Sechi, G M, Zuddas, P.. A DSS for water resources

[124] Pomerol, J. C.. Scenario development and practical decision making under uncertainty [J]. Decision Support Systems, 2001, 31(2): 197-204.

[125] Soontornrangson, W., Evans, D. G., Fullerc, R. J., etc.. Scenario planning for electricity supply [J]. Energy Policy, 2003, 31(15): 1647-1659.

[126] Chermack, T. J.. Studying scenario planning: Theory, research suggestions, and hypotheses [J]. Technological Forecasting & Social Change, 2005, 72(1): 59-73.

[127] Liu, P. B., Hansen, M., Mukherjee, A.. Scenario-based air traffic flow management: From theory to practice [J]. Transportation Research Part B, 2008, 42(7-8): 685-702.

[128] Phelps, R., Chan, C., Kapsalis, S. C.. Does scenario planning affect performance? Two exploratory studies [J]. Journal of Business Research, 2001, 51(3)223-232.

[129] Francesco, M. D.. New optimization models for empty container management [D]. University of Cagliari, 2007.

[130] Beraldi, P., Simone, F. D., Violi, A.. Generating scenario trees: A parallel integrated simulation optimization approach [J]. Journal of Computational and Applied Mathematics, 2010, 233(9): 2322-2331.

[131] 任建伟, 章雪岩. 基于改进托盘共用系统的托盘回收模型[J]. 西南交通大学学报(自然科学版), 2010, 45(3): 482-485.

[132] 任建伟, 章雪岩. 托盘共用系统托盘回收随机规划模型研究[J]. 控制与决策, 2010, 25(8): 1211-1214.

[133] 任建伟, 章雪岩. 托盘共用系统调度两阶段随机机会约束规划模型研究[J]. 控制与决策. 2011, 26(9): 1353-1357.

[134] 任建伟, 章雪岩, 张锦, 马力. 托盘共用系统调度多情景规划模型[J]. 系统工程理论与实践, 2014, 34(7): 1788-1798.

[135] ZHANG J, REN J W, ZHANG X Y. Reusable logistics resources dispatching optimization[C]. Proceedings of the 2010 International

Conference of Logistics Engineering and Management, 2010, 387: 3251-3257.

[136] Francesco, M. D., Crainic, T. G., Zuddas P.. The effect of multi-scenario policies on empty container repositioning [J]. Transportation Research Part E, 2009, 45(5): 758-770.

[137] TIM T, GLOCK C. On the use of RFID in the management of reusable containers in closed-loop supply chains under stochastic container return quantities [J]. Transportation Research Part E, 2014, 64(4): 12-27.

[138] WU J, REN J W, and etc. Deterministic and multi-scenario models for pallet allocation over a pallet pool in a city joint distribution system [J]. Advances in Mechanical Engineering, 2016, 8(1): 1-8.

[139] BRINDLEY C. Pallet math = profit$ for all: experts study the economic feasibility of an industry cooperative pool [J]. Pallet Enterprise, 2010(4): 22-26.

[140] KENNEDY J, EBERHART R. Particle swarm optimization[C]. Proceedings of IEEE International Conference on Neural Networks, 1995: 1942-1948.

[141] KENNEDY J. The particle swarm: social adaptation of knowledge [C]. Proceedings of IEEE International Conference on Evolutionary Computation, 1997: 303-308.

[142] DAMODARAN P, RAO A G, MESTRY S. Particle swarm optimization for scheduling batch processing machines in a permutation flowshop [J]. International Journal of Advanced Manufacturing Technology, 2013, 64(5-8): 989-1000.

[143] FANG K T, LIN M T. Parallel-machine scheduling to minimize tardiness penalty and power cost[J]. Computers & Industrial Engineering, 2013, 64(1): 224-234.

[144] WANG S, ZHU M, and etc. An improved discrete PSO for tugboat assignment problem under a hybrid scheduling rule in container terminal [J]. Mathematical Problems in Engineering, 2014(12): 1-10.

[145] TASSOPOULOS I. X, BELIGIANNIS G. N. Solving effectively the school timetabling problem using particle swarm optimization[J]. Expert Systems with Applications, 2012, 39(5): 6029-6040.

[146] SHARMAA A, KUMARA R, and etc. Termite spatial correlation based particle swarm optimization for unconstrained optimization [J]. Swarm and Evolutionary Computation, 2017, 33(4): 93-107.

[147] LU Y Q, LE M L. The integrated optimization of container terminal scheduling with uncertain factors [J]. Computers & Industrial Engineering, 2014, 75(9)209-216.

[148] ZHOU K, HE S W, SONG R. Optimization for service routes of pallet service center based on the pallet pool mode [J]. Computational Intelligence and Neuroscience, 2016: 1-11.

[149] TING C J, WU K C, CHOU H . Particle swarm optimization algorithm for the berth allocation problem [J]. Expert Systems with Applications, 2014, 41(4): 1543-1550.